W0178640

Ulrich Laepple / Volker Roschke (Hg.)

Die so genannten Konfessionslosen und die Mission der Kirche

Festgabe für Hartmut Bärend

2. Auflage 2009

Neukirchener

© 2007 – 2. Aufl. 2009
Neukirchener Verlag
Neukirchener Verlagsgesellschaft mbH, Neukirchen-Vluyn
Alle Rechte vorbehalten
Umschlaggestaltung: Hartmut Namislow
Druckvorlage: Dorothee Schönau
Gesamtherstellung: Hubert & Co., Göttingen
Printed in Germany
ISBN 978-3-7887-2257-9

Das Werk einschließlich aller seiner Teile ist urheberrechtlich geschützt. Jede Verwertung außerhalb der engen Grenzen des Urheberrechtsgesetzes ist ohne Zustimmung des Verlages unzulässig und strafbar. Das gilt insbesondere für Vervielfältigungen, Übersetzungen, Mikroverfilmungen und die Einspeicherung und Verarbeitung in elektronischen Systemen.

Bibliografische Information der Deutschen Nationalbibliothek

Die Deutsche Nationalbibliothek verzeichnet diese Publikation in der Deutschen Nationalbibliografie; detaillierte bibliografische Daten sind im Internet über http://dnb.d-nb.de abrufbar.

Geleitwort

des Ratsvorsitzenden der Evangelischen Kirche in Deutschland (EKD)
Bischof Dr. Wolfgang Huber

Wir stehen heute vor einer Situation mit unvergleichbaren Voraussetzungen – diese Überzeugung bildet den Ausgangspunkt des vorliegenden Bandes. In der zweitausendjährigen Geschichte des Christentums
sei das Evangelium immer auf andere Religionen, »nie aber auf ein
areligiöses Milieu getroffen, wie es sich vor allem in den neuen Bundesländern etabliert hat«, so charakterisiert beispielsweise Eberhard
Tiefensee in seinem Beitrag die neue Situation. Deshalb ist es sehr zu
begrüßen, dass mit diesem Sammelband eine große Zahl von erfahre-
nen Autoren aus unterschiedlichen Bereichen von Kirche und Mission
– aus dem akademischen, dem kirchenleitenden und dem pastoral-
praktischen Bereich – sich diesem Phänomen zuwendet, forschend und
fragend, aber auch Rechenschaft gebend von ermutigenden und Richtung weisenden Praxisbeispielen.
Der Titel des Sammelbands zeigt zu Recht an, dass es nicht tunlich ist,
von »der« Konfessionslosigkeit zu sprechen. Wir sind immer noch dabei, das vielgestaltige Phänomen »Konfessionslosigkeit« zu verstehen,
es historisch-politisch, geistesgeschichtlich und religionssoziologisch
aufzuarbeiten und zu beschreiben. Auch gilt es ernst zu nehmen, dass
es sich keinesfalls nur um ein ostdeutsches Phänomen handelt – auch
wenn es sich in Westdeutschland und anderen westeuropäischen Ländern anders präsentiert als in Ostdeutschland und anderen Regionen
Mittel- und Osteuropas. Beide Seiten werden von dem vorliegenden
Band ausdrücklich in den Blick genommen.
Missionarische Verkündigung setzt eine Beschäftigung mit den Menschen voraus, denen die Kirche das Evangelium schuldig ist. Wer sind
sie, die Menschen, die sich jenseits der Kirche und des Glaubens mit
ihrem Leben eingerichtet haben und denen wir dennoch die Botschaft
von Gottes freier und befreiender Gnade weitergeben wollen? Stereo-
type Bilder und pauschale Urteile verstellen sowohl den Blick auf die
Adressaten des Evangeliums als auch den Zugang zu ihnen.
Ins Zentrum rückt immer deutlicher die Frage, ob die christlichen Gemeinden und ihre Glieder verständlich über ihren Glauben Auskunft
geben können, ob sie sich eher in eine Gemeindenische zurückziehen
oder ob sie »ansprechend« sind und sich bewusst ansprechbar machen.
Nur wenn sie ein elementares Interesse an der »Außenmembran« der

Kirche entwickeln, werden sie auch lernen, von der Schönheit und Wahrheit des Evangeliums, von Glauben, Hoffnung und Liebe Zeugnis abzulegen. Dann wird ihr Leben ein Angebot von Gemeinschaft enthalten, das Beziehung schafft, ohne einzuengen. Dieser Aufsatzband ist von der Arbeitsgemeinschaft Missionarische Dienste (AMD) für ihren langjährigen Generalsekretär, Hartmut Bärend, zum Abschied aus seinem Dienst vorbereitet worden. Seine Leidenschaft gilt der Aufgabe, die Liebe Gottes so zur Sprache zu bringen, dass auch die Menschen außerhalb der Kirche von ihr erreicht werden. Christinnen und Christen in diesem missionarisch-evangelistischen Auftrag zu stärken, ist ihm wichtig. Damit hat er der Christenheit in Deutschland wichtige Impulse gegeben. Gemeinsam mit den Autoren dieses Bandes danke ich ihm dafür im Namen der Evangelischen Kirche in Deutschland von Herzen.

Vorwort der Herausgeber

Der vorliegende Band und sein Thema sind aus der Erkenntnis erwachsen, dass sich die religiöse und damit soziokulturelle Landschaft in Deutschland in den letzten gut 15 Jahren rasant verändert hat. Zu diesen Veränderungen gehört nicht zuletzt das Anwachsen der Zahl derer, die keiner Religion oder Religionsgemeinschaft angehören. Diese Zahl beläuft sich auf rund 27 Millionen. Statistisch sind es in Ostdeutschland etwa 12 Millionen (70–75 %), in Westdeutschland etwa 15 Millionen (20–25 %), Tendenz steigend. Für sie hat sich kirchlicherseits weithin der Begriff »Konfessionslose« eingebürgert.

Dieser Begriff aber ist zu pauschal, um die Menschen, die damit gemeint sind, zu charakterisieren. Er suggeriert zudem, die so bezeichneten Menschen fühlten sich – analog zu Obdach*losen* oder Arbeits*losen* – mit einem Mangel behaftet, würden also den Glauben subjektiv entbehren und seien auf religiöse Defizite hin anzusprechen. Die Wirklichkeit ist facettenreicher. Viele sind auf postmoderne Weise »glaubenstolerant«, lassen also unterschiedliche religiöse Bindungen gleichgültig neben einander stehen. Andere dagegen sind ausgesprochen »konfessorisch« nicht-kirchlich. Wieder andere – sie dürften vor allem im Westen unseres Landes zahlreich sein – haben sich in einer ungestillten religiösen Sehnsucht, enttäuscht von der Kirche (oder einem subjektiven Kirchenbild), zurückgezogen und sich esoterischen Gruppierungen zugewandt.

Die christlichen Gemeinden und ihre Christen leben mitten in einer pluriformen Konfessionslosigkeit und treten mit ihrer Existenz, ihrem Leben und ihrem Zeugnis mit Notwendigkeit in ein Spannungsverhältnis zu ihr. Denn das Evangelium von Jesus Christus erzeugt ja kein Privatchristentum oder eine Gemeinde abseits der Gesellschaft. Das Evangelium will »unter die Leute«. Es ist auf Kommunikation angelegt. Es will, »dass allen Menschen geholfen werde und sie zur Erkenntnis der Wahrheit kommen« (1Tim 2,4). Das Ziel ist vorgegeben – und es ist weit gesteckt.

Darum tritt in diesem Aufsatzband zum Thema »Konfessionslosigkeit« notwendig das Thema »Mission« hinzu. Nicht als Herrschaftsanspruch, sondern »demütig« mit der Frage, wer die sog. konfessionslosen Menschen denn sein mögen, mit denen wir Christen einen ehrli-

chen, interessierten und einladenden Kontakt herstellen und pflegen
wollen. Dann gilt es aber auch zu fragen, ob die *einzelnen Christen* im
Blick auf ihren Glauben auskunftsbereit sind. Hier liegt aber auch eine
Herausforderung an die *Gemeinden* und ihre Leitung, ob sie bereit
sind, sich dahingehend zu verändern, dass ihre Strukturen und Angebote geeignet sind, den Kontakt zu denen suchen, die ihnen fremd sind
– oder sagen wir es umgekehrt: zu denen, die die Christen und ihre
Gemeinden fremd und befremdlich finden. An dieser Nahtstelle ergibt
sich ein weites Spektrum an Themenfeldern, die die Herausgeber dieses Bandes und die um ihre Beiträge gebetenen Autorinnen und Autoren in den Blick nehmen.

Sie kommen weithin, wenn auch nicht ausschließlich, aus dem Netzwerk der Arbeitsgemeinschaft Missionarische Dienste (AMD), dem
missionarischen Organ der Evangelischen Kirche in Deutschland, unter dessen Dach sich die »missionarischen Dienste« der Landeskirchen
der EKD und weit über 70 freie christliche Werke verbinden. Aber
auch Autoren wie der katholische Philosophieprofessor Eberhard Tiefensee aus Erfurt oder der Bundestagsabgeordnete Bodo Ramelow
(DIE LINKE) sind um ihre Sicht gebeten worden.

Den Herausgebern war darüber hinaus bewusst, dass das Thema auch
unterschiedliche kirchliche Perspektiven verlangt. Darum kommen in
diesem Band Autorinnen und Autoren in akademischer Funktion, mit
kirchenleitendem Auftrag sowie basiskundige wie praxisbewährte Pas-
torinnen und Pastoren und andere Hauptamtliche zu Wort. Nicht zuletzt haben ehrenamtliche Mitarbeitende ihre Sichtweisen und Erfahrungen eingebracht. Das Ensemble dieser Stimmen zum Thema »Konfessionslosigkeit« könnte – so wünschen es sich jedenfalls die Herausgeber – diesen Band zu einem inspirierenden Orientierungs- und Pra-
xisbuch machen.

Die Herausgabe dieser Aufsätze ist von Anfang an mit der Absicht eines Danks an Pfarrer Hartmut Bärend verknüpft gewesen. Er war bis
April 2007 neun Jahre lang als Generalsekretär der Arbeitsgemeinschaft Missionarische Dienste (AMD) und noch viel länger als ihr
Mitarbeiter im Vertrauensrat und in dessen Leitung mit ihr verbunden.
Die für die Fachbereiche der Geschäftsstelle der AMD Verantwortlichen – Dr. Rosemarie Micheel, Inge Bühner, Andreas Schlamm, Wal-
demar Wolf und die beiden Herausgeber – widmen diesen Aufsatzband zusammen mit Margit Koffke und Elke Mania, die mit hohem
Einsatz zur Sicherung und Gestaltung des Textmaterials beigetragen
haben, ihrem ehemaligen Vorgesetzten, Kollegen und Freund. Sie tun
dies zugleich für die Mitglieder der AMD mit großer Dankbarkeit für
den gemeinsamen Weg, mit Anerkennung und mit besten Wünschen.

Berlin, im Oktober 2007   Ulrich Laepple / Volker Roschke

Inhalt

Praktisch-theologische Fragestellungen

Beiträge aus der Praxis

Konfessionslosigkeit als Phänomen

HARTMUT BÄREND

Konfessionslosigkeit – die missionarische Herausforderung der Kirche im 21. Jahrhundert

I. Vorbemerkung

1. Die Fakten

Die Fakten sind allseits bekannt. Durch mehrere Analysen ist erwiesen, dass sich im Osten Deutschlands 75 Prozent der Bevölkerung als konfessionslos bezeichnen lassen, das heißt in nackten Zahlen: Mehr als elf Millionen Menschen gehören in dieser Gegend Deutschlands keiner Kirche an, und dies teilweise schon seit zwei oder drei Generationen. Im Westen Deutschlands sind es 20 bis 25 Prozent, das heißt, etwa 13 bis 15 Millionen Menschen. Die Gründe für diesen Sachverhalt sind im Osten und im Westen verschieden, aber die Fakten sind klar und sprechen Bände: Der Satz»Deutschland ist Missionsland geworden« ist ja schon alt; jetzt aber trifft er zu, wie selten zuvor. Im Unterschied zum Beispiel zu Polen und Dänemark haben wir eine erhebliche Anzahl von Nichtchristen in der Bevölkerung. Prozentual ist fast ein Drittel der deutschen Bevölkerung ohne Kirchenzugehörigkeit. Damit sind unsere Großkirchen wohl noch große Kirchen, aber Volkskirchen im klassischen Sinn sind sie immer weniger, zumal die Tendenz hin zur Konfessionslosigkeit immer noch steigt.

Das sind die Fakten. Und wenn ich dann noch die ungezählten Menschen einbeziehe, die sich eher zu den Distanzierten rechnen und – trotz aller Zuneigung der verfassten Kirchen zu ihnen – nicht mehr sein wollen als Distanzierte, dann lässt sich unschwer erraten, wo die großen Herausforderungen für unsere Kirchen schon längst sind und sein werden. Es ist nur noch nicht überall bewusst, wohin die Richtung geht und was die Stunde geschlagen hat.

2. Der Begriff »Konfessionslosigkeit«

Der Begriff »Konfessionslosigkeit« ist umstritten und wohl auch wirklich nicht sehr geeignet, diese Bevölkerungsgruppe wirklich zu beschreiben. Denn ohne Konfession sind die Menschen im Osten nicht, die zu keiner Kirche gehören. Sie sind sogar durchaus religiös, aber auf ihre Weise. Sie verstehen sich überwiegend nicht als Atheisten, sie wollen nur mit einer besonderen Gottesbeziehung nichts zu tun haben. Sie »haben vergessen, dass sie Gott vergessen haben«, sie haben dabei aber durchaus Sinn für religiöse Riten. Sekten und Religionsgemeinschaften haben in Ostdeutschland bisher keine Chance gehabt, aber auch dies spricht nicht gegen eine Volksreligiosität. Umfragen haben dies Phänomen wieder bestätigt: Glaube an den christlichen Gott – nein – religiöser Volksglaube: aber ja! Anstrengende christliche Verbindlichkeit – nein – Glauben an eine höhere Macht: ja, warum nicht? Das zeigt, dass der Begriff »Konfessionslosigkeit« durchaus unscharf ist, denn ihre Konfession haben viele Leute eben doch.

Das gilt genauso für den Westen Deutschlands. Dort kann man das religiöse Lebensgefühl stärker mit Sekten, mit Esoterik, mit New Age, mit dem Buddhismus und auch mit dem Islam verbinden. Der Mensch im Westen ist aber auch ein homo religiosus. Wenn ich im Folgenden also immer wieder von Konfessionslosigkeit rede, bin ich mir über die Unschärfe des Begriffs durchaus im Klaren.

3. Eine persönliche Anmerkung

Für mich ist dies Thema, sind die oben dargestellten Fakten so herausfordernd, dass ich dahinter die größte Aufgabe der Kirche in der Zukunft sehe. Denn es geht nicht nur um Zahlen und die dahinter stehenden Menschen, es geht um das Wegbrechen christlicher Tradition und Kultur überhaupt, es geht um die Zukunft der Volkskirche. Und diese Zukunft entscheidet sich in diesen Jahren. Für mich ist damit auch ein ganz neuer und doch klassischer Evangelisationsauftrag für unser Land beschrieben, das eben auf dem Weg ist, kein christliches Land mehr zu sein. Ich meine, dass es darum gehen muss, in Zukunft hier die besondere missionarische Herausforderung für unsere Kirchen zu sehen.

4. Der methodische Weg

Es ist mein Interesse, nach den Gründen für die heutige Entwicklung zu suchen. Dabei sehe ich, dass Konfessionslosigkeit im Osten und im Westen Deutschlands unterschiedlich zu beschreiben ist. Deshalb will ich die Entwicklung im Osten und Westen getrennt voneinander darstellen.

Erkennbar soll aber auch sein, warum sich Deutschland insgesamt so entwickeln könnte: Dem dient eine kurze Abhandlung, die weit ausholt und die Tendenzen und Knackpunkte des 19. und 20. Jahrhunderts themenbezogen in Augenschein nimmt.

Nach diesem mehr analytischen Teil gebe ich einige Wegmarkierungen an, um zu zeigen, welche Aufgaben ich auf unsere Kirche in den nächsten Jahren zukommen sehe.

II. Die Frage nach den Gründen – die Suche nach Wegen

1. Gründe in der gemeinsamen Geschichte

Ich gehe weit zurück, um die gegenwärtige Wirklichkeit erklären zu können. Ich denke, dass wir gut beraten sind, die Geschichte nicht auszublenden: Es hat Vorentscheidungen vor unserer Zeit gegeben, die große Auswirkungen auf unsere heutige Lebensgestaltung haben.

1.1 Kirche und Gesellschaft im 19. Jahrhundert
Wesentliche Voraussetzungen für die heutige Entwicklung liegen im 19. Jahrhundert. Einmal abgesehen von der Epoche der Aufklärung, die wesentlich dazu beigetragen hat, die Vorherrschaft der Kirche zu beenden und die Säkularisierung aller Lebensbereiche heraufzuführen, liegt ein gravierender Einschnitt in der Mitte des 19. Jahrhunderts: Der Kirche ist es zu dieser Zeit nicht gelungen, die aufkommende Arbeiterbewegung zu integrieren. Zwar haben hellsichtige Kirchenführer wie Johann Hinrich Wichern das ihnen Mögliche getan, aber die Grundlinie der Entwicklung konnten sie nicht stoppen: Die Kirche verlor im Zug der Industrialisierung große Mengen der Bevölkerung und hat sie so richtig nie wieder richtig zurückbekommen. Jedenfalls gilt das für die Evangelische Kirche. Die Krise der Volkskirche ist nicht erst heute entstanden. Sie hat ihre Wurzeln im 18. und 19. Jahrhundert.

1.2 Das preußische Erbe
Noch einmal wende ich mich weit zurück. Wenn ich mich frage, wieso gerade in Berlin eine so große religiöse Indifferenz zu beklagen ist, so dass der Soziologe Peter Berger vor einigen Jahren Berlin als die a-theistischste Stadt der Welt bezeichnen konnte, so fällt mir auch das preußische Erbe ein. Natürlich waren die Herrscher überwiegend reformierte Christen, einige sogar mit pietistischem Einschlag, wie man an Friedrich I. und Friedrich Wilhelm I., dem Soldatenkönig, deutlich sehen kann. Aber in Preußen hat sich angesichts der eigenen Notstände (der für das weite Land zu geringen Bevölkerung, der Verarmung, der Kargheit und Sumpfigkeit des Landes, des Fehlens der bürgerlichen Mittelschicht mit handwerklichem Können) eine große Bereitschaft zur Aufnahme von Fremden und damit ein weites Herz für unterschiedliche Frömmigkeitsformen entwickelt.
Was sich beim Großen Kurfürst und bei Friedrich Wilhelm I. noch im Rahmen tiefer christlicher Frömmigkeit abspielte, wurde bei Friedrich dem Großen sozusagen säkularisiert: Ihm wird der Satz zugeschrieben, dass »jeder nach seiner eigenen Facon selig werden solle«, und ihm war es auch recht egal, nach welcher. Friedrich war tief geprägt von aufklärerischen Gedanken, die ihm u.a. Voltaire einflößte, aber auch

der französische Hof, der sich zu der Zeit die Französische Revolution noch nicht denken konnte, der sie aber dennoch vorbereiten half.

Im Zug dieser Zeiten hat sich der Toleranzgedanke in ganz Preußen weit ausgebreitet: Die vorher Fremden, die Hugenotten, die Holländer, die Österreicher usw. wurden eingemeindet, und eine weite Denkungsart prägte sich aus, die ich heute noch in Berlin und Brandenburg spüre. Dieser Landstrich hat ja auch nie eine ausgeprägte Erweckung erlebt, sondern nur erweckliche Persönlichkeiten, die wesentlich waren für die Geschichte des Landes, aber dennoch keine Veränderung der Grundeinstellung erreichen konnten.

Nun ist Toleranz eine wunderbare Tugend, und ich bewundere die preußischen Könige, die in früher Zeit ihr Land für die Fremden und oft auch Verfolgten öffneten. Aber Toleranz ging im Lauf der Zeit mit Indifferenz einher, und diese Entwicklung hat der Kirche, die lange dem Liberalismus angehangen hat, geschadet. Ich meine, dass wir hier Linien ziehen können bis in unsere Tage hinein.

1.3   Die Entwicklung nach dem 1. Weltkrieg
Ich mache einen Sprung und gehe in die Zeit nach dem ersten Weltkrieg. Auch hier liegt eine tiefe Krise der Kirche: Sie hatte nach dem Untergang der Monarchie ihren Weg zu finden, heraus aus den verschlungenen Liebesbeziehungen zwischen Kirche und Staat, zwischen Thron und Altar. Große Ängste spiegeln sich in Äußerungen von Kirchenführern in den Jahren 1917 bis 1920. Zwar hat sich die aufkommende Weimarer Republik der Kirche geöffnet, und neue Verträge zwischen Kirche und Staat sicherten der Kirche ihre institutionelle Existenz. Dennoch haben in dieser Zeit ungezählte Menschen der Kirche den Rücken gekehrt und haben sich u.a. dem aufkommenden Kommunismus angeschlossen. Diese Krisenzeit zeigt auch, wie wenig gefestigt die Kirche in der Zeit des Preußentums war und wie wenig sie in der Lage war, in Krisenzeiten ihre Mitglieder noch fester an sich zu binden. Die Kirche und ihre Mitglieder – das war auch damals schon ein schwieriges Kapitel.

1.4   Die Kirche im Nationalsozialismus
Erst recht schwierig wurde es dann, als der Nationalsozialismus zu herrschen begann und je länger desto mehr christliches Leben zu ersticken suchte. Waren die ersten Aufrufe Hitlers noch davon geprägt, die Kirchen in das Gefüge des Dritten Reichs einzugliedern, was dann auch einen kräftigen Mitgliederzuwachs mit sich brachte, so entstand je länger desto mehr der Plan, nach dem Judentum auch das Christentum auszurotten. Ungezählte Menschen haben in der Hitlerzeit die Kirche verlassen und – ich greife vor – haben sie im Staatsgebilde der DDR dann auch nicht mehr neu gesucht. Wer nach den Gründen für

den heutigen Verfall kirchlichen Lebens in Deutschland sucht, muss so weit zurückgehen, um die Hintergründe erkennen zu können.

1.5 Das Thema Schuld und Vergebung

Ein schwieriges Kapitel kann ich nicht ganz ausblenden. Die Zeit nach dem Zweiten Weltkrieg war von Neuanfang, aber auch von der Weiterführung des Bestehenden geprägt. Das Erbe der Bekennenden Kirche hat sich nur hier und dort durchgesetzt, nicht aber durchgehend. Vielfach ist an die Zeit vor 1933 angeknüpft worden. Es hat, wie wir alle wissen, ein Schuldbekenntnis gegeben, aber war das ausreichend? Hat es in der Kirche wirklich eine grundlegende Veränderung des Denkens gegeben? Und: Was bedeutete, was bedeutet die ungeheure Schuld des Deutschen Volks den Juden gegenüber für die Ausbreitung und Annahme des Evangeliums in unserem Land?

Ich wundere mich manchmal, wie dürr unser geistliches Leben in Deutschland ist, wie schnell es abbröckelt, wie schnell sich die Menschen abwenden, und frage mich, ob über unserem Land immer noch eine Glocke liegt, eine Glocke der Verstockung? Vielleicht brauchen wir für unser Land eine neue Bußbewegung. Oder, mit den Worten eines Bischofs in unserem Land: »Unsere Kirche muss noch viel mehr erschrecken, bevor sie sich verändert.« Ich gebe diese Gedanken hier weiter, nicht als Ausdruck des Wissens, sondern der Suche nach den Gründen für die so oft schon beschriebene und beklagte Tendenz zur Säkularisierung und – was schlimmer ist – zur Selbstsäkularisierung.

1.6 Protestantismus ohne Kirche als Problem der Evangelischen Kirche

Schließlich verweise ich bei diesem ersten Abschnitt noch auf ein typisch protestantisches Problem: Es fällt uns schwer, die eigene Kirche zu lieben. Hat der Kirchenvater Cyprian gesagt: »Du kannst nicht Gott zum Vater haben, wenn du nicht die Kirche zur Mutter hast«, so lebt der Protestantismus weithin ein Christsein ohne Kirche (vgl. das Buch von Trutz Rendttorf: »Protestantismus ohne Kirche«). Der regelmäßige Kirchgang wurde zu meiner Jugendzeit den Katholiken als zwanghafte und völlig unnötige Haltung vorgehalten. Das hat sich sicher geändert. Aber die Kritik an der Kirche ist in der evangelischen Kirche immer stärker gewesen als die Hinwendung zu ihr. Die evangelische Freiheit ließ und lässt sich immer wieder schwer mit dem geordneten und verbindlichen Kirchgang und der Einbindung in das Gemeindeleben verbinden. Damit verlor der Protestantismus aber die Bodenhaftung, die erdige Existenz im Mitleben und Mitleiden mit der Gemeinde. Und wo die Erde fehlt, entwickeln sich auch die Wurzeln weniger gut.

1.7 Summe

Ich habe mit diesen Bemerkungen versucht, einiges zur Vorgeschichte zu sagen, von der ich glaube, dass sie für den Westen wie für den Osten Deutschlands von Bedeutung ist. Erst jetzt kann ich mich den besonderen Entwicklungen im Osten und dann im Westen Deutschlands zuwenden und behalte die hier vorgelegten Begründungslinien sozusagen im Ohr.

2. Gründe im Osten Deutschlands

2.1 Die Ideologie des Marxismus-Leninismus

Wenn ich mich der besonderen Situation Ostdeutschlands zuwende, muss ich zunächst auf die Entwicklung nach 1945 verweisen: So wie sich der Westen Deutschlands den USA zuwandte, so der Osten – zunehmend zwangsmäßig – der damaligen Sowjetunion und damit dem Gedankengut des Marxismus-Leninismus. Wenn es also darum gehen soll, die Denkstrukturen der Menschen im Osten Deutschlands zu analysieren, so wird die Ideologie des Marxismus-Leninismus eine nicht geringe Rolle spielen. Es gibt sogar Meinungen, die deutlich zum Ausdruck bringen, dass hier der eigentliche Knackpunkt liegt, dass an dieser Stelle die Auflösung des Codes zum Verstehen der Konfessionslosigkeit im Osten Deutschlands liegt. Ich sehe die Dinge etwas weiträumiger; darum habe ich auch den großen Vorspann gemacht. Dennoch bin ich der Überzeugung, dass dieser Punkt von hoher Bedeutung ist.

Ich will an dieser Stelle nur sehr kurz andeuten, worum es geht: Wenn eine Bevölkerung über 40 Jahre hinweg über das Bildungssystem des Staates, und dabei insbesondere die Schule, vermittelt bekommt, dass der Marxismus-Leninismus die allein wissenschaftliche und moderne Weltanschauung und Handlungsmaxime ist und dass das Christentum dem gegenüber eine altertümliche und überholte Weltanschauung ist, dann ist es nicht verwunderlich, dass die Kirche eine zunehmend untergeordnete Rolle spielen musste, jedenfalls bei denen, die sich dem Marxismus-Leninismus verschrieben haben. Die evangelischen Pfarrhäuser, die Junge Gemeinde, die Kirchenleitungen, die Synoden in der DDR haben sich immer wieder energisch und tapfer zu Wort gemeldet und dabei viele Verunglimpfungen ertragen müssen – die Gesamtsicht der DDR-Gesellschaft konnte diese Haltung aber nur wenig verändern. Wenn es um die Frage geht, wie wir Menschen östlicher Prägung mit dem Evangelium neu begegnen können, wird das nicht ohne neue geistige Auseinandersetzung möglich sein.

2.2 Der Absolutheitsanspruch des »real existierenden Sozialismus«

Zum anderen war diese Weltanschauung nicht nur eine Möglichkeit, zu der man sich so oder so verhalten konnte, sondern eine Notwendigkeit, also die einzig gültige Grundlage des Lebens in der kommunistischen Welt – zu der die DDR ja gehörte. Damit ist gesagt, dass die Bevölkerung der DDR mit dem Kommunismus ein Regime bekam, das sich absolut setzte. Der einen Diktatur im Hitlerreich folgte für die Bürger und Bürgerinnen der DDR die andere. War das Christentum im Nazi-Reich zunehmend nicht geduldet, so zeigte sich die gleiche Entwicklung unter anderen Vorzeichen im Osten Deutschlands. Die Menschen, die im Osten Deutschlands zur Hitler-Zeit aus der Kirche ausgetreten sind, sind mit Sicherheit nach 1945 – im Unterschied zur Entwicklung in Westdeutschland – nicht wieder eingetreten. So erklärt sich, dass in Ostdeutschland ungezählte Menschen leben, die seit zwei oder drei Generationen keine kirchliche Bindung mehr haben und kennen.

Hinzu kommt, dass eine Diktatur ihre eigenen Prägungen bewirkt und auch hinterlässt. Gewiss hat sich im Verborgenen, in der so genannten Nischengesellschaft, eine Volksreligiosität durchgehalten. Gewiss haben die Kirchen immer wieder gezeigt, dass sie da sind, und viele wichtige Zeichen gesetzt. Das Leben in der Jungen Gemeinde war vielleicht lebendiger als im Westen Deutschlands. Die Christenlehre hatte einen höheren Standard als der Religionsunterricht im Westen, und Ehrenamtliche gab es vielleicht prozentual mehr als im Westen. Trotzdem erklärt sich die Zahl 75 Prozent Konfessionslose aus den oben beschriebenen Gründen recht gut. In einer atheistischen Diktatur lässt sich christliche Tradition nur schwer entwickeln, leben und durchhalten.

2.3   Die Funktion der Kirche bei der Wende
Viele Menschen haben gemeint, dass mit der Wende auch eine Wende des kirchlichen Lebens in der ehemaligen DDR hätte erfolgen müssen. Immerhin hat gerade die Evangelische Kirche im Osten Deutschlands wesentlich zur Wende beigetragen, und die Kirchen waren in den Jahren bis zur Wende zunehmend als Orte der Freiheit geschätzt, in denen gebetet und geschwiegen, getröstet und orientiert wurde. Aber eigentlich war es von vornherein und nicht erst später klar, dass diese Euphorie einer tiefen Enttäuschung weichen musste. Denn was da geschehen ist, war ein Ausdruck evangelischer Freiheit, aber keine pietistische Erweckungsbewegung. Die Menschen fanden in den Kirchen Antizipationen der Freiheit und nahmen sie dankbar an, aber der Abstand von der Kirche war zu groß, über Jahrzehnte zu groß, als dass es zu einer neuen Beheimatung hätte kommen können. So konnte es nach der Wende nur so kommen, wie es vorher war, von Abstrichen abgesehen.

2.4   Der Reststolz aus DDR-Zeiten nach der Wende
Wenn heute die Menschen in Ostdeutschland fast mit einem gewissen Stolz ihre Identität außerhalb der Kirche suchen und finden und kirchlich geprägten Menschen eher mit Unverständnis begegnen, so muss auch das nicht wundern. Der Osten Deutschlands hatte sich in den vergangenen zehn Jahren dem Westen so sehr anzupassen, dass fast alles,

was die 40 Jahre geprägt hatte, wegzurutschen drohte. Es gibt aber, gerade angesichts von Missachtung und mangelnder Wertschätzung, eine Art trotzigen Stolzes, der sich da auslebt, wo es geht. Ich sehe, zum Beispiel auch in der Berliner Politik, die beiden Phänomene PDS-Präsenz und Kirchenablehnung in dieser Richtung. Beide Entwicklungen entsprechen den Lebensformen in der damaligen DDR und halten sich in dem Maß, in dem der Westen darauf pocht, dass nur er allein weiß, wo es in Zukunft langgeht.

2.5 Kapitalismus und Kirche – eine Mutmaßung

Damit komme ich in diesem Kontext zu meinem letzten Gedanken. Ich vermute, dass viele Menschen in Ostdeutschland die Kirchen kritisch beargwöhnen, weil sie sie als Teil des Kapitalismus sehen: Pfarrer verdienen weit mehr als der Großteil der Bevölkerung im Osten, die Absicherung der kirchlichen Mitarbeiter steht weit über dem Durchschnitt der Bevölkerung, die Finanzhilfe aus dem Westen fließt nach wie vor. Aus dem Blickwinkel vieler Bürger im Osten hat die Kirche teil an den Reichtümern des Kapitalismus und ist gerade nicht ein Ort, an dem die Armen und Unterdrückten zuhause sind. Ich sage nicht, dass das alles so ist. Aber ich sage, dass das von vielen so gesehen wird, zumal in dieser Zeit, in der immer deutlicher wird, dass sich die Versprechungen nach der Wende nicht einlösen lassen, trotz aller hoher Anstrengungen und Erfolge.

2.6 Summe

Es erklärt sich für mich, warum sich im Osten Deutschlands so viele Menschen ohne Kirchenzugehörigkeit befinden und warum sie dabei so offensichtlich »zufrieden« sind. Es gilt, die oben genannten Gründe genau zu bedenken, um dem Verstehen etwas näher zu kommen.

3. Gründe im Westen Deutschlands

3.1 Der Aufbruch nach 1945 zwischen Neuanfang und Beharrung

Keine Frage, die Anfänge im Westen Deutschlands waren vielversprechend. Die Kirche wurde schnell eine wesentliche Größe. Der Einfluss der westlichen Welt war selbstverständlich auch ein vom Christentum geprägter Einfluss, ganz im Unterschied zum Osten. Die Bundesrepublik Deutschland hat sich ein Grundgesetz gegeben, das christliche Werte deutlich benannt hat. Christliche Parteien wuchsen aus dem Boden oder wurden wieder belebt. Die Kirchen konnten sich frei entfalten und hatten Zulauf. Freie Werke und Verbände konnten wieder arbeiten oder entstanden neu.

Dennoch liegt über den Anfängen nach 1945 auch ein Zwielicht. Die Kirche hat sich nicht von Grund auf erneuert. Die missionarische Dimension der Kirche wurde zwar betont, und große Aktivitäten sind darüber entstanden, zum Beispiel der Kirchentag und die Akademien. Aber diese Grundströmung hat sich nicht lange gehalten. Zum Neuaufbruch kam die Beharrung. Die Erfahrungen der Bekennenden Kirche wurden nur teilweise umgesetzt. Die Kirche im Westen Deutschlands waren in den 50er und auch noch in den 60er Jahren Volkskirche, aber bald kamen die Eintrübungen.

3.2 Die innere Krise der Kirche in den 50er Jahren

Ich denke, dass ich nicht ganz falsch liegt, wenn ich sage, dass der riesige Theologenstreit um die Wahrheit der Bibel in den 50er und auch noch in den 60er Jahren der Kirche in ihrer Überzeugungskraft sehr geschadet hat. Damit sage ich nicht, dass das Ringen um Recht und Grenze der historisch-kritischen Forschung nicht notwendig gewesen wäre. Aber der ganze Streit hat Spaltungen in der Kirche hervorgerufen, die in der Öffentlichkeit nicht gut angekommen sind. Er hat Kräfte gebremst, die dringend für den Gemeindeaufbau und die Mission nötig gewesen wären. Er hat Menschen veranlasst, in Scharen der Kirche den Rücken zu kehren und viele Gläubige in Freikirchen gehen zu lassen.

Vor allem ist über dem Streit auch ein Misstrauen gegenüber der Heiligen Schrift entstanden und eine daraus erwachsene Predigtmüdigkeit, die erst in den 60er Jahren allmählich wieder aufgebrochen werden konnte. Es darf ja nicht verkannt werden, dass zu der Zeit damals nicht nur Rudolf Bultmann Stein des Anstoßes war, sondern dass in der Philosophie die Existenzphilosophie regierte, aus der Bultmann ja auch »Früchte« gepflückt hat. Diese war aber in der Wurzel atheistisch ausgerichtet und verkörperte und prägte in diesen Jahren ein Stück Lebensgefühl.

3.3 Die Studentenbewegung und ihre Folgen

Wesentlich verheerender für die Kirchen war aber die Studentenbewegung mit ihren Folgeerscheinungen. Die Kirche hat in den 70er Jahren einen riesigen Mitgliederschwund verkraften müssen; sie hat sich heute davon noch nicht erholt. Die Studentenbewegung hatte das erklärte Ziel, »alte Zöpfe abzuschneiden«, und dazu gehörten auch vertrauteste Riten, Gebräuche und Wertvorstellungen der Kirche.

In den 70er Jahren kam dazu, dass die Kirche ihr Verhalten im Blick auf die Studentenbewegung und ihre prominenten Vertreter in der Öffentlichkeit nicht gut darstellen konnte, sodass schon aus Ärger über kirchliche Persönlichkeiten wie Bischof Kurt Scharf tausende Menschen die Kirchen verließen. Ich habe zu der Zeit als sein Referent in Berlin gearbeitet und weiß, wovon ich spreche. Ich hatte selbst Austrittsbriefe in Massen zu beantworten. Da half es mir wenig, wenn ich – ganz im Sinn meines Bischofs, mit dem ich vertrauensvoll zusammengearbeitet habe – die Zeitgenossen darauf hinwies, dass die Zugehörigkeit zur Kirche nicht an der Glaubwürdigkeit oder eventuell einseitigen Überzeugung der Amtsträger hängen darf.

3.4 Das Entstehen der Erlebnisgesellschaft
Als Folge der Überflussgesellschaft, die im Westen Deutschlands entstanden war, hat sich Ende der 80er Jahre die Erlebnisgesellschaft entwickelt. Auch da hat die Kirche keine besondere Platzanweisung bekommen. Die Kirchenaustritte setzten sich fort, etwas abgeschwächter, aber nicht weniger stetig. Der Beitrag der Kirche zur Sinnfrage wurde wenig gehört, er erklang wohl auch zu leise. Die Argumente zum Kirchenaustritt waren in diesen Jahren eher pragmatischer Natur: Die einen wollten die Kirchensteuer sparen, die anderen sagten einfach, dass ihnen die Kirche nichts bringe. Hier liegt natürlich eine tiefe Anfrage an die Kirche. Denn das ist ja ihr vornehmster Auftrag, dass sie den Menschen mit dem Evangelium Entscheidendes für ihr Leben bringt.

3.5 Die Selbstsäkularisierung der Kirche
In diesen Jahren, in denen wir jetzt leben, gibt es so etwas wie ein heiliges Erwachen in der Kirche. Viele sagen, dass es so nicht weitergehen kann. Und Kirchenführer wie Bischof Huber aus Berlin haben auch erkannt, worin der tiefste Schaden eigentlich liegt: Die Kirche hat sich selbst säkularisiert. Sie hat in Sachen Sozialethik Enormes geleistet, hat Politik und Gesellschaft beeinflusst und zur Versöhnung mit den östlichen Nachbarn Deutschlands Wesentliches beigetragen. Aber sie hat zu wenig, was ihr eigentlich Wesentliches betont und vermittelt. Sie hat weithin darauf verzichtet, den Menschen Sinn stiftende Antworten zu geben, sie hat die Vertikale außer Acht gelassen und die Horizontale betont. Damit hat sie die Selbstsäkularisierung herbeigeführt. Und eine Kirche, die sich ihrer Sinn stiftenden Bedeutung nicht mehr bewusst ist, verliert auch die Anziehungs- und Überzeugungskraft. Denn der Mensch fragt nach Sinn und will Antworten, nicht nur immer Fragen.
Vielleicht ist diese hier hellsichtig von Verantwortlichen der Kirche benannte Problematik eine Folge des Wohlstands, den die Kirche mit der Gesellschaft im Westen Deutschlands teilte. Eine reiche Kirche hat immer Mühe, die Rede von Gott und die Leidenschaft für Gott an die erste Stelle zu rücken.

3.6 Summe
Die Entwicklung im Westen Deutschlands ist ganz anders verlaufen als im Osten. War dort der Atheismus eines Marxismus-Leninismus bestimmend, so im Westen eher die Lebensform, die sich aus Wohlstand und Wertevielfalt entwickelt hat. Im Osten sind Menschen bewusst aus der Kirche ausgetreten oder sie waren nie drin, im Westen

waren die Austritte, von den 70er Jahren einmal abgesehen, mehr pragmatisch bedingt. Jedenfalls haben wir das Problem der Konfessionslosigkeit hier wie dort.

Ich bin überzeugt davon, dass das Thema »Konfessionslosigkeit« und die damit verbundenen Zusammenhänge die große Herausforderung für die Kirche im 21. Jahrhundert ist. Man kann natürlich einwenden, dass es Zeiten in unserer Kirche gegeben hat, die vielleicht viel schwerer für die Kirche waren als die unsere, zum Beispiel die Zeit von Wichern um 1850, die Jahre um die Jahrhundertwende zwischen dem 19. und 20. Jahrhundert oder auch die Zeit nach dem Ersten Weltkrieg. Dennoch war es in diesen Zeiten normal, zu einer christlichen Kirche zu gehören; zumindest die christliche Tradition und Kultur war ungefragt wichtig, und das Wissen von den christlichen Grundwahrheiten hatte eine andere Qualität. Vor allem: Volksmission war immer Mission an Getauften im Volk – weil die Taufe eben selbstverständlich war. Das hat sich grundlegend geändert, zumindest im Osten Deutschlands. Zum ersten Mal muss sich Volksmission in Deutschland als Heidenmission verstehen, auch wenn wir den Begriff zu Recht nicht gebrauchen wollen. Von daher ist es mehr als nötig, dass die Evangelische Kirche aufbricht und die missionarische Verantwortung aufgreift und wahrnimmt. Die EKD-Synode 1999 war dazu ein wichtiger Schritt; das Impulspapier des Rates der EKD mit seinen 12 Leuchtfeuern ist ein weiterer. Vor allem brauchen wir eine große, einheitliche »Verantwortungsgemeinschaft« in Sachen Mission und Evangelisation in Deutschland, um die Menschen mit dem Evangelium zu erreichen, die »vergessen haben, dass sie Gott vergessen haben«.

HANS-GEORG FILKER

Begegnung mit Konfessionslosen

Die Weitergabe des Glaubens, die in Mitteleuropa seit über 1000 Jahren von Generation zu Generation Grundlage für das Bestehen von Kirche und Christentum gewesen ist, geschieht heute vor allem im Osten Deutschlands nicht mehr automatisch und reibungslos. Zur nachhaltigen Störung beigetragen hat der massive Abbruch der Tradition, bedingt durch Kirchenaustritt infolge der beiden Diktaturen des Nationalsozialismus und des Kommunismus in der DDR.

Während unter dem Schock der Verbrechen der Nazizeit sich viele Ausgetretenen nach dem Krieg wieder der Kirche zugewandt haben, ist solch ein »Rückkehrverhalten« nach dem Zusammenbruch der DDR ausgeblieben. Aufgrund der Haltung der Kirche, die gerade Oppositionsgruppen ein Dach geboten hatte, hatten zwar Kirchenmitglieder erwartet, dass sich nun viele wieder – vor allem der evangelischen Kirche – anschlössen. Das hat sich jedoch als Trugschluss erwiesen. Der Wegzug der engagierten Evangelischen in den Westen bis zum Mauerbau 1961 und die Kirchenpolitik der SED mit dem Zugriff auf die Kinder und Jugendlichen über Kinderkrippe, Junge Pioniere, Jugendweihe bis hin zu den eingeschränkten Möglichkeiten des Studiums für solche, die sich nicht der herrschenden Ideologie angepasst haben, zeigt nachhaltige Wirkung. Es ist eine Generation aufgewachsen, die noch nicht einmal die sprichwörtliche »Großmutter« kennt, aus der sich die russische Orthodoxie wiederbelebt hat, weil sich besagte »Großmutter« im Zweifelsfall mit Eintritt ins Rentenalter auch in den Westen abgesetzt hatte.

Mit dem Zerbruch der DDR hat sich eine Desillusionierung in Sachen Kommunismus ereignet. Doch aufgrund der Tiefenwirkung des Fachs ML (Marxismus-Leninismus) und der kontinuierlichen Propaganda sind die von ihm weit verbreiteten Haltungen allerdings nicht ohne Weiteres ad acta gelegt worden. Dazu gehört auch die Kirchenkritik, die Religionskritik und das Gefühl, Glaubensphänomene seien vorwissenschaftlich und damit überholt.

Der Berliner Theologe Wolf Krötke hat die Situation in einem prägnanten Satz zusammengefasst: »Die Menschen sind scharenweise aus der Kirche ausgetreten. Sie können nur als Einzelne wieder gewonnen werden.«

Durch die Wanderungsbewegung wird der »Kulturatheismus« des Ostens auch in die alten Bundesländer transportiert und verbindet sich gelegentlich mit dem pragmatischen Alltagsmaterialismus des Westens, der zu einem Abschmelzen der Kirchlichkeit auch dort geführt hat, wenn auch auf geringerem Niveau. Wenn man auch und vor allem in Bezug auf den Missionsauftrag Jesu die Gegebenheiten nicht einfach hinnimmt, bedarf es doch einer besonderen Reflexion der Situation, da traditionelle, vor allem im Westen entworfene missionarische Modelle hier offensichtlich nicht greifen. Wir müssen den Missionsauftrag der Kirche unter den neuen Bedingungen studieren und können nicht auf den Erhalt allgemeiner Religiosität bauen.

Was sind die neuen Bedingungen?

1. Die Automatik der Weitergabe des Glaubens in der Generationenfolge und damit die Fortpflanzung der Kirchenmitgliedschaft ist im Osten des Landes weitgehend unterbrochen.
2. Es existiert ein Riss in der Bildungskultur, weil kulturelle und religiöse Inhalte des christlichen Abendlands, auch Inhalte der biblischen Tradition, völlig unbekannt und nicht weiter vermittelt worden sind.
3. Die evangelische Kirche wie der christliche Glaube haben ein Evidenzproblem.
4. Nicht unterschätzen darf man die Schuldgeschichten in einzelnen Biografien, die sich aus der Vorteilsannahme durch Karrieremöglichkeiten, unter »Kündigung« der Kirchenmitgliedschaft im System der DDR, ergeben haben.
5. Ein weiteres Element ist die Langzeitwirkung der reduzierten Bildungsmöglichkeiten der Mitglieder der christlichen Kirche in der DDR. Von daher wird man dem Satz von Wolf Krötke etwas hinzufügen müssen, und zwar komplementär, dass es nicht nur darum geht, Einzelne wiederzugewinnen, sondern es muss der geistliche Grundwasserspiegel im Ostteil des Landes neu gehoben werden. Zwar ist der Einzelne in dieser individualisierten Gesellschaft gefragt, aber es gibt zugleich neue Formen »kollektiver Stimmungsmächte«, die, je nachdem, fördern oder hindern, sich mit Gott, Jesus Christus, dem christlichen Glauben und der Kirche auseinander zu setzen. Hier ist eine komplementäre Herangehensweise gefragt, vor allem im Bildungsbereich, aber auch in der Art und Weise, wie vorhandene kirchliche Gemeinschaften ihre Marginalisierung und teilweise Gettosituation überwinden und verlassen. Dies kann und wird nicht »von oben« geschehen, sondern wird durch das Zeugnis von Christen und christlichen Gemeinden in unterschiedlichen Situationen vor Ort befördert oder unterlassen.

Aus meinen Erfahrungen nenne ich drei Beispiele, die vielleicht typisch die Gesprächs- und Zeugnissituation charakterisieren:

1. Vor einiger Zeit erhielt ich eine Einladung zu einem Gespräch im privaten Rahmen in das Wohnzimmer eines ehemaligen SED-Politfunktionärs, Mitglied der Akademie der Wissenschaften. Ein überzeugter Materialist, der mit mir über die Frage von Kirche diskutieren wollte. In seinem geschlossenen »wissenschaftlichen« Weltbild, in dem auch alles so genannte Geistige eine Funktion von Materie ist, war und ist kein Platz für Gott. Irritationen in seiner Geisteshaltung gibt es nicht, höchstens dass die Wissenschaft an einigen Stellen vielleicht »noch nicht soweit ist«. Es gab eine apologetisch philosophische Diskussion, die interessant, aber auch ermüdend war. Die ideologische Schulung (Dialektik) bot eine sehr undurchdringliche Imprägnierung gegen die lebendige Geschichte des christlichen Glaubens. Mit freundlich mitleidigem Interesse wurde mein antiquiertes Bewusstsein vorgeführt. Warum – um Gottes Willen – wollte er sich mit mir unterhalten? Argumentativ war nicht weiterzukommen. Es gab keinen Anknüpfungspunkt. Ich konnte nur die Einladung des Evangeliums deutlich beschreiben, vor die Tür des Herzens stellen und dort stehen lassen. Selbst intellektuelle Überlegenheit würde an der Zweifellosigkeit des philosophischen Systems des dialektischen Materialismus scheitern. Sektenmentalität ist die boshafte Variante der Beschreibung dieser Haltung, die keine Zweifel kennt. Die Angefochtenheiten von Römer 7, die der christliche Glaube kennt, ist nicht vorgesehen und nicht denkbar. Noch nicht einmal der konkrete Zweifel der modernen Wissenschaft. Die Arbeitshypothese Gott ist unnötig. Es gibt keinen Raum für neue Erfahrungen.

2. Spät am Abend eines Empfangs des Berliner Hotel- und Gaststättenverbands komme ich mit einer PDS-Bezirkspolitikerin ins Gespräch. Die Arbeit der Stadtmission ist bekannt. Wir kennen die Probleme und haben eine gemeinsame Basis im Gespräch. Dann kommt plötzlich der Satz meiner Gesprächspartnerin, nachdem wir über die Möglichkeiten und Grenzen der Politik gesprochen haben: »Sie haben es gut, Sie haben eine Hoffnung.« Ein kurzer Blick in eine Seele, in die persönliche Dimension einer politischen Existenz: »Sie haben es gut.«

Wie kann ich um Gottes Willen diese Güte teilen? Sie zu einer Lebensoption meiner Gesprächspartnerin machen, die ein Wissen oder zumindest eine Ahnung hat, von der sie aber meint, dass sie sich ihr nicht erschließen kann oder sie sich diese nicht erschließen will.

Immerhin gefährden solche Bekenntnisse ihre Lagerhaltung. Gäbe es einen Weg zum Glauben, der Umkehr zu Gott, der aber keinen gesellschaftlichen Canossagang bedeuten würde?

3. Ein Mitarbeiter in leitender Position in einem Arbeitsbereich der Stadtmission, der gewerblich geführt wird. Der Mensch hat eine grundsätzliche Offenheit gegenüber dem christlichen Anliegen unseres Werks, seines Arbeitgebers, aber geistliche Aussagen entziehen sich schlicht seinem Verständnis. »Wie kann es da oben oder irgendwo etwas geben, was mich beeinflusst? Ich habe meinen Verstand, darauf kann ich doch weitgehend vertrauen. Anderes hilft mir nicht.« Die grundlegende Abstinenz von Transzendenz ist verblüffend stringent. Der Hinweis auf die ethische Situation des christlichen Glaubens scheitert am Fehlverhalten von Christen, das mehrfach zu der Frage führt: Und das soll dann christlich sein?!

Nach vielen Gesprächen hat sich die grundsätzliche Bereitschaft ergeben, Bibel zu lesen, auch teil zu haben an Glaubensäußerungen, die mit dem besonders wachen Blick des Außenstehenden dann auch manche schmerzliche Schwäche christlichen Denkens und Verhaltens offenbart. Wie kann jemand zum Glauben kommen, der nicht weiß, ob er wirklich will, aber von seinen Voraussetzungen her es nicht wollen kann, weil der Glaube sich ihm schlicht nicht erschließt.

Das sind drei sehr knappe und unterschiedliche Begegnungen. Die Skizze mag verdeutlichen, wie wenig machbar der Missionsauftrag und das Zum-Glauben-Kommen von Menschen ist. Doch bei Gott ist kein Ding unmöglich, bekennen wir. Vielleicht können wir das eine oder andere Hindernis auch aus dem Weg räumen. Das Zum-Glauben-Kommen an Jesus Christus vollzieht sich in dieser Situation nicht auf dem Weg über die Organisation Kirche.

Sie ist an dieser Stelle kein Argument, sondern in ihrer Gebrochenheit eher so hinderlich wie förderlich. Mir scheint der einzige Weg eine Rückbeziehung auf die Botschaft Jesu selbst und eine Konzentration auf seine Person, Gestalt und Geschichte zu sein. Wo solche Menschen zum Glauben kommen, werden wir eine Generation von Christen haben, die nicht durch die christliche Kultur der letzten Jahrhunderte geprägt sind. Das ist eigentlich unvorstellbar. Zumindest scheinen die christlichen Gemeinden im Osten des Landes noch nicht so weit zu sein, solche Menschen anzusprechen und eine eigene »postchristianisierte« christliche Sozialisation vermitteln zu können.

KLAUS HAACKER

Entkirchlichung – warum?

1. Ursachenforschung

Im April 1963 nahm ich an einem Ferienseminar teil, das die Pfarrer-Gebetsbruderschaft in Zusammenarbeit mit der Berliner Stadtmission in Berlin durchführte. Etwa 70 Theologiestudierende aller Couleur (!) stellten sich im Wedding der Herausforderung eines weithin entkirchlichten Stadtteils. Sie klingelten an Wohnungstüren, hinter denen Menschen lebten, die zum Teil schon in dritter Generation nicht zur Kirche gehörten. Mitgebrachte Theologie wurde so auf die Probe gestellt, neue Erfahrungen wurden gemeinsam theologisch verarbeitet, und das Ganze musste auch in eine vorher angekündigte öffentliche Abendveranstaltung umgesetzt werden. Es war ein Husarenritt, der in dieser Form nie wiederholt wurde, aber sicher bei allen Beteiligten nachhaltig weiterwirkte.

Heute ist das Nachdenken über die entkirchlichten Teile der Bevölkerung Deutschlands mehr oder weniger intensiv in allen Landeskirchen ausgebrochen. Die Frage »Was tun?« beschäftigt alle kirchlichen Ebenen von der Ortsgemeinde bis in die Kirchenleitungen. Unterschiedliche Konzepte, die Fernstehenden einen neuen Zugang zur Kirche und zum Evangelium eröffnen sollen, liegen vor und werden erprobt und diskutiert. Vergleichweise selten wird die Frage gestellt: Was *hat* die Kirche *getan*, was hat sie *falsch gemacht* und damit zur Entkirchlichung so vieler Menschen beigetragen?

Wenn über die Gründe dieser Entwicklung nachgedacht wird, müssen gewiss auch andere Fragen gestellt werden. Es spielen zweifellos gesamtgesellschaftliche Faktoren mit, auf die die Kirche keinen Einfluss hatte und hat: etwa die Industrialisierung im 19. Jahrhundert, deren Schattenseiten eine anti-religiöse Ideologie entstehen ließen, die im 20. Jahrhundert politische Triumphe feierte. Oder die Schwächung der Familie, die vorher das verlässlichste Medium für die Weitergabe religiöser Traditionen war. Derartige Ursachen der Entkirchlichung müssen wahrgenommen und ernst genommen werden, um konfessionslose Menschen besser zu verstehen und die innere Stimmigkeit ihres Lebensentwurfs zu respektieren. Dabei dürfte Unglaube in den allerwenigsten Fällen eine Sache freier persönlicher Entscheidung sein, sozusagen ein Wählen zwischen zwei Waagschalen, die auf gleicher Höhe stehen.

Dies Bedenken ungünstiger Rahmenbedingungen darf aber nicht die Frage verdrängen, womit die Kirche selbst dazu beigetragen hat, dass Christsein unmodern geworden ist, so unmodern, dass auch gläubige Menschen oft Hemmungen haben, im Alltag Gott ins Gespräch zu bringen. Diese Frage ist zuzuspitzen auf die Frage nach einer *Schuld* der Kirche am Verlust ihres einstigen Ansehens, das in früheren Zeiten den Zugang zum persönlichen Glauben erleichterte. Diese Frage muss gestellt werden, weil ein Schuldigwerden nicht nur nach praktischen Bemühungen um Wiedergutmachung ruft, sondern auch nach einem Schuld*bekenntnis* und einer *Umkehr*.

Es könnte sein, dass die derzeitige Rückbesinnung auf den missionarischen Auftrag der Kirche nur schwache Wirkungen zeitigt, weil sie nicht tief genug ansetzt, nicht nach den Wurzeln der Entkirchlichung fragt und die Kirche selbst nicht genug in Frage stellt. Mit anderen Worten: Es könnte sein, dass – mit einem traditionellen Begriff gesagt – nur eine *Bußbewegung* der Kirche eine neue Glaubwürdigkeit verleihen würde, die sie wieder anziehend macht.

Um *eine* Überlegung auf dieser Linie soll es im Folgenden gehen. Dabei will ich zuerst großräumig nach den Ursachen der allmählichen Entkirchlichung des westeuropäischen Kulturraums in der Neuzeit fragen. Danach soll es um die Frage gehen, wieso Menschen, die ursprünglich christlich geprägt waren und dies womöglich auch innerlich bejaht hatten, als Erwachsene ihren christlichen Lebensentwurf hinter sich lassen. Auch hier soll nur *eine bestimmte* Ursache benannt werden, die nach meinem Eindruck – ohne dass ich mich auf statistische Erhebungen berufen kann – Beachtung verdient und praktische Konsequenzen nahe legt.

2. Kirchengeschichte als Ursache von Entkirchlichung

Es ist eine Binsenwahrheit, dass menschliche Schwächen des »Bodenpersonals« Gott selbst in Misskredit bringen (vgl. Röm 2,23f) und dabei auch von der Zugehörigkeit zur Gemeinschaft der Glaubenden abschrecken oder abbringen können. Das war wohl zu allen Zeiten so, und man wird nicht aufs Geratewohl behaupten können, dass die Christenheit in der Neuzeit durch *zunehmendes* moralisches Versagen ihren Kredit verspielt habe. Allerdings wird weithin angenommen, dass die verheerenden Konfessionskriege des 17. Jahrhunderts den Anstoß zu einer Säkularisierung der europäischen Staatenwelt und zu einer Emanzipation der Kultur von christlicher Dogmatik gaben.

Das führt mich zu der weiter gehenden These, dass die *Entkirchlichung* Europas – großräumig und langfristig betrachtet – eine Reaktion auf eine vorangegangene jahrhundertelange *Überkirchlichung* war. Sie bestand darin, dass weite Lebensbereiche, die von Haus aus nicht in die »Zuständigkeit« der Kirche fallen, unter einen starken Einfluss der Kirche gerieten oder gar von ihr beherrscht wurden – auf Kosten der sachgemäßen Gestaltung dieser Lebensbereiche.

2.1 Religion und Politik

Was die Staatenwelt betrifft, ist von einer allmählichen Entwicklung zu sprechen, die mit einer *Benutzung* des Christentums durch den Staat begann. In starker Vereinfachung der schrittweisen Veränderungen sprechen wir von der »konstantinischen Wende«, die über kurz oder lang nicht nur die Tolerierung des Christentums brachte, sondern seine Funktionalisierung zum einigenden Band des von Spaltungen bedrohten Römischen Reichs der Spätantike.

Später wurde der christianisierte Reichsgedanke zu einem Erbe der Antike, das der Papst verwaltete und in Form der Kaiserkrönungen an weltliche Herrscher verlieh. Die Erhebung von Bischöfen zu Territorialfürsten dieses Reichs führte zu einer weiteren Verquickung der politischen und der geistlichen Sphäre – mit Luther gesprochen: der »zwei Reiche« oder »zwei Regimenter«.

Nachdem die Reformation zu ersten kriegerischen Auseinandersetzungen geführt hatte, wurde die Befriedung der Verhältnisse damit erreicht, dass auch die weltlichen Territorialfürsten nach dem Grundsatz »cuius regio, eius religio« zu Kirchenführern wurden. Die Verknüpfung von »Thron und Altar« wurde noch enger als zuvor. Dadurch bekamen machtpolitische Interessenkonflikte und Interessengemeinschaften einen konfessionellen Überbau. Auf deutschem Boden führte das zum 30jährigen Krieg. Auch England – in gewisser Weise das »Mutterland« der Aufklärung – erlebte im 17. Jahrhundert Kriege aus konfessionellen Gründen, in die sich ausländische Staaten einmischten. In Frankreich kam es infolge des absolutistischen Königtums zu einer Überprivilegierung der katholischen Kirche: kein Wunder, dass die französische Revolution nicht nur eine bürgerliche Demokratie, sondern schließlich einen streng laizistischen Staat hervorbrachte.

In Deutschland verlief die Entwicklung langsamer, aber auch hier ist nach 1918 die Demokratisierung mit einer Entflechtung von Staat und Kirche verbunden. So dürfte es kein Zufall sein, dass die 20er Jahre einen starken Verlust an Kirchenmitgliedern brachten. Das war sicher unter anderem auch eine Reaktion auf die wilhelminische Verquickung von Thron und Altar, in deren Zeichen die deutschen Soldaten mit der Parole »Gott mit uns« in den Ersten Weltkrieg gezogen waren. Christentum als »zivile Religion« war durch diese Katastrophe diskreditiert – darum der Versuch einer Neukonzeption des Christentums durch Karl Barth und seine Mitstreiter. Aber ein für die Allgemeinheit erkennbares neues Gesicht der Kirche entstand dadurch noch nicht. Deshalb fielen alternative Welt- und Lebensdeutungen (Kommunismus, Rassismus) bei vielen Menschen auf einen brach liegenden fruchtbaren Boden und entwickelten pseudoreligiöse Ausdrucksformen, die emotional in das spirituelle Vakuum einströmten und den Glaubensverlust subjektiv befriedigend ausglichen.

Die Kirche ist bei der Verquickung mit staatlicher Macht zweifellos zunächst und immer wieder – wenn auch keineswegs immer – für politische Zwecke *benutzt* worden. Aber die jeweiligen Kirchentümer haben von ihr auch erheblich profitiert, in rechtlicher, finanzieller und organisatorischer Hinsicht, nicht zuletzt in der Zurückdrängung anderer religiöser Angebote und Ansprüche. Dass dabei Wesensmerkmale der Kirche wie zum Beispiel ihre grundsätzliche Gewaltfreiheit verdunkelt wurden, geriet lange Zeit in Vergessenheit. Auch die der Kirche wesensfremde Kumulation von Reichtum wurde nur in begrenztem Maß zum Anlass von Protestbewegungen. Immerhin spielten grundsätzliche Anfragen an das Bündnis mit dem Staat eine wichtige Rolle bei den Waldensern und in der »ersten Reformation« im böhmischen Raum. Es gibt zu denken, dass heute vor allem solche Kirchen ein Wachstum erleben, die in ihrem jeweiligen gesellschaftlichen Umfeld nicht die Rolle der privilegierten Zivilreligion spielen.

2.2 Theologie und Kultur

Eine verhängnisvolle Folge der staatlichen Privilegierung der Kirche und der Benutzung des Christentums als offizieller Einheitsreligion war die Reglementierung des geistigen Lebens. Sie betraf zunächst die innerkirchliche Denkarbeit: Die »ökumenischen« Konzilien der Alten Kirche haben ihren Namen nicht vom modernen Begriff der (weltweiten) Ökumene (die eine erhebliche Vielfalt umfasst), sondern von der Bezeichnung des Römischen Reichs als »die bewohnte Welt«, die wir aus der Weihnachtsgeschichte (Lk 2,1) kennen. Sie wurden vom jeweiligen Kaiser einberufen, der auch immer wieder auf die Verhandlungen Einfluss nahm, und dienten vor allem der Festlegung und Durchsetzung einer einheitlichen Lehre für das gesamte Reichsgebiet. Das hatte unter anderem zur Folge, dass als häretisch eingestufte Kirchengebilde im Nahen Osten, die von Byzanz unterdrückt wurden, die arabischen Eroberer als Befreier begrüßten und sie anfänglich als vergleichsweise tolerant erlebten.

Dass für die geordnete Darstellung christlichen Denkens der Begriff »Dogmatik« aufkam, spricht Bände: Die griechische Vokabel *dogma* bezeichnet von Haus aus staatliche Edikte, so auch das »Gebot« des Kaisers Augustus in der Weihnachtsgeschichte. Kreatives und individuelles Denken wurde unter staatlichem Einfluss durch das Interesse an allgemeingültigen und verbindlichen Lehraussagen verdrängt.

Diese Entwicklung wirkte sich auf Bereiche der Bildung aus, die gar keinen unmittelbaren Bezug zur Theologie haben: Aus der Vielfalt weithin vergessener antiker Weltbilder wurde zum Beispiel das des Ptolemäus herausgegriffen und für maßgeblich erklärt. Pioniere der neuzeitlichen Astronomie, wie Kopernikus und Galilei, stießen auf erbitterten Widerstand kirchlicher Instanzen. Das Hauptwerk von Nikolaus Kopernikus stand über 200 Jahre auf dem Index der römisch-katholischen Kirche. Während Theologen der Alten Kirche noch im Dialog mit antiker Philosophie standen, gerieten große Teile der antiken Kultur im Mittelalter in Vergessenheit. Ihre Wiederentdeckung wurde als eine »Auferstehung« (Renaissance) empfunden.

Die Aufklärung brachte dann eine energische Emanzipation des gebildeten Bürgertums von staatlicher und kirchlicher Bevormundung. Dass die Freiheit des Denkens und Forschens gegen kirchliche und staatliche Widerstände erkämpft werden musste, wirkt bis heute in der verbreiteten Annahme einer grundsätzlichen Spannung zwischen Glaube und Vernunft, Religion und Wissenschaft nach. Beachtung verdient, dass der Begriff »Aufklärung« einen quasi-religiösen Anspruch signalisiert: Als Übersetzung des englischen »enlightenment« bedeutet er so viel wie »Erleuchtung«, eine Metapher, die im Neuen Testament für Offenbarungsvorgänge gebraucht wird (vgl. Lk 2,32; 2Kor 4,6; Eph 1,18;5,14; Hebr 6,4;10,32). Diesem Pathos entspricht es, wenn heute gelegentlich beteuert wird, wir könnten nicht »hinter die Aufklärung« zurück.

Wenn damit die Absage an autoritäre Bevormundung gemeint ist, sollte das Konsens sein. Oft verbindet sich damit aber die Festlegung auf einen grundsätzlichen Rationalismus, der nur das rational Erklärbare als wirklich anerkennt und dabei Gott kategorisch aus der erfahrbaren Welt ausklammert (als ob die Struktur des Weltganzen den Wahrnehmungsformen eines bestimmten höheren Säugetiers entsprechen müsste!).

Das ist ein Erbe der Aufklärung, mit dem das Pendel von kirchlicher Dogmatik zu einem antikirchlichen Dogmatismus hin ausgeschlagen ist. Dies theoretisch längst überholte rationalistische Wirklichkeitsverständnis stellt bis heute für viele Menschen ein schwer überwindliches Glaubenshindernis dar. Es erklärt sich als Gegenschlag gegen den vormodernen Versuch der Kirche, über die Erklärung der Welt zu bestimmen – was mit ihrem ursprünglichen geistlichen Auftrag nichts zu tun hat.

Nun ist nicht zu übersehen, dass jedenfalls die evangelische Kirche sich grundsätzlich längst von autoritären Ansprüchen gegenüber dem freien Denken und Forschen distanziert hat und die historische Leistung der Aufklärung anerkennt.[1] Das wird jedoch in erster Linie als ein

---

[1] Schon Martin Luther hatte sich nicht nur auf die Heilige Schrift berufen, sondern auch den normativen Anspruch des eigenen Gewissens betont.

Nachgeben gegenüber dem Zeitgeist wahrgenommen und ist zum Teil auch so gemeint. Anzumerken ist, dass Rudolf Bultmann immerhin sein Programm der Entmythologisierung aus einer Reflexion darüber entwickelte, was »dem modernen Menschen« an biblischem Denken noch zugemutet werden kann.

Diese Reaktion auf die Aufklärung ist unzureichend. Was bis heute fehlt, ist ein auf Einsicht in die Zusammenhänge erwachsenes *Schuldbekenntnis* der Christenheit im Blick auf die jahrhundertelangen Übergriffe der Kirche auf Lebensbereiche, in denen sie keine Weisungsbefugnis hat. Nicht die Aufklärung ist das Trauma der neuzeitlichen Kirchengeschichte Europas, sondern traumatisch waren die Jahrhunderte der ungeistlichen Dominanz der Kirche auf Gebieten, für die sie kein unmittelbares Mandat hat. Man könnte diese Zeit in Abwandlung einer reformatorischen Metapher als die »babylonische Gefangenschaft der Gesellschaft« bezeichnen, die bleibende Spuren im kollektiven Bewusstsein der Länder und Völker hinterlassen hat, die sich davon befreit haben.

Ich schließe diese kirchengeschichtlichen Überlegungen mit einigen bemerkenswerten Sätzen von Kornelis Heiko Miskotte:[2]

»Wie konnte es geschehen, dass ganze Gebiete, durch die die Prophetie hindurchgezogen ist, wieder abgefallen sind, einige so radikal, dass kaum eine Spur von ihr zurückgeblieben ist? Wir denken an erster Stelle an die Eroberungszüge des Islam, in dessen Wirbel Kleinasien, Ägypten, Nordafrika, Spanien ihre christlichen Gemeinden hinweggefegt sahen, aber auch an die ›babylonische Gefangenschaft‹ der Kirche und schließlich an die moderne Entfremdung der Völker im Zeichen des offenen Abfalls ... / ... Wir können gewiss nicht feststellen, was da hominum confusione, was Dei providentia geschehen ist, aber wir dürfen sicher annehmen, dass die Apostasie der Völker jeweils mit der Untreue der Christenheit zusammenhängt. Untreue, kann man sagen, in Leben und Lehre, in den überpersönlichen Lebensformen und gegenüber der göttlichen Bestimmung.«

3. Ursachen individueller Entkirchlichung

Die Ursachen individueller Entkirchlichung sollten ein Forschungsgebiet der Praktischen Theologie sein, das im Zug der Wiederentdeckung des missionarischen Auftrags der Kirche einen verstärkten Einsatz von Menschen und Mitteln erfordert. Predigten sollten nicht nur aus persönlichen Gesprächen mit Fernstehenden schöpfen, um auf Glaubens-

---

2 Aus seinem Buch »Wenn die Götter schweigen. Vom Sinn des Alten Testaments«, München 1964, 309f.

hindernisse einzugehen, und seelsorgliche Gespräche nicht nur von Sensibilität im Augenblick geprägt sein. Es ist auch nach symptomatischen Lebensläufen zu fragen, die sich in anderen Lebensgeschichten – natürlich in großer Vielfalt – widerspiegeln, und auf die wir in konkreten Begegnungen gefasst sein müssen.

Die Auswertung biografischer Literatur kann dazu einen wertvollen Beitrag leisten. Es gibt so manche frömmigkeitsgeschichtlichen Untersuchungen; sie sollten durch Untersuchungen der »Entfrommung« von Personen, die von Haus aus in der Kirche verwurzelt waren, ergänzt werden. Sofern es sich um Persönlichkeiten mit einer kulturellen Ausstrahlung handelt (Dichter, Schriftsteller, Künstler, Wissenschaftler), dürften sie Zeitgenossen in ihrem Glauben verunsichert und nachwachsenden Generationen Glaubenshindernisse aufgebaut haben.

Mein ehemaliger Wuppertaler Kollege Albrecht Grözinger hat für ein Buch über die Erosion der Kirchlichkeit einmal den Titel gewählt: »Es bröckelt an den Rändern«.[3] Dieser Satz ist eine zutreffende Beschreibung; aber er liefert noch keine Erklärung. Die Ränder bröckeln ab, weil die Gravitationskraft der Mitte nachgelassen hat. Die Heilung muss in der Mitte anfangen. Dazu braucht es ein Nachdenken darüber, warum Menschen, die einmal ganz »innen« waren, aus dieser Mitte ausbrechen und andere dabei mitreißen.

Unter dieser Fragestellung sollten Lebensläufe von Menschen studiert werden, die in einem evangelischen Pfarrhaus begonnen, aber weit aus dem Raum der Kirche hinausgeführt haben. Desgleichen Biografien, die mit einer strengen katholischen Sozialisation anfingen und in der Kirchenferne enden. Dabei dürften menschliche Schwächen der jeweils älteren Generation immer eine Rolle gespielt haben. Ich wage aber die Behauptung, dass es in diesen Lebensläufen häufig eine Entsprechung zu dem gibt, was ich großräumig über die Kirchen- und Geistesgeschichte gesagt habe: Entkirchlichung wird in vielen Fällen eine Reaktion auf »Ekklesiose« sein, Befreiung von einer übermächtigen christlichen Sozialisation, Selbstfindung nach einer Verweigerung oder Behinderung persönlicher Identität.

Ich habe aber auch vergleichbare Lebenswege im Blick (wenn auch nicht in statistisch beweiskräftiger Häufigkeit), die nicht schon durch ihr Elternhaus oder andere Kindheitseinflüsse durch und durch christlich geprägt waren. Auch die beglückende Entdeckung des Evangeliums und die persönliche Entscheidung für den christlichen Glauben in der Pubertät oder Adoleszenz können zu einem »Zuviel« führen, zu einer ungesunden Dominanz geistlicher Gesichtspunkte, die früher oder später in eine Krise gerät. Der entschlossene Wille, das ganze Leben einzig auf Gott auszurichten, kann vom Ernstnehmen »profaner«

---

[3] Untertitel: Kirche und Theologie in einer multikulturellen Gesellschaft, München 1992.

Lebensbereiche und ihrer relativen Eigengesetzlichkeit ablenken und in Erfahrungen des Scheiterns hineinführen. Die Partnerwahl aus vermeintlich geistlichen Gründen ohne tragfähige emotionale Basis oder die Entscheidung für ein Theologiestudium, weil alle weltlichen Berufe vor (dem Gefühl) dieser Berufung verblassen, sind typische Fehlentscheidungen dieser Art, die fatale Folgen haben können. Eine kurzschlüssige Reaktion auf solche Niederlagen ist dann der Abschied vom christlichen Lebensentwurf im Ganzen. Ein radikaler Schnitt fällt da leichter als die langsame Ausheilung der jugendlichen »Pneumatose« zugunsten einer ausgewogenen Gewichtung der verschiedenen Dimensionen des Menschseins.

Aber nicht nur durch derart krisenhafte Erfahrungen des Scheiterns können aus engagierten Mitgliedern christlicher Jugendgruppen Randsiedler der Kirche werden, die nur noch an großen Festen den Weg zur Gemeinde finden. Wenn die Gemeinde oder der Jugendkreis in der Schulzeit die ganze Freizeit ausgefüllt hatte – nicht nur mit »geistlichen« Aktivitäten, sondern auch mit Sport und Spiel, Musik oder sozialem Einsatz –, dann lässt der Übergang in einen Beruf und/oder die Gründung einer Familie den zeitlichen Freiraum für solche Aktivitäten radikal schrumpfen. Das kann ein schlechtes Gewissen erzeugen, ein Gefühl des Zurückbleibens hinter Idealen, das die verbliebenen Kontakte zur Kirche emotional belastet. Das frühere »Alles« schrumpft zu einem »Wenig« zusammen, das nicht mehr dankbar genossen, sondern als Pflicht aufrecht erhalten wird, oder dessen man sich heimlich schämt.

Eine Vorbeugung gegen solche Entwicklungen wäre es, wenn Gemeinden und christliche Gruppen bewusst darauf verzichteten, die ganze Freizeit ihrer Mitglieder zu beanspruchen und zu füllen. Das Raum-Lassen für Weltlichkeit außerhalb des Gemeindelebens ist gesünder als die Anreicherung des Gemeindelebens mit Aktivitäten, die man genau so im Sportverein und im Kochclub oder in der Volkshochschule haben kann. Es lässt dann auch Raum zur Begegnung mit Menschen, die selbst nicht zur Kirche kommen. Denn wo hat man Zeit für diese Menschen, wenn die ganze Freizeit mit anderen Christenmenschen verbracht wird?

4. Fazit

Meine Ausführungen sind kein monokausaler Erklärungsversuch für die großräumige Entkirchlichung europäischer Länder und den Glaubensverlust ehemaliger Kirchenglieder. Es ging mir um *eine* ernstzunehmende Ursache sowohl im historischen Rahmen wie auch in vielen Einzelbiographien: um den Umschlag aus einem »Zuviel« in ein »Zuwenig« oder gar von einem »Alles« zu einem »Nichts«.

Es ist die überzogene Verkirchlichung im »christlichen Abendland«, die den Gegenschlag der Aufklärung nach sich zog. Biografisch ist es die allzu machtvolle kirchliche Prägung durch christliche Elternhäuser in Kindheit und Jugend, die nach einer Emanzipation ruft. Oder es ist das selbst gewählte, womöglich an großen Vorbildern gewonnene Pathos eines durch und durch geistlich bestimmten Lebens, das in Krisen gerät und häufig in Resignation endet.

Die Propheten haben Israel gelehrt, dass die Gottesbeziehung kein abgegrenzter kultischer Sektor ist, in dem man Gott mit korrekten Leistungen abspeisen kann. Auch Jesus und die Apostel haben den Anspruch Gottes auf unser ganzes Leben gelehrt. Aber das ist eine Sache des Vorzeichens, der Maßstäbe und der letzten Ziele. Die »Materie«, die davon geformt werden soll, ist die ganze von Gott geschaffene Wirklichkeit in ihrer jeweiligen *gottgewollten* Eigengesetzlichkeit. Sie darf nicht von der Kirche totalitär besetzt oder enthusiastisch übersprungen werden. Sonst droht ein Aufstand der Welt gegen die Kirche, wie er in der Aufklärung stattgefunden hat, oder biografisch eine Abwendung von dem Geist, der die Vernunft an die Wand gespielt hatte.

REINHARD HEMPELMANN

Über die lebenspraktische Unmöglichkeit des Nicht-Glaubens

Eine biblische und theologische Betrachtung

Das Substantiv »Glauben« beziehungsweise Verb »glauben« hat im Alten Testament keine so beherrschende Stellung wie im Neuen. Das alttestamentliche Verb für Glauben hä'ämin (nur hierfür gebraucht die Septuaginta pisteuein/πιστεύειν) begegnet mit dem Objekt Gott oder Gottes Wort nur insgesamt 25 Mal.

Claus Westermann hat darauf hingewiesen, dass es ein Substantiv Glaube – vergleichbar dem neutestamentlichen Begriff – im Alten Testament nicht gibt. Wenn ausgesagt wird, dass jemand glaubt, bezeichnet dies nicht allgemein und umfassend sein Gottesverhältnis (so im NT), sondern cs bezieht sich auf eine konkrete Situation: »Jemand glaubt in einer bestimmten Lage einem anderen oder ... nicht.«[1] Glaube als umfassende Bezeichnung des Gottesverhältnisses wird vielmehr als selbstverständlich vorausgesetzt und deshalb in den meisten Fällen nicht erwähnt. Die Thematisierung des Glaubens geschieht vor allem da, wo einer nicht glaubt.

An Gott glauben oder nicht an Gott glauben ist deshalb im Alten Testament keine zentrale Frage. Vielmehr geht es darum: Entspricht ein Mensch dem, was Gott tut, im Gehorsam, im Dienen und im Lob? Wo vom Glauben die Rede ist, liegt stets eine solche Entsprechung beziehungsweise Nichtentsprechung vor. Glauben bezeichnet also die Reaktion des Menschen auf eine Aktion Gottes.[2]

Die Sache des Glaubens kommt allerdings nicht nur dort zur Sprache, wo dezidiert das Wort glauben (hä'ämin) verwendet wird. Mannigfaltige Parallelworte stehen daneben: sicher sein, Zuflucht suchen, sich bergen, die Verben des Hoffens und Harrens ... Die hier erwähnten Parallelworte finden sich vor allem im Psalter. In ihnen artikuliert sich ein Vertrauen, das einzelne Menschen oder Menschengruppen zu Gott haben. Glauben heißt im Psalter, der so etwas wie eine Sprachlehre des Glaubens ist, vornehmlich Vertrauen.

Ein typisches Beispiel, wie das Alte Testament von der Sache des Glaubens spricht, ist der Beginn der Abrahamgeschichte. Abraham hört den Anruf Gottes und reagiert: »Da zog Abraham aus, wie der

---

[1] Vgl. *Claus Westermann*, Theologie des Alten Testaments in Grundzügen, ATD Ergänzungsreihe 6, Göttingen 1978, 61.
[2] So schon *Arthur Weiser*, in: ThWNT VI, 182.

Herr zu ihm gesagt hatte« (Gen 12,4). Das Wort Glauben begegnet nicht. Es liegt bereits im Hören und Tun, dass Abraham dem Wort Gottes Vertrauen schenkte und ihm insofern glaubte. Der Glaube liegt, wie hier zu sehen ist, zwischen dem Reden und Handeln Gottes und der Antwort des Menschen.

Eine besondere Bedeutung gewinnt das Wort glauben bei Jesaja. Für ihn wird Israels verweigerter Glaube zu einem Hauptthema und zum letzten Grund für das erwartete Gericht JHWHs.[3] Jesaja verwendet glauben (hä'ämin) absolut und spricht damit die Identität von Glauben und Bestand (Existenz) aus. »Allein im Glauben existiert das Gottesvolk. Der Glaube ist die einzig mögliche Existenzform, die jede andere selbstständige Haltung des Menschen oder Bindung an jemand anderen als Gott radikal ausschließt.«[4]

Typisch für das jesajanische Reden vom Glauben ist die immer wieder vom Gottesvolk oder dem König geforderte Passivität (Jes 7,1ff; 22,8–11; 30,15). JHWHs Eingreifen ist reines Wunder; »die Rettungstat Jahwes ist autark und duldet keinen menschlichen Synergismus.«[5] So heißt Glauben »Raumgeben dem Walten Gottes« und »Abstehen von Selbsthilfe«.[6] Im Reden Jesajas vom Glauben wird zugleich eine Traditionslinie zur paulinischen Rechtfertigungsbotschaft mit ihrer grundlegenden Einsicht hergestellt, dass die Gerechtigkeit allein durch den Glauben und nicht durch die Werke des Gesetzes kommt. In diesen Zusammenhängen gewinnt das alttestamentliche Reden vom Glauben eine deutliche Affinität zu dem des Neuen Testaments.

Glaube im Neuen Testament

Im Neuen Testament wird Glaube (πίστις) zur entscheidenden Bezeichnung der Beziehung zwischen Gott und Mensch. Dazu kam es einmal durch die Bedeutung des Glaubens im Alten Testament, vor allem aber durch die missionarische Betätigung der Christen: »die Hinwendung zu dem in der Verkündigung erschlossenen Gott heißt Glaube.«[7] Jeder, der glaubt, sagt Ja zu der Botschaft, dass Gott in Jesus Christus den Menschen seine Barmherzigkeit erwiesen hat. Inhaltlich bezeugt der Glaube das pro nobis des Sterbens Jesu Christi sowie seiner Auferweckung von den Toten am dritten Tag (1Kor 15,3–5). Dieser Glaube verbindet alle Christen. »So predigen wir, und so habt ihr geglaubt« (1Kor 15,11).

---

[3] Vgl. *Hans-Jürgen Hermisson / Eduard Lohse*, Glauben, Stuttgart 1978, 56.
[4] *Arthur Weiser*, ThWNT VI, 190.
[5] *Gerhard von Rad*, Theologie, Theologie des Alten Testaments, Band II, München 1968, 166.
[6] Anm. 9, ebd., 167.
[7] *Rudolf Bultmann*, ThWNT VI, Art. Pistis (Glaube), 205.

Der Glaube im Neuen Testament ist keine religiöse Gesinnung oder fromme Haltung, so wenig er ein in sich selbst abgeschlossenes Thema ist. Pistis – Glaube – ist stets die Bezeichnung für das personale Gottesverhältnis. Deshalb wird der Glaube nicht unter Absehung von dem, woran geglaubt wird, zum Gegenstand der Reflexion. Dies kommt insbesondere in dem für das Neue Testament eigentümlichen und auch sehr häufigen Gebrauch von (πιστεύειν ἐις im Sinn von »glauben an« zum Ausdruck. Inhalt und Vollzug des Glaubens lassen sich nicht trennen. Glauben an Jesus Christus (πιστεύειν ἐις Χριστὸν Ἰησοῦν; Gal 2,16) bedeutet nichts anderes als glauben, dass Jesus gestorben und auferstanden ist (πίστευειν, ᾽ότι Ἰησοὺς απέθανεν καί ἀνέστη ; 1Thess 4,14). Beides meint, dass Gott selbst im Leben, Sterben und Auferstehen Jesu Christi gehandelt hat. So ist der Glaube im Neuen Testament – wie auch im Alten Testament – reactio des Menschen auf die vorausgehende actio Gottes; allerdings so, dass für den, der die Entscheidung für den Glauben trifft, von nun an ein neues Leben beginnt.

Zahlreiche Erzählungen der synoptischen Evangelien verdeutlichen, dass der Glaube in der Begegnung mit Jesus entsteht und geweckt wird (Mk 2,1ff; Mt 15,21ff u.a.). Glaube ist der Mut, in dem Menschen sich erwartungsvoll an Jesus wenden und von ihm alle Hilfe erbitten. Weil dieser Glaube häufig als eine Bitte an Jesus zum Ausdruck kommt, ist es treffend, ihn als Gebetsglauben zu kennzeichnen. Solcher Glaube sucht unnachgiebig das Gespräch mit Jesus. Er überwindet alle Hindernisse, um sich bittend und fürbittend an ihn zu wenden. Das Verhältnis zwischen Glaube und Wunder entspricht dabei dem von Bitte und Gewährung der Bitte.

In der häufig verwendeten Formel »Dein Glaube hat Dir geholfen«, die an die urchristliche Missionsformel erinnert: »Glaube an den Herrn Jesus Christus, so wirst du und dein Haus selig!« (Apg 16,31; vgl. auch Röm 10,9) wird deutlich, was Glaube meint: eben nicht nur das Vertrauen auf Jesu Wundermacht, sondern die »Bewegung des Willens, die verlangend zu Jesus hinstrebt«.[8] So »aktivistisch«, wie diese Formel klingt, kann auch der Glaube verstanden werden: als Bezeichnung für das Handeln von Menschen (vgl. Mk 2,5).

Eine ganze Reihe der eben aufgezeigten typischen Züge des Glaubens, von denen in den Evangelien geredet wird, finden sich beispielhaft in der Geschichte des Hauptmanns von Kapernaum (Mt 8,5–13). Hier wird auch deutlich: Der Glaube des Hauptmanns erlangt nicht nur das erbetene Wunder, sondern gewinnt auch Anteil am Reich Gottes. Dies kommt nicht nur in der Formel »Dir geschehe, wie du geglaubt hast« zum Ausdruck, es wird vor allem in dem eingeschobenen Jesuslogion

---

8 *Adolf Schlatter*, Der Glaube im Neuen Testament, zitiert nach *Heinz Joachim Held*, Matthäus als Interpret der Wundergeschichten, in: *Günther Bornkamm / Gerhard Barth / Heinz Joachim Held*, Überlieferung und Auslegung im Matthäusevangelium, Neukirchen-Vluyn 1960, 266.

Mt 8,11f ausgesprochen. An der Beziehung zu der Person Jesu entscheidet sich nicht nur, ob ein Wunder geschieht oder nicht, sondern
letztgültiges Heil des Menschen. Die Zusammengehörigkeit von Glaube und Rettung ist die Voraussetzung der gesamten urchristlichen Verkündigung (Lk 7,50, Lk 17,19; Röm 10,9; Apg 15,11, Apg 16,31f).
Bei Paulus wird die hervorragende Bedeutung des Substantivs Pistis –
Glaube – schon allein an der Häufigkeit des Gebrauchs deutlich. Von
224 Stellen im Neuen Testament fallen fast die Hälfte auf Paulus. Inhalt des Glaubens ist Christus beziehungsweise Gott selbst. Oft wird
dieser Inhalt mit einem 'ότι-Satz näher umschrieben, aber nicht in dem
Sinn, als sei Glaube ein Für-wahr-Halten dieser Taten; vielmehr haben
die 'ότι-Sätze dieselbe Funktion wir die Partizipien oder Relativsätze,
die prädikativ Gottes Sein näher umschreiben und bestimmen (vgl.
Röm 4,5; 4,24).
Typos des Glaubenden ist Abraham, der dem Verheißungswort Gottes
gegen allen Augenschein glaubte. Er glaubte an Gott, »der die Toten
lebendig macht und ruft das, was nicht ist, dass es sei« (Röm 4,17).
Das »Zutrauen zu Gott umschließt den Glauben an Jesus Christus«.[9]
Denn an Gott glauben heißt nichts anderes, als das Leben, Sterben und
Auferstehen Jesu Christi als Gottes an uns ergehende Anrede anzu-
nehmen. Zum Glauben kommt man nicht durch prüfendes Wägen oder
Urteilen; der Glaube kommt aus der Predigt und ist die Annahme des
Kerygmas (Röm 10,17).
Glaube und Werk stehen bei Paulus streng gegenüber. Das wird vor
allem im Galater- und Römerbrief in der Darstellung der Rechtferti-
gungsbotschaft entfaltet. Nachdem die Gerechtigkeit Gottes in Jesus
Christus offenbar wurde, ist es unmöglich, aufgrund von Gesetzeswer-
ken gerecht zu werden. Allein durch den Glauben kommt der Mensch
in das rechte Verhältnis zu Gott. Es liegt außerhalb des Vermögens des
Menschen, sich in die rechte Beziehung zu Gott zu setzen. Insofern ist
der Glaube Geschenk, vom Menschen aus nicht machbar.
Der Glaube ist nicht ablösbar von seinem Inhalt. Seine Heilsmächtig-
keit liegt gerade darin, dass er sich auf das barmherzige Handeln Got-
tes in Christus bezieht. Deshalb lässt er sich nicht ausreichend mit dem
Gewinn eines neuen Selbstverständnisses beschreiben, in dem der
Mensch sich als radikal Beschenkter begreift. Sosehr Glaube an Jesus
Christus immer auch die Preisgabe des eigenen Selbstverständnisses
bedeutet, sosehr rettet »der Glaube … nicht deshalb, weil er ein neues
Selbstverständnis des Menschen eröffnet, sondern weil er Glaube an
Christus Jesus ist«.[10]

---

9   *Leonard Goppelt*, Theologie des Neuen Testaments, Göttingen [3]1978, 458.
10 Vgl. *Hans-Jürgen Hermisson / Eduard Lohse*, ebd., 117.

Dogmatische Überlegungen zum Glauben

Martin Luther unterscheidet in seiner Schrift der »Kurzen Form« von 1520 zwischen zwei Dimensionen des Glaubens: einer Vordergrunddimension, die er als »Wissenschaft oder Merkung« beziehungsweise als »cognitio« oder »notitia« beschreibt, als einen Glauben von Gott.[11] Der Glaube von Gott bezieht sich auf den Bericht von Gottes Heilshandeln in der Geschichte, von Gottes Existenz und von Gottes Wesen. Dies Wissen ist auch für jeden Nichtglaubenden zugänglich. In der Aneignung dieses Wissens ist Gott aber noch nicht das persönliche Vertrauen geschenkt. Dies erfolgt erst, wenn ich »setze mein Trau in ihn, begehr und erwäge mich mit ihm zu handeln und glaub ohn allen Zweifel, er werd mir also sein und tun, wie man von ihm sagt«.[12] Diese Unterscheidung zwischen einer gewissermaßen vorexistenziellen Kenntnis von Gott und dem Vertrauen und Glauben auf Gott ist für Luthers Theologie charakteristisch. Die spätere lutherische Orthodoxie hat von einer Dreistufung des Glaubens als notitia, assensus und fiducia gesprochen. Das Insistieren Luthers auf den personalen Gottesbezug als dem Vertrauen auf die Verheißung (fiducia promissionis) führt dazu, dass er im Glaubensbekenntnis die Vergebung der Sünden heraushebt und gleichsam zu einem Verständnisschlüssel für alle anderen Artikel des Glaubens macht.

Erst vom personalen Gottesbezug her, von der Vergebung der Sünden, öffnen sich die anderen Glaubensartikel, die das Gotteshandeln umfassend von der Schöpfung bis zur Totenauferweckung umschreiben. Die reformatorische Rezeption des überlieferten Bekenntnisses der Christenheit geschieht also in der Zuspitzung auf das Für uns (pro nobis). Nicht zuletzt wird dies an den Erklärungen Luthers zu den drei Glaubensartikeln im Kleinen Katechismus deutlich. Die Reihenfolge der zentralen Hauptstücke Dekalog – Apostolicum – Vater Unser lässt schon erkennen, dass die Credoauslegung das sachliche Kernstück des Katechismus ist. Das sola gratia – allein durch Gnade – klingt bereits in der Erklärung zum ersten Glaubensartikel an, der zweite Artikel bildet mit dem solus Christus die Mitte, das Allein durch den Glauben – sola fide – ist Zentrum des dritten Artikels.

In den Katechismen hat Luther nicht die unumkehrbare anthropologisch orientierte Struktur von Glaube und Liebe, wie er sie etwa in der Freiheitsschrift entfaltet hatte, zugrunde gelegt (Glaube aus Gesetz und Evangelium, Liebe im Nächstendienst und in der Leidensnachfolge). Vielmehr folgt er im Aufbau der Katechismen dem trinitarisch-heilsgeschichtlichen Duktus der frühchristlichen Glaubensregel.

---

[11] Vgl. *Martin Luther*, Bonner Ausgabe (BoA) 2,47,29.
[12] BoA 2,47,33.

Gleichwohl wird man sagen können, dass das Kernschema der Rechtfertigungsbotschaft, wenn auch nicht katechetisch expliziert, die Auslegung des Credos mitbestimmt. Nicht zuletzt kann dies in der Erklärung zum dritten Glaubensartikel im Kleinen Katechismus beobachtet
werden. Denn hier wird die reformatorische Entdeckung zum Ausdruck gebracht, dass der rechte Heilsglaube unerzwingbar und immer
ein Geschenk und eine Gabe des Heiligen Geistes ist. Dies schließt das
Dabeisein des Menschen im Glaubensvollzug nicht aus, sondern ein.

Glaube als Existenzstruktur

Im Ereignis und Vollzug des Glaubens wird anthropologisch etwas
von dem deutlich, was der evangelische Theologe *Wilfried Joest* mit
den Worten exzentrisch, responsorisch und eschatologisch umschrieben hat.[13] Der Mensch als exzentrisches Wesen findet keinen Stand in
sich selbst, obgleich er es immer wieder versucht. Er erfährt sich als
responsorisches Wesen, von einem Du angeredet und von seiner Umwelt bestimmt. Als eschatologisches Wesen fragt er nach seiner Zukunft, erkennt sich selbst als unfertig und auf dem Weg.
Versteht man Glauben in diesem existenzialen Sinn, wird deutlich,
dass kein Mensch ohne einen solchen Glauben leben kann. In dem ab-
soluten Gebrauch von Glaube wird dies existenziale Phänomen bewusst. Alles menschliche Handeln, Denken und Fühlen setzt Vertrauen
voraus. Selbst die menschliche Reflexion und kritische Hinterfragung
allen Wissens bleibt von einem Vertrauen umschlossen. Jede Argu-
mentation beruht auf der Voraussetzung der Sinnhaftigkeit des Da-
seins.
Auf die neuzeitliche Religionskritik und die Trennung von Fides und
Ratio stellt sich das theologische Denken so ein, dass es sich selbst auf
dem Feld der Anthropologie zu verifizieren versucht und unter dem
Begriff Fundamentaltheologie in modifizierter Form aufgreift, was
traditionell unter dem Stichwort Apologetik seinen Platz hatte. Der
Mensch als Adressat der Offenbarung, der »Hörer des Wortes« (*Karl
Rahner*) wird im Ausgerichtetsein auf Gott und sein Heil in Blick genommen. Die Umstrittenheit und Krise des Glaubens nötigt zum Er-
weis seiner Glaubwürdigkeit und Vernunftgemäßheit, die gleichsam
remota fide aufgewiesen werden, um dadurch dem Distanzierten einen
Weg zum Glauben zu ebnen.
Mit der Konzentration auf die anthropologische Dimension ist ein
Konzept verknüpft, das davon ausgeht, der neuzeitlichen Religionskritik auf dem Feld der Anthropologie entgegenzutreten. Auch in hoch
säkularisierten Milieus, in denen die Plausibilität der Rede von Gott

---

13 *Wilfried Joest*, Ontologie der Person bei Luther, Göttingen 1967, 232–353.

verloren gegangen ist, stellt sich die Glaubens- und Gottesfrage in unabweisbarer Weise, »in den Erfahrungen etwa einer unbedingten Verantwortung, eines ... absolut einfordernden Gewissensanspruchs, einer radikal selbstlosen Hingabe und Liebe, in der Tatsache des Vertrauens, in der Verpflichtung zur universalen Brüderlichkeit, in der Pflicht zur Versöhnung, ferner in den immer wieder sich aufdrängenden Tatsachen: Dass über den Menschen verfügt ist und dass er sich radikal verdankt und beschenkt weiß, dass er keineswegs nur Täter, sondern Beschenkter und Empfangender ist, schließlich in den Erfahrungen der Grenzen und der schlechthinnigen Passivität, wie sie dem Menschen, wie immer schon, so auch erst recht heute, im Leiden, im Scheitern, in der Tragik, in der Schuld und im Tod begegnen«.

Die genannten Erfahrungen weisen den Menschen über sich selbst hinaus, »nicht in eine geographisch verstandene Jenseitigkeit, sondern in eine Jenseitigkeit, die ... uns unbedingt angeht ... und an die wir geraten, sobald wir den Mut zu uns selbst finden und nicht vor uns fliehen«.[14] Den römisch-katholischen Modellen der Fundamentaltheologie kommen auf evangelischer Seite insbesondere die Konzeptionen von *Paul Tillich* und *Wolfhart Pannenberg* nahe. Tillichs Ansatz ist religionsphänomenologisch orientiert. Pannenberg verweist »die christliche Theologie für den Nachweis der humanen Allgemeingültigkeit des christlichen Glaubens« auf die Basis der Anthropologie. Zwar sind die anthropologischen Fundierungen »für eine Vergewisserung über die Wahrheit des christlichen Gottesgedankens und seiner Offenbarung« noch nicht ausreichend.[15] Er hält eine solche Vorgehensweise jedoch für unverzichtbar und sieht sich zu ihr durch die religionskritische These herausgefordert, dass Religion aus einem Selbstmissverständnis des Menschen entstanden sei.

Fundamentaltheologische Orientierungen dieser Art haben die Funktion einer Hinführung zu Glaubensaussagen. In durch Konfessionslosigkeit geprägten Milieus gewinnen sie für die Vermittlung des christlichen Glaubens eine wichtige Bedeutung. Man vermisst jedoch nicht selten eine Reflexion über Möglichkeiten und Grenzen solcher Verfahren. Aus der Unabweisbarkeit der Religionsthematik in der Lebenspraxis der Menschen folgt keine Begründung des christlichen Glaubens. Die Erhellung menschlicher Existenzstrukturen dient dem Verstehen. Die skizzierten anthropologischen Überlegungen leisten nicht die Affirmation oder Wiederholung der christlichen Glaubenserkenntnis auf dem Feld der Anthropologie.

Zwischen dem »Entdeckungszusammenhang« und dem »Begründungszusammenhang« christlichen Glaubens ist zu unterscheiden. Geschieht dies nicht, wird das theologische Argumentieren dem Dilemma

---

14 *Heinrich Fries*, Von der Apologetik zur Fundamentaltheologie, in: Conc 5 (1969), 445.
15 *Wolfhart Pannenberg*, Theologie und Philosophie, Göttingen 1996, 359f.

nicht entgehen, entweder die menschliche Grundsituation dogmatisch zu vereinnahmen oder aber die christliche »Offenbarungsantwort« als Bestätigung natürlicher Evidenzen auszulegen. Die Selbsttranszendenz des Menschen vollzieht sich faktisch niemals nur in einem immer Weiterfragen auf Gott und sein Heil hin, sie verschließt sich auch und greift eigenmächtig nach Erfüllung.

In seiner Erklärung zum ersten Gebot im Großen Katechismus sagt *Martin Luther* es in einer gewagten Formulierung so: »»Einen Gott haben‹ heißt also nichts anderes, als ihm von Herzen vertrauen und glauben; wie ich oft gesagt habe, dass allein das Vertrauen und Glauben des Herzens etwas sowohl zu einem Gott als auch zu einem Abgott macht. Ist der Glaube und das Vertrauen recht, so ist auch dein Gott recht, und umgekehrt, wo das Vertrauen falsch und Unrecht ist, da ist auch der rechte Gott nicht. Denn die zwei gehören zuhauf (zusammen), Glaube und Gott. Woran du nun, sage ich, dein Herz hängst und [worauf du dich] verlässest, das ist eigentlich dein Gott«.[16]

Demnach hat jeder seinen Gott. In diesem Sinn »glaubt« jeder. Denn keiner kann darauf verzichten, sein Herz an etwas zu hängen, sein Vertrauen auf etwas zu setzen. Die vakante Stelle der Religion bleibt insofern nie leer. Die im ersten Gebot ausgesprochene Alternative »Gott oder die Götter« ist keineswegs überholt. Der Glaube an den dreieinigen Gott ergibt sich nicht aus der Analyse und Wahrnehmung der Existenzstrukturen. Er bleibt auf die göttliche Selbstmitteilung angewiesen.

---

[16] Unser Glaube. Die Bekenntnisschriften der evangelisch-lutherischen Kirche. Ausgabe für die Gemeinde, hg. vom *Lutherischen Kirchenamt*. Bearbeitet von Horst Georg Pöhlmann, Gütersloh [4]2000, 595f.

REINER KNIELING

Konfessionslosen in Westdeutschland und uns selbst Respekt erweisen und das Glaubenszeugnis gönnen[1]

Markus, 39, kann mit dem christlichen Glauben und der Kirche gar nichts anfangen. Deshalb ist es nur konsequent, dass er keiner Kirche mehr angehört. Er hat zwar nichts dagegen, aber auch nichts dafür. Wenn er in einem kirchlich geprägten Umfeld wohnen würde, würde er sein Kind wahrscheinlich taufen lassen. Schließlich soll es ja keine Nachteile haben. Aber in seiner Stadt ist das nicht nötig. Wie *er* auf größtmögliche Selbstbestimmung wert liegt, soll auch sein Kind später selbst entscheiden, was es glauben will und was nicht, ob es mit der Kirche etwas anfangen kann oder nicht.

Renate, 57, ist ausgetreten, weil sie gut verdient und keine Kirchensteuer mehr zahlen möchte für eine Kirche, die zu wenig ihren Vorstellungen entspricht und zu sehr auf Glauben und Bekenntnis ausgelegt ist. Letzteres wird nach ihrem Eindruck in der Auseinandersetzung mit dem Islam noch stärker, und das behagt ihr nicht. Sie findet, dass doch alle an denselben Gott glauben. Eine andere »Klarheit« der Kirche will sie nicht, deshalb ist sie ausgetreten. Weil sie aber für »gute Nachbarschaft«[2] und den interreligiösen Dialog eintritt, engagiert sie sich nach wie vor in einer kirchlichen Gruppe.

Jochen, 28, stimmt einem bewusst christlichen Glauben zu. Die Auseinandersetzung mit Jesu Lehre ist ihm wichtig. Die Seligpreisungen zu meditieren, tut ihm gut. Und weil Barmherzigkeit einen Ort braucht, hält er die Kirche eigentlich für wichtig. Weil er aber biografisch Barmherzigkeit in der Kirche zu selten gefunden hat, hält er sie für unglaubwürdig und ist deshalb ausgetreten, offiziell konfessionslos, wenn auch nicht ohne Bekenntnis.

Diese kurzen Skizzen verschiedener Menschen zeigen anschaulich, was im Folgenden allgemein und statistisch beschrieben wird: Wer sind die Konfessionslosen im Westen? Wie leben und wie glauben sie?

---

[1] »Uns« bezieht sich hier auf die ›missionarische Szene‹ in der Evangelischen Kirche in Deutschland.
[2] Vgl. Klarheit und gute Nachbarschaft. Christen und Muslime in Deutschland (EKD-Texte 86), hg. vom *Kirchenamt der EKD,* Hannover 2006.

Wovon sind sie überzeugt, und wie sehen sie die Welt? Welche Unterschiede gibt es innerhalb der Konfessionslosen im Westen? Wesentliches Material zur Beantwortung der Fragen liefert die vierte Kirchenmitgliedschaftsstudie der EKD (2002, abgekürzt als 4. KMU).[3] Ich wähle einiges exemplarisch aus – in der Hoffnung, neugierig zu machen und zu einer eigenen Auseinandersetzung mit den Daten anzuregen.

1. Konfessionslose im Westen – Was sie mit Evangelischen im Westen und Konfessionslosen im Osten gemeinsam haben und worin sie sich unterscheiden

Wolfgang Pittowski fasst die kirchen- und religionssoziologischen Studien zur Konfessionslosigkeit im Westen seit den 60er Jahren, die durch die 4. KMU bestätigt und ausdifferenziert werden, so zusammen: Konfessionslose in westlichen Gesellschaften »sind überwiegend männlich, gehören in der Regel den jüngeren Altersgruppen an, besitzen einen überdurchschnittlichen formalen Bildungsstand, beziehen ein entsprechend hohes Einkommen und orientieren ihre Lebensführung weniger an traditionellen Leitbildern von Ehe und Familie. Diese Gruppen übernehmen als erste gesellschaftliche Neuerungen, die dann über Vorbildeffekt und Meinungsführerschaft in weitere Segmente der Sozialstruktur eindringen. Das stabile Wachstum der Konfessionslosigkeit in den letzten Jahrzehnten und die nach wie vor zu findende Konzentration in bestimmten gesellschaftlichen Sektoren wie dem Medien- und Kulturbereich weist darauf hin, dass die Entwicklung in den alten Bundesländern diesem Diffusionsmuster folgt.«[4]

Im Unterschied zum Osten sind Konfessionslose im Westen wesentlich häufiger selbst ausgetreten, also Konfessionslose in der ersten Generation, während im Osten die Konfessionslosigkeit großenteils schon

---

[3] Dokumentiert in: Kirche in der Vielfalt der Lebensbezüge. Die vierte EKD-Erhebung über Kirchenmitgliedschaft, hg. von *Wolfgang Huber* u.a., Gütersloh 2006 (= Bd. 1). Kirche in der Vielfalt der Lebensbezüge. Die vierte EKD-Erhebung über Kirchenmitgliedschaft, Bd. 2: Analysen zu Gruppendiskussionen und Einzelinterviews, hg. von *Jan Hermelink* u.a., Gütersloh 2007. Vorab wurden einige Ergebnisse veröffentlicht in: Kirche – Horizont und Lebensrahmen. Weltsichten, Lebensstile, Kirchenbindung. Vierte EKD-Erhebung über Kirchenmitgliedschaft, hg. vom *Kirchenamt der EKD*, Hannover 2003. Einige Einsichten bietet auch die 3. KMU (1992), dokumentiert in: Fremde Heimat Kirche. Die dritte EKD-Erhebung über Kirchenmitgliedschaft, hg. von *Klaus Engelhardt* u.a., Gütersloh 1997, 306–342, 398–444. Leider wurden jeweils nur die Daten für Evangelische und Konfessionslose, unterschieden nach Ost und West, erhoben. Die Beachtung der Katholiken und Freikirchen würde die Daten noch aussagekräftiger machen.

[4] *Wolfgang Pittowski*, Konfessionslose in Deutschland, in: Kirche in der Vielfalt der Lebensbezüge (Bd. 1, Anm. 3), 89–110, hier 90.

über mehrere Generationen besteht. Bei den Austrittsgründen fällt auf, dass im Westen seit 1990 im Vergleich zur Zeit vorher – neben dem Kirchensteuerargument und der Aussage, man könne auch ohne Kirche christlich leben – besonders auf die Unglaubwürdigkeit der Kirche und auf Gleichgültigkeit gegenüber der Kirche verwiesen wird.[5] Westdeutsche Konfessionslose – und dabei besonders die Männer[6] – neigen stark der Aussage zu, dass das, was im Leben passiere, Zufall und Willkür sei. Konfessionslose im Westen stimmen dem mit durchschnittlich 4,68 Punkten zu, Konfessionslose Ost mit 4,30, Evangelische West mit 4,04 und Evangelische Ost mit 3,92 (bezogen auf eine 7-Stufen-Skala, wobei 7 die höchste Zustimmung bedeutet).[7] Hier ist also ein Unterschied zwischen Konfessionslosen auf der einen Seite und Evangelischen auf der anderen Seite zu beobachten – neben den Unterschieden innerhalb der Konfessionslosen und innerhalb der Evangelischen. Daneben darf nicht übersehen werden, dass die Mittel-

---

5 Das kann bezüglich der Unglaubwürdigkeit allerdings auch damit zusammenhängen, dass 2002 eine offenere Formulierung verwendet wurde. In der 3. KMU stand an Stelle von »weil ich die Kirche unglaubwürdig finde« (Kirche in der Vielfalt der Lebensbezüge [Bd. 1, Anm. 3], 95, 483) die präzisere Formulierung »weil ich die Kirche unglaubwürdig finde, da sie in der Vergangenheit Schuld auf sich geladen hat und dies auch heute tut« (Fremde Heimat Kirche [Anm. 3], 327. 400). Hier zeigen sich die Grenzen der quantitativen Befragung, deren Ergebnisse in Prozentzahlen und Mittelwerten nicht erkennen lassen, warum Menschen eine Aussage bejahen oder ablehnen. Um so wichtiger ist die Ergänzung durch qualitative Studien, wie sie mit den »thematischen Erzählinterviews« in der 3. KMU und 4. KMU bezüglich der so genannten »Kirchenfernen« durchgeführt wurden (vgl. a.a.O., 68–88, 148–168, 193–202, 245–261; und *Rüdiger Schloz*, »Glauben – immer bisschen zweifelnd und bisschen zögerlich«. Wiederholungsinterviews mit Interviewpartnern von 1992, in: Kirche in der Vielfalt der Lebensbezüge, Bd. 2 [Anm. 3], 229–290). Entsprechende Studien bezüglich Konfessionsloser (Ost und West) fehlen bisher leider. Die Gruppendiskussionen in der 4. KMU geben nur bedingt Auskunft darüber, wie Konfessionslose ihr Leben deuten, ihren Bezug zu Glaube, Religion und Kirche herstellen (oder eben nicht) und die Welt beschreiben, denn die Konfessionslosen sind in ihrem eigenen Profil innerhalb der Gruppen nur begrenzt erkennbar (vgl. zum Beispiel *Claudia Schulz*, Kirchenmitgliedschaft und Glaubensüberzeugung in der Perspektive der Gruppendiskussion, in: Kirche in der Vielfalt der Lebensbezüge [Bd. 1], 111–128; dort auch 247–273. 357–399 und insgesamt Bd. 2, Anm. 3). Die Gruppendiskussionen zeigen allerdings, wie Menschen (Kirchliche, so genannte »Kirchendistanzierte« und Konfessionslose) in unserer Gesellschaft religiös und über Religion kommunizieren. Was das für das Zeugnis des christlichen Glaubens bedeutet, muss an anderer Stelle erörtert werden.
6 Sonst sind bezüglich der »Weltsichten« nahezu keine Unterschiede zwischen Männern und Frauen zu beobachten.
7 Zu den jeweiligen Prozentangaben für besonders hohe Zustimmung (6+7) oder Ablehnung (1+2) vgl. *Monika Wohlrab-Sahr / Friederike Benthaus-Apel*, Weltsichten, in: Kirche in der Vielfalt der Lebensbezüge (Bd. 1, Anm. 3), 281–329, hier 297. Für 1992 liegen leider keine Zahlen vor, da der Fragebogen anders formuliert war (Fremde Heimat Kirche [Anm. 3], 410).

werte insgesamt nicht einmal um eine Stufe innerhalb der 7-Stufen-Skala abweichen.[8] Evangelische deuten das Leben also weniger als Konfessionslose als Zufall und Willkür, stimmen aber immerhin auch mit einen Mittelwert von etwa 4 zu!

Bei der Aussage »Das Leben besteht vor allem darin, die Aufgabe zu erfüllen, vor die man gestellt ist« stehen die Unterschiede zwischen Ost auf der einen Seite und West auf der anderen Seite im Vordergrund, auch wenn es innerhalb von West und Ost noch einmal Unterschiede gibt und dort jeweils die Zustimmung bei den Evangelischen höher liegt (4,56 Konfessionslose West; 4,98 Evangelische West; 5,17 Konfessionslose Ost; 5,50 Evangelische Ost).[9]

Dass die Bejahung im Osten stärker ausgeprägt ist als im Westen, hängt unter anderem mit der DDR-Vergangenheit und den Herausforderungen nach der Wende zusammen. »Es handelt sich bei den ostdeutschen Konfessionslosen um eine Gruppe, ... die den Verstand, die eigene Leistung, Anstrengung und Pflichterfüllung ins Zentrum stellt, aber auch um die Vergeblichkeit mancher dieser Anstrengungen weiß, die allerdings mit der grundlegenden Infragestellung einer solchen verstandesorientierten Leistungs- und Verantwortungsethik nichts anfangen kann.«[10]

Auch westdeutsche Konfessionslose betonen die Selbstverantwortung des Menschen, sind aber nüchterner und großteils skeptischer im Blick auf mögliche Unterstützung durch eine Gemeinschaft (Familie, Freunde, Nachbarschaft) oder durch den Staat. Außerdem akzeptieren sie »am wenigsten von allen vier Gruppen objektive Grenzen, wie etwa bei der Entscheidung über die Beendigung des eigenen Lebens«.

Gleichzeitig ist zu beobachten, dass Konfessionslose im Westen weniger Mühe als im Osten haben, bestimmte Überzeugungen in religiöser Sprache auszudrücken.[11] Das hat in manchen Bereichen damit zu tun, dass eine christliche Aussage auch dann als sinnvoll erscheint, wenn jemand selbst dem christlichen Glauben nicht zustimmt. Eine hohe Zustimmung erhielt zum Beispiel die Aussage, dass vor Gott alle Menschen gleich seien, auch wenn sie arbeitslos seien (Mittelwert auf der 7-Stufen-Skala: Konfessionslose West 4,64, Konfessionslose Ost: 3,21, zum Vergleich: Evangelische West: 5,91, Evangelische Ost: 5,79). Andere Aussagen zeigen, dass Konfessionslose im Osten der Gleich-

---

[8] Noch weniger Unterschiede gibt es beim Thema Gesundheit und Krankheit. Der relativ hohe Konsens besteht darin, »dass das eigene Verhalten maßgeblich darüber entscheidet, ob man gesund bleibt oder krank wird« (*Wohlrab-Sahr / Benthaus-Apel* [Anm. 7], 290).

[9] A.a.O., 297.

[10] A.a.O., 299. Dort auch das folgende Zitat, vgl. dazu 291 (Tabelle: Weltsichten zum Themenbereich »Sterbehilfe«).

[11] *Pittowski* (Anm. 4), 93f, spricht mit Verweis auf *Trutz Rendtorff*, Christentum außerhalb der Kirche, Hamburg, 1969, von »Protestantismus zweiten Grades«.

wertigkeit von Menschen nicht weniger zustimmen, diese aber nicht in religiös geprägter Sprache ausdrücken wollen.[12] Bei den Konfessionslosen im Westen ist aber nicht nur eine Bereitschaft zu beobachten, bestimmte Überzeugungen in religiöser Sprache auszudrücken, sondern auch die Bereitschaft, sich auf Kirche und auf spezifisch christlichen Glauben einzulassen (wobei Kirchenverbundenheit und spezifisch christlicher Glaube nicht zwingend korrespondieren). In diesem Zusammenhang fällt besonders die Steigerung der Taufbereitschaft (bezogen auf ein eigenes Kind) bei Konfessionslosen von 1992 bis 2002 auf (im Osten von 12,6 Prozent auf 24,1 Prozent, im Westen von 20,5 Prozent auf 51,4 Prozent!).[13] Dazu passt, dass Konfessionslose im Westen etwas häufiger Gottesdienste besuchen als Konfessionslose im Osten: 1,2 Prozent ein- bis zweimal im Monat (Ost: 0 Prozent), 4,6 Prozent mehrmals im Jahr (Ost 5,1 Prozent), 25,3 Prozent einmal im Jahr oder noch seltener (Ost: 19,6 Prozent), 68,8 Prozent nie (Ost: 75,3 Prozent).[14]

Genauso erstaunlich wie die Taufbereitschaft sind die Ergebnisse im Blick auf *Aussagen zum Gottesglauben*:[15]
– Immerhin stimmen 7,5 Prozent (1992: 4 Prozent) der Konfessionslosen im Westen der Aussage zu:»Ich glaube, dass es einen Gott gibt, der sich in Jesus Christus zu erkennen gegeben hat« (Konfessionslose Ost: 1,4 Prozent, Evangelische West: 42,7 Prozent, Evangelische Ost: 47,1 Prozent).
– Und noch einmal 8,9 Prozent (entspricht 1992) sagen:»Ich glaube an Gott, obwohl ich immer wieder zweifle und unsicher werde«

---

12 *Wohlrab-Sahr / Benthaus-Apel* (Anm. 7), 294ff.
13 *Pittowski* (Anm. 4), 98. Auch wenn bei den Unter-30-Jährigen, die für die nächste Generation besonders wichtig sind, die Zahlen geringer ausfallen (16,3 Prozent im Osten und 31,5 Prozent im Westen 2002, keine Angaben für 1992), ist die Taufbereitschaft Konfessionsloser bezüglich eigener Kinder enorm hoch.
14 A.a.O., 104f, wobei nicht überrascht, dass Konfessionslose im Westen eher zu besonderen familiären Anlässen wie Taufe, Konfirmation etc. zum Gottesdienst gehen (die es im Osten schlicht seltener gibt), Konfessionslose im Osten eher an hohen kirchlichen Feiertagen und am Urlaubsort. Besondere Gottesdienste (zum Beispiel im Grünen) spielen im Osten wie im Westen eine relativ geringe Rolle. Insgesamt ist der durchschnittliche Gottesdienstbesuch der Konfessionslosen (im Osten und Westen) gegenüber 1992 leicht gestiegen (vgl. Fremde Heimat Kirche [Anm. 3], 437).
15 A.a.O., 101. Zahlen für 1992 in: Fremde Heimat Kirche (Anm. 3), 411. Wie sich einzelne Menschen innerhalb dieses Spektrums positionieren und selbst formulierte Überzeugungen zu Kirche und Glaube klingen, zeigt exemplarisch der Beitrag von *Claudia Schulz* (Anm. 5). Dort formulieren zum Beispiel Angehörige kirchlicher Gruppen ihre Distanz zur Institution Kirche bei gleichzeitiger Beheimatung in der Gruppe beziehungsweise Gemeinde (111). Insgesamt wünschen sich Menschen (kirchliche und weniger kirchliche) mehr Modernität, nicht nur im Gottesdienst (126).

(Konfessionslose Ost: 5,6 Prozent, Evangelische West: 26,8 Prozent, Evangelische Ost: 23,9 Prozent). Das sind bei den Konfessionslosen im Westen zusammen mehr als 16 Prozent und bei den Evangelischen jeweils rund 70 Prozent.

– Der größte Teil der Konfessionslosen im Westen (42,7 Prozent, 1992: 38 Prozent) glaubt »an eine höhere Kraft, aber nicht an einen Gott, wie ihn die Kirche beschreibt« (Konfessionslose Ost: 16,8 Prozent, Evangelische West: 26,4 Prozent, Evangelische Ost: 18,3 Prozent).

– 26 Prozent (1992: 20 Prozent) »glauben weder an Gott noch an eine höhere Kraft« (Konfessionslose Ost: 34,3 Prozent!, Evangelische West: 3,2 Prozent, Evangelische Ost: 6,1 Prozent).

– Und 14,5 Prozent (1992: 30 Prozent!) der westlichen Konfessionslosen sind »überzeugt, dass es keinen Gott gibt« (Konfessionslose Ost: 42,0 Prozent!, Evangelische West: 1,1 Prozent, Evangelische Ost: 3,6 Prozent).

2. Was das für missionarische Existenz und kirchliches Handeln bedeutet: Unterscheidung zwischen innen und außen überwinden

Was bedeuten die bisherigen Beschreibungen und Unterscheidungen, wenn wir unseren Glauben mit Konfessionslosen teilen möchten – lernbereit und in der Hoffnung, dass sie durch Gottes Geist angesteckt werden? Sie bedeuten zunächst: Wir müssen genaue Fragen stellen, zum Beispiel: Welchen Konfessionslosen begegnen wir gerade? Wie leben und glauben Markus, Renate, Jochen etc. (s.o.)? Wovon sind sie überzeugt, und wie sehen sie die Welt? Was kann ich von ihnen lernen? Was möchte ich selbst bezeugen? Möchte ich Jochen für eine bestimmte Gruppe oder Gemeinde und damit für eine stärkere Kirchenbindung gewinnen? Will ich Renate für einen christologisch geprägten Glauben gewinnen? Wenn ja, wie will ich das tun?

Die Fragen stellen sich für die persönliche Begegnung und für das Gespräch, sie stellen sich aber auch für die Verkündigung im Gottesdienst und bei anderen Gelegenheiten, für die Seelsorge und Gemeindearbeit etc. Sich über diese Fragen ehrlich Rechenschaft zu geben, ist deshalb besonders wichtig, weil verborgene Motive für unsere Gesprächspartner in der Regel atmosphärisch spürbar sind. Ich selbst finde es meistens nicht sehr angenehm, wenn ich weiß, dass der andere etwas von mir will, was er aber nicht sagt (und sich vielleicht noch nicht einmal selbst eingesteht).

Eine ehrliche Beantwortung der Fragen könnte dazu führen, dass jemand merkt: Ich will Jochen tatsächlich für eine stärkere Kirchenbindung gewinnen – oder Renate für einen christologisch geprägten Glauben. Aber ich weiß gar nicht richtig, wie das gehen könnte. Andere merken vielleicht: Ja, ich will meinen Glauben gern bezeugen. Schließlich gehört er zu meinem Leben. Aber ich will weder Jochen noch Renate zu einem bestimmten Ziel führen. Ich will mein Leben und meinen Glauben mit ihnen teilen – und Anteil nehmen an ihrem Leben und ihren Weltsichten. Alles andere muss Gottes Geist wirken – bei ihnen und bei mir. Und manche fragen sich: Will ich meinen Glauben wirklich bezeugen?

Die oben genannten Fragen kann nur jede und jeder für sich selbst beantworten. Ich frage im Folgenden – sozusagen unterstützend: Wie können Begegnungen gefördert werden, die von Respekt geprägt sind und gleichzeitig – wegen des Respekts sich selbst und anderen gegenüber – das eigene Glaubenszeugnis nicht verschweigen? Wie kann eine Toleranz gefördert werden, die Überzeugungen anderer erträgt und die Menschen wertschätzt (statt in Gleichgültigkeit abzugleiten) und gleichzeitig die eigene Glaubensüberzeugung ernst nimmt?

Respektvolle Begegnungen, die auch Raum für das Zeugnis des Glaubens lassen, werden gefördert ...

a. ... indem die Unterscheidung zwischen innen und außen überwunden wird
Die bisherigen Beschreibungen haben gezeigt, dass eine klare Unterscheidung zwischen dazugehörig und nicht dazugehörig *der Form nach* wohl getroffen werden kann (jemand ist entweder Mitglied einer Kirche oder nicht!), *nicht aber den Glaubensüberzeugungen, Weltsichten und Kirchenbindungen nach.* Es geht darum, sensibel zu werden für die alltäglichen Vollzüge, in denen so getan wird, als ob die Unterscheidung zwischen innen und außen ganz selbstverständlich getroffen werden könnte.

Albrecht Grözinger weist darauf hin, wie diese Unterscheidung in gegenwärtiger liturgischer Sprache Ausdruck findet: »Aus der Hektik des Alltags kommen wir nun zur Ruhe ...«, »Aus dem Lärm unserer Tage treten wir nun in die Stille vor dich ...«[16] Die Begrifflichkeit der »Kirchenfernen«, »Außenstehenden«, »Distanzierten« etc. – alles defizitäre Begriffe – bestätigt dies Denken in den Kategorien »innen« und »außen« und zeigt gleichzeitig, wie wenig innerhalb dieser so genannten Kirchenfernen etc. differenziert wird. Umso wichtiger ist es, diese Unterscheidung wenigstens an einzelnen Stellen bewusst zu durchbrechen

---

16 *Ders.*, Differenz-Erfahrung. Seelsorge in der multikulturellen Gesellschaft, Waltrop 1995, 33. Wie tief die Unterscheidung zwischen drinnen und draußen in der Kirche verwurzelt sei, zeige sich schon architektonisch, so Richard Sennett. In der mittelalterlichen Stadt »war die Mitte genau markiert, präzise und sorgfältig gestaltet, und hier regierte das Wort Gottes – im Kontrast zu der wogenden, in ständigem Fluss befindlichen Umgebung« (*Ders.*, Civitas. Die Großstadt und die Kultur des Unterschieds, Frankfurt a.M. 1991, 27).

und wahrzunehmen:[17] Es gibt jeweils fast das ganze Spektrum der Lebensstile und Glaubenüberzeugungen, Weltsichten und Kirchenbindungen bei den Evangelischen und den Konfessionslosen, wenn auch
in unterschiedlicher Häufigkeit beziehungsweise unterschiedlich starker Ausprägung.
Wer der Kirche angehört, kann innerlich gegenüber bestimmten Glaubensaussagen sehr distanziert sein und trotzdem zum Gottesdienst und
einer bestimmten Gruppe beziehungsweise Veranstaltung gehen. Und
wer der Kirche nicht angehört, kann dennoch bestimmte Glaubensaussagen bejahen oder sich an einzelnen Stellen in der Kirche beteiligen
beziehungsweise kirchliche Angebote annehmen. Wie in anderen Bereichen der Gesellschaft gibt es in der Kirche »neue Mischungsver-
hältnisse von Engagement in Institutionen und Distanz zu ihnen«.[18]
Die Situation ist komplex, was es zunächst einmal wahrzunehmen und
auszuhalten gilt.
Die nächsten beiden Punkte ergeben sich mehr aus a. als aus den statistischen Beobachtungen im ersten Teil. Sie werden durch Ergebnisse
der EKD-Studie »Was Männern Sinn gibt« unterstützt und müssen –
wenn genügend qualitativ erhobenes Material über Konfessionslose
vorliegt – überprüft und ggf. modifiziert werden.[19]

b. ... durch die theologische Auseinandersetzung mit sensiblen Themen
Wenn die Unterscheidung zwischen drinnen und draußen bezüglich
der Lebensstile und Glaubensüberzeugungen, der Weltsichten und Kir-
chenbindungen durchbrochen wird, kann eine offenere inhaltliche
Auseinandersetzung geführt werden, die umgekehrt dazu beiträgt, die
(Unter)Scheidung zwischen innen und außen zu überwinden.
Themenfelder, auf denen die theologische Auseinandersetzung geführt
werden muss, sind unter anderem: Selbstbestimmung und Leistung,
Freiheit und Verantwortung, Kirche als Institution, die Einfluss und

---

[17] Zur Entwicklung einer innerkirchlichen »Differenzkultur« vgl. *Knieling*, Konkurrenz in der Kirche. Praktisch-theologische Untersuchungen zu einem Tabu,
Neukirchen-Vluyn 2006, 285–294. In dem Zusammenhang halte ich eine Auswertung der Erzählinterviews mit den so genannten »Kirchenfernen« (vgl. Anm. 5),
die im Rahmen dieses Beitrags leider nicht möglich ist, für äußerst aufschluss-
reich.
[18] *Klaus Tanner*, Analyse als Resistenzkraft. Einen Kurs steuern im Wandel, in:
Kirche – Horizont und Lebensrahmen (Anm. 3), 77–79, hier 79.
[19] Die Männerstudie (Was Männern Sinn gibt. Abschlussbericht zum Forschungsprojekt »Die unsichtbare Religion kirchenferner Männer«, von *Martin
Engelbrecht*, hg. vom *Vorstand der Arbeitsgemeinschaft der Männerarbeit der
EKD*, Kassel 2005) bezieht Konfessionslose ein, hat sie aber nicht zum Schwerpunkt. Deshalb hat das Material zwar eine begrenzte Aussagekraft auch für Konfessionslose, muss aber durch eigene qualitative Studien zur Konfessionslosigkeit
(zum Beispiel durch Erzählinterviews wie mit den so genannten »Kirchenfernen«,
vgl. Anm. 5) vertieft werden.

Macht hat (und diese erhalten will), persönliche Spiritualität und christliches Bekenntnis. Die Auseinandersetzung zu diesen Themenkomplexen kann selbstverständlich nicht in diesem kurzen Beitrag geführt werden. Ich kann hier nur andeuten, worum es geht.[20] Ein für Christen und andere Menschen sensibles Thema ist die Wahrheits- und Bekenntnisfrage. Für die einen gilt es, vom christlichen Bekenntnis noch zu retten, was zu retten ist, oder andere dafür zu gewinnen. Für andere steht längst fest: Absolute Wahrheit gibt es nicht. In diesem Spannungsfeld frage ich: Was passiert, wenn Christen ihre Wahrheit, von der sie überzeugt sind, ins Spiel bringen, in die Auseinandersetzung aktiv einspeisen – ohne Angst davor, dass dabei die Wahrheit oder sie selbst verloren gehen?

Wo Christen das wagen, wird bald deutlich, was für andere plausibel gemacht werden kann und was nicht, was rationalen Argumenten zugänglich ist und was nicht. Solche Auseinandersetzungen fordern uns zu Klärungen heraus: Was ist wirklich tragfähig? Wo muss oder möchte ich meine Überzeugung verändern? Bedeutet Gottvertrauen nicht auch, die Angst loszulassen, die Wahrheit könnte verloren gehen?

Ich selbst habe in diesen Auseinandersetzungen eine Schlüsselentdeckung zu Joh 14,6 gemacht: Wahrheit meint ursprünglich Wahrhaftigkeit und erst dann eine lehrmäßig festgelegte Wahrheit. Deshalb übertrage ich Joh 14,6 jetzt so: Jesus spricht: »Wer mir begegnet und mit mir unter*wegs* ist, wird *wahrhaftig* und aufrichtig werden. Auf diesem Weg *belebe* ich Menschen und beglücke sie. Niemand kommt daran vorbei zum Vater.«[21]

Damit bin ich beim dritten Punkt: Respektvolle Begegnungen, die auch Raum für das Zeugnis des Glaubens lassen, werden gefördert ...

c. ... durch den Mut, zwischen »offiziellem« Bekenntnis und eigenem »inoffiziellen« Glauben zu unterscheiden und das zu bezeugen, was den eigenen Glauben ausmacht

Die Auseinandersetzung ist nicht nur auf der theologischen Ebene, sondern auch auf der persönlichen Ebene nötig. Und auf dieser Ebene könnte es sein, dass jemand entdeckt: »Oh, da lebe ich ganz ähnlich wie manche Konfessionslose, bin von ähnlichen Überzeugungen geprägt usw.« Zum Beispiel: »Offiziell lebe ich zwar von Gottes Gnade und Barmherzigkeit, inoffiziell aber von der Anerkennung durch andere Menschen.«

---

[20] Die Auseinandersetzung mit den Themen Leistung, Anerkennungsbedürfnis und Schöpfungsspiritualität (bezogen auf die Studie: Was Männern Sinn gibt, Anm. 19) führe ich in: *Knieling*, Mannsbilder und Kirchenmänner. Empirische Männerforschung als Anstoß für christliche Theologie und Spiritualität, voraussichtlich in PTh 96, 2007.

[21] Vgl. *Knieling*, authentisch leben – ehrlich glauben. Auf dem Weg zu tieferem Gottvertrauen, Neukirchen-Vluyn 2006, 75–81.

Das legen Beobachtungen bei kirchlichen Hauptberuflichentreffen jeder Art nahe: Kirchenmenschen streuen ganz gern im Nebensatz – gerade so unterhalb der »Stolz-Latte« – ein, was ihnen in der letzten Zeit gelungen ist (Gottesdienst, Freizeit etc.), ganz gleich, ob das zur offiziellen Theologie passt oder nicht. In diesem Zusammenhang beeindruckt mich selbst, wenn gerade in der missionarischen Szene der Kirche Menschen anfangen, ein Gespür für das zu entwickeln, was sie offiziell ernsthaft glauben (aus den gemeinsam anerkannten Bekenntnisschriften und zum Beispiel der Basis der Evangelischen Allianz) und womit sie sich schwer tun, was sie anzweifeln, in Frage stellen, nicht glauben wollen oder können, was aber häufig nur »inoffiziell« zur Sprache kommen darf.

Mich beeindruckt genauso, wenn Menschen in der Kirche, die keinerlei Berührungspunkt mit missionarischer Arbeit haben, anfangen, ihren Glauben zu formulieren, holprig manchmal und manchmal eloquent und frisch, vom eigenen Leben und individuellen Erfahrungen durchdrungen, und verbunden mit dem Wunsch, ihn mit anderen zu teilen. Und mich beeindruckt das Grundvertrauen ins Leben, das auch manche Konfessionslose haben und das mein Gottvertrauen schon manchmal neu entzündet hat.

Wer sich auf echte Begegnungen zwischen Evangelischen und Konfessionslosen unterschiedlicher Art einlässt, wird zu Veränderungsprozessen herausgefordert werden und davon profitieren. Was dann von unserem Zeugnis ausstrahlt und andere ansteckt, und wodurch wiederum wir angesteckt werden zu neuem Glauben, zu tätiger Liebe und lebendiger Hoffnung, das können wir getrost dem dreieinigen Gott selbst überlassen.

BODO RAMELOW

»Halte lieb deinen Genossen dir gleich«

Plädoyer für einen offenen Dialog

Als ich 1999 in den Thüringer Landtag gewählt wurde, ging ich als erster PDS-Abgeordneter in die Morgenandacht. Für die Genossen in meiner Fraktion war das zunächst eine ziemliche Überraschung, als die mitbekamen, dass ich zum Gottesdienst ging. Die Reaktion der anderen Seite, also derer, die bereits an den Andachten teilnahmen – natürlich überwiegend CDU-Abgeordnete –, entwickelte sich in drei Stufen. Zunächst einmal erschraken die mächtig und erstarrten förmlich. Ich hatte so ein bisschen das Gefühl, dass sie sich bei meinen Anblick umgehend göttlichen Beistand und ein Weihrauchfässchen wünschten. In der zweiten Stufe normalisierte sich zunächst der Gesichtsausdruck meiner Abgeordnetenkollegen, und meine Gegenwart in der Andacht wurde als unvermeidlich akzeptiert. Mit der Zeit aber – und dafür sorgte wohl auch, dass wir mittlerweile zu dritt erschienen – entspannte sich das Verhältnis so, dass wir auch mit Handschlag und einem kurzen Plausch begrüßt wurden.

Und so eine Morgenandacht in einem Parlament ist wirklich zweckmäßig: In Thüringen fand ich die ökumenische Morgenandacht mit den beiden Vertretern der katholischen und evangelischen Kirche stets sehr motivierend und ermutigend. Das war ein wichtiges Stück Besinnung vor dem alltäglichen parlamentarischen Rhythmus und seinen oft nicht gerade sanften Umgangsformen. So eine Morgenandacht ist Beihilfe zur Menschlichkeit.

Mit der Zeit zog auch im Empfinden der Linken Normalität ein. Eine Abgeordnete hat mir gesagt, sie wäre gern von Anfang an in die Andacht gegangen, aber sie hätte sich allein nicht getraut. Sie hatte Angst vor den Reaktionen aus den eigenen Reihen und vor den Reaktionen der anderen Parteien. Unzweifelhaft sitzt in den Köpfen der Menschen eine gewisse Ost-Erfahrung, die ihnen sagt, dass »links sein« und in den Gottesdienst gehen nicht zusammenpassen würde.

Wie bei allen tief sitzenden Eindrücken dauert es eine ganze Weile, solche Einschätzungen zu korrigieren. In Thüringen entstand langsam ein ganz entspanntes Verhältnis zu religiösen Institutionen. Wir von der PDS bildeten eine spürbare Schar nicht nur bei der ökumenischen Andacht, sondern auch bei Adventsgottesdiensten und bei Empfängen der Bischöfe. Es entwickelten sich ganz entspannte Dialoge.

Eine solche Entspannung ist Grundvoraussetzung, wenn wir an eine mögliche Weitergabe des Glaubens an Konfessionslose denken. Missionierung – das ist meine feste Überzeugung – kann nur Angebot sein, und Missionierung muss in diesem Sinn auch Toleranz sein! Die Kirche kann Wege aufzeigen, die Hand entgegen strecken und sagen, wenn du möchtest, dann nehme ich dich ein Stück des Weges mit. Vieles musst du aber, wenn du dazu bereit bist, selbst entdecken. Es bedarf einer großen Offenheit von beiden Seiten.

Im Folgenden soll in zwei Abschnitten erläutert werden, wie die Begriffe Angebot und Toleranz zu verstehen sind. Im ersten Abschnitt wird anhand zweier Beispiele, einem sehr tragischen und einem eher aufheiternden, dargestellt, wie Kirche durch ihre Präsenz Menschen zu verstehen geben kann, dass es eine ausgestreckte Hand gibt, an die man sich wenden kann.

Im zweiten Abschnitt – und ich hoffe, man wird mir den werbenden Unterton darin verzeihen – möchte ich für ein toleranteres Verhältnis von Christen und Linken plädieren, denn gerade in der Frage der gegenseitigen Gewinnung für Ideen, also Missionierung im besten Sinn, scheint mir hier ein großes Potenzial brach zu liegen.

Missionierung kann nur Angebot sein

Die Kirche blieb die ganze Nacht geöffnet.

Nach der so genannten »Wende« kam ich 1990 als Gewerkschafter aus Hessen nach Thüringen, ich zog nach Erfurt, in die Landeshauptstadt. Erfurt ist eine schöne Stadt, nicht zu groß und nicht zu klein, mit einer schönen Altstadt, einem großen Dom und einer Fußballmannschaft, die gern zwischen der Regionalliga und der zweiten Bundesliga pendelt. Am 26. April 2002 erlangte die Stadt traurige Berühmtheit. An diesem Tag ermordete Robert Steinhäuser am Gutenberg-Gymnasium 16 Menschen. 13 Lehrer, zwei Schüler und einen Polizisten. Anschließend tötete er sich selbst. Die ganze Stadt stand damals unter Schock. Wo immer die Erfurter sich in den folgenden Stunden und Tagen begegneten, sprachen sie über die tödlichen Schüsse, wer aus dem Bekanntenkreis möglicherweise betroffen sei und wie dies alles nur geschehen konnte. Trost suchten die Erfurter vor allem in den Kirchen. Die Stadt war traumatisiert, aber in den Gotteshäusern gab es die Möglichkeit zur gemeinsamen Trauer.

Am Abend des 26. April, um neun Uhr, läuteten alle Kirchenglocken Erfurts, und für einige Minuten kehrte überall Stille ein. Zuvor hatten hunderte Menschen an einem ökumenischen Trauergottesdienst in der Andreaskirche teilgenommen, zu dem die Erfurter Pfarrer spontan eingeladen hatten. Dutzende Kerzen brannten in der Kirche, und vor dem Gebäude standen viele, die wegen Überfüllung keinen Einlass mehr fanden. Sogar die Empore der Kirche war völlig überfüllt, doch die Enge störte niemanden, sie war vielen wohl eher willkommen. »Gott, wo warst Du heute?« fragte die Pastorin in die Menge und versuchte, Trost zu spenden. Die Kirche blieb die ganze Nacht geöffnet und blieb ein Treffpunkt für Hunderte bis in die frühen Morgenstunden. Dies Angebot, allen Menschen Einlass zu gewähren, gleich woher sie kommen, ist vielleicht das Wichtigste, was eine Kirche leisten kann.

Im Zusammenhang mit dem Amoklauf von Erfurt sind auch persönliche Leistungen von Kirchenvertretern, wie die von Pfarrer Wagenführ, gar nicht hoch genug einzuschätzen. Franz-Josef Wagenführ ist Polizeipfarrer in Thüringen. Die Stunden nach dem Amoklauf von Robert Steinhäuser waren für ihn wahrscheinlich die schlimmste Situation, die er in seiner Tätigkeit erlebt hat. Aber er war da! Pfarrer Wagenführ war einer der ersten Helfer, die vor Ort eintrafen. Noch während die Lage in der Schule unübersichtlich war und die Polizei von einer Geiselnahme ausging, nahm er die ersten Jugendlichen, die aus der Schule kamen, auf einem nahe gelegenem Sportplatz in Empfang.

Ein Mädchen habe ihm erzählt, wie ihre Lehrerin direkt neben ihr erschossen wurde und blutüberströmt zusammen brach, stand später in der Zeitung. Andere Kinder berichteten dem Pfarrer von den schrecklichen Bildern, die sie bei der Flucht aus der Schule ansehen mussten. Was er gemacht habe, wollten die Journalisten von ihm wissen. Er habe sich zu den Jugendlichen gesetzt und ihnen immer wieder gesagt, dass sie jetzt in Sicherheit seien. Nichts weiter. Das hätte auch jeder andere machen können, kann man einwenden, dazu braucht man keinen Pfarrer. Ich denke doch. Gerade im Umgang mit dem Tod ist es oft nicht egal, wem wir uns anvertrauen.

Oft bringt der Tod uns in ein neues Verhältnis zu Gott

Pfarrer strahlen oft eine besondere Kraft gegenüber dem Tod aus. Vielleicht liegt es an der Vermutung der Menschen, dass die Pfarrer eine besondere Nähe zu Gott hätten, vielleicht auch nur an der ihnen unterstellten Erfahrung mit Schicksalsschlägen. Sicher ist aber, dass wir uns an sie wenden, weil wir sie fragen möchten, warum Gott dies Leid geschehen ließ. In diesen Momenten muss Kirche da sein, präsent sein und die ausgestreckte Hand anbieten.

Als meine Mutter im Sterben lag, habe ich vor dem Krankenzimmer jedes Mal einen Moment Pause gemacht, bin in mich gegangen und habe mir bewusst gemacht, was mir gleich begegnet. Dann durchschritt ich die Tür, und dann war ich ohne jedes Wenn und Aber bei dem geliebten Menschen, und ich habe bewusst den Schmerz aufgenommen, den mich die Situation kostete.

Ähnlich war es bei meinem besten Freund. Er lebte im Nachbardorf, und wir waren über 30 Jahre lang sehr eng befreundet. Als abzusehen war, dass er den Kampf gegen den Leberkrebs nicht mehr gewinnen kann, ging er in ein Hospiz. Ich bin glücklich, dass ich die Kraft und die Chance hatte, ihn bis zum Ende zu begleiten, obwohl er meine Sicht auf den Glauben nie geteilt hätte. Es gibt Menschen, die laufen weg, wenn der Tod in ihrer Nähe wildert. Es gibt aber auch Menschen, die laufen in die Kirche und finden dann den Weg zurück zu ihren Lieben.

Der Tod bringt uns oft in ein neues Verhältnis mit Gott, er steht als große Herausforderung im Leben eines jeden Einzelnen. Wir müssen lernen, mit dem Tod umzugehen. Mein Knochenmark hat meinem Sohn das Leben gerettet. Sein Körper hatte die erste Knochenmark-spende abgelehnt. Als der Arzt mir das Blut entnahm, sagte er mir, dass das Leben meines Kindes nicht einmal mehr am seidenen Faden hinge. Wir lagen Zimmer an Zimmer und mussten warten, was passiert. Wenn man sich da nicht mit dem Tod auseinander setzt, schafft man das nicht. Mir hat es geholfen, im Zugang zum Tod einen wichtigen Zugang zum Leben zu sehen. Das ist ein Zyklus. Wir sind mittendrin, und irgendwann stehen wir an derselben Schwelle.

Die extreme Erfahrung von Leid hat zunächst nichts mit Missionierung zu tun. Wenn aber Schmerz und Trauer ein wenig gelindert sind, dann wollen die Menschen unter Umständen auch noch mehr von Gott wissen. Eine Beziehung zu Gott kann mit einer extremen Situation beginnen. Es kommt dann auf die Kirche und ihre Angebote an, ob sich eine solche Beziehung auch als alltagstauglich erweist. Wenn jemand wieder gehen möchte, dann muss die Kirche ihn auch gehen lassen. Die ausgestreckte Hand darf niemanden festhalten. Zum Glauben kann man nicht überredet, man kann nur überzeugt werden.

Kirche muss in der Mitte der Gesellschaft präsent sein

Missionierung wäre eine sehr traurige Angelegenheit, wenn sie zunächst immer das Leid der Menschen abwarten müsste. Kirche kann auch an anderen Punkten durch Präsenz überzeugen. Ein wunderbares Beispiel dafür hat Pfarrer Boom aus Bayern gegeben. Seine Geschichte war im November 2006 im »Spiegel« zu lesen, und ich möchte sie hier kurz zusammenfassen: Es geschah an einem Samstag. Für diesen Samstag hatte die Jugendorganisation der rechtsextremen NPD eine Demonstration in Miltenberg angekündigt, der Stadt, in der Booms Kirche steht.

Zunächst wurden die NPD-Anhänger in Miltenberg mit einem lauten Konzert von Trillerpfeifen begrüßt. Der Protestzug, der den Neonazis lautstark ihre Unerwünschtheit demonstrierte, war von SPD, Grünen und CSU gemeinsam organisiert worden. Auch Pfarrer Boom war entschiedener Gegner des NPD-Aufmarschs. Als der Lärm stärker wurde, weil der erste Redner der Rechtsextremen das Megafon ansetzte, kam Boom die entscheidende Idee.

Die Miltenberger St.-Jakobus-Kirche hat sechs Glocken – nach Würzburg das schwerste Geläut der Diözese. Es gibt einen Automatikknopf für das tägliche Geläut und daneben sechs schwarze Drehschalter für den Handbetrieb. Pfarrer Boom ging in seine Kirche, direkt zu der großen Schalttafel hinter der Sakristei.

Los ging es mit der Muttergottesglocke – immerhin zwei Meter im Durchmesser. Dann setzte Boom die zweieinhalb Tonnen schwere Jakobusglocke in Bewegung, und als die dritte Glocke hinzukam, ließ der NPD-Redner auf dem Markt das Megaphon sinken, seine Augen suchten hilflos den Einsatzleiter der Polizei. Inzwischen nahm Boom die Bonifatiusglocke dazu, dann die Piusglocke und zum Schluss die Kiliansglocke, die kleinste, hellste.

So läutete Pfarrer Boom nach und nach das Ende der NPD-Veranstaltung ein. Auf dem Miltenberger Markt war kein Wort mehr zu verstehen, also sprach auch keiner mehr, quasi himmlische Ruhe. Nach zwanzig Minuten, als die Rechtsextremen völlig entnervt zurück zu ihren Bussen getrottet waren, beendete Boom das einzigartige Schauspiel unter Applaus der Miltenberger Bürger. Mal angenommen, ich wäre nicht fünfzig, sondern fünfzehn und ich würde nicht in Berlin leben, sondern in Miltenberg – ich wäre doch sofort zu Pfarrer Boom in die Kirche gegangen und hätte gefragt, wie man hier mitmachen kann.

Das Angebot, das die Kirche machen kann, ist eines von vielen, die den Menschen täglich unterbreitet werden. »Gewinnen Sie eine Woche im Fitnessstudio!«, »Engagieren Sie sich für den Tierschutz!« oder »Entdecken Sie, dass Geiz geil ist«. Wenn die Kirche ihr Angebot erfolgreich vermarkten will, dann muss sie ihre gesellschaftliche Verantwortung wahrnehmen. Wertevermittlung kann sehr altbacken erscheinen. Sie kann aber auch modern geschehen und den Menschen »Lust auf Kirche« machen. Entscheidend ist, dass sich die Kirche vor frischen Ideen nicht verschließt.

Missionierung muss mit Toleranz beginnen

Christliche Politiker sind nicht nur in christlichen Parteien beheimatet

Für genauso wichtig halte ich es, sich nicht vor der politischen Linken zu verschließen. Links zu sein, heißt nicht automatisch, unreligiös zu sein. Ende vergangenen Jahres war in einer Beilage der »Süddeutschen Zeitung« eine satirische Betrachtung zur Verweigerung der Gesellschaft gegenüber den Zehn Geboten zu finden. Mit Statistiken wurde dabei auf scherzhafte Weise dargelegt, dass die Gebote in der heutigen Welt zu wenig Beachtung finden. So wurde beispielsweise unter dem Punkt »Du sollst nicht lügen« die Auflage der »Bild«-Zeitung in Millionen und die Packungszahl der in deutschen Apotheken verkauften Potenzmittel angegeben. Bei »Du sollst nicht begehren deines nächsten Weib« die Zahl der verkauften Fernrohre im Jahr 2006, und unter dem Punkt »Du sollst nicht begehren deines nächsten Hab und Gut« waren aktuelle Abwerbegebote für vertraglich gebundene Fußballspieler aufgelistet.

Die Aufgabe von Satire ist es, uns in stark überzogener, verfremdeter Weise die Wirklichkeit darzustellen. Das heißt: In jedem satirischen Text und in jeder Karikatur befindet sich das berühmte »Körnchen Wahrheit«. Nun gab es in diesem Heft der Süddeutschen auch einen Beleg für die Nichteinhaltung des Gebots »Du sollst den Namen des Herrn nicht missbrauchen«. Von eins bis sechzehn durchnummeriert konnte man da die Mitgliederzahl der CDU/CSU in den einzelnen Bundesländern nachlesen.

Eigentlich müssten Christen a priori die bessere Politik machen. Sie haben mit der christlichen Soziallehre einen unbestechlicheren Maßstab als andere. Aber das Gefälle zwischen Soll und Sein ist in diesem Fall leider recht groß. Insofern haben die Satiriker hier ganz recht: Das C in der CDU ist ein wenig trügerisch. Das C können genauso Mitglieder aller anderen demokratischen Parteien für sich beanspruchen. Es gibt Christen in Parteien, aber es gibt keine christlichen Parteien – zumindest scheint mir die Sozialpolitik der CDU christlichen Maßstäben, wie ich sie verstehe, nicht stand zu halten.

Politik, so sagt Hannah Arendt, ist angewandte Nächstenliebe zur Welt. Es sollte uns um die Bedürfnisse der gesellschaftlich Geringen, den Menschen ohne Lobby, gehen. Die Hungrigen, die Durstigen, die Fremden und die Obdachlosen. In dieser Frage ist die Bibel nicht erbauliche Geschichte, sondern akuter politischer Appell in die Gegenwart hinein.

Wenn jemand sagt, Hunger und Durst seien bei uns nicht in dem Grad akut wie in anderen Teilen der Welt, und man leitet dann davon ab, es seien weitere soziale Kürzungen möglich, dann kann ich nur antworten: Maßstab ist stets der Einzelne und nicht die Statistik. Die Kirche sollte sich manchmal weniger am großen C orientieren, sondern sich offen umschauen, wer Politik in ihrem Sinn betreibt. Diese Offenheit könnte eine wichtige Grundlage liefern, insbesondere wenn man über die Weitergabe des Glaubens an Konfessionslose nachdenkt.

Nun sag, wie hast Du's mit der Linken?

Goethe lässt Margarete ihren Faust fragen »Nun sag, wie hast du's mit der Religion?« – die berühmte Gretchenfrage. Für die Kirche in Deutschland ist es – im achtzehnten Jahr nach der politischen Wende –

höchste Zeit, sich selbst zu fragen »Wie haben wir's eigentlich mit der Linken?« Im Jahr 2007 werden die ersten Menschen in Ostdeutschland volljährig, die in ihrem Leben keinen Tag SED-Herrschaft erlebt haben. Das ist doch eigentlich ein guter Anlass, auch das Verhältnis der Kirche zur Linken (und umgekehrt!) wieder ein Stück reifer werden zu lassen.

Einer meiner besten Freunde kommt aus der Kirche, aus der Ostkirche. Er sollte als Parteiloser für die Linke kandidieren. Aber er konnte sich nicht dazu entschließen, denn dann wäre sein gesamter Freundeskreis »im Eimer« gewesen, wenn er es wirklich getan hätte. Ähnliche Erfahrungen hat die Erfurter Pröpstin Begrich im Januar 2006 gemacht. Sie hielt eine mutige Rede auf dem Neujahrsempfang der Thüringer Linkspartei PDS, für die sie reichlich Kritik einstecken musste.

Die Vorsitzende der CDU-Landtagsfraktion, Christine Lieberknecht (die auch Synodale der Evangelischen Kirche in Deutschland ist), warf Begrich »politische Instinktlosigkeit, ein extrem einseitiges und theologisch fragwürdiges Glaubensverständnis und Ignoranz gegenüber Opfern sozialistischer Diktaturen« vor. Jeder auch nur einigermaßen historisch orientierte Zeitgenosse wisse, »dass für das sozialistische Experiment im 20. Jahrhundert Millionen Menschen mit dem Tod, mit Unfreiheit, Unterdrückung und geistiger Knechtung gezahlt haben. Die von der PDS beerbte sozialistische Staatspartei der DDR hatte daran Anteil.« Wer vor diesem Hintergrund behaupte, Christen und Kommunisten verbinde mehr, als sie trenne, und wer fordere, Christen müssten Sozialisten sein, der sei »geschichtsblind«.

Was war geschehen? Pröpstin Begrich sprach in ihrer Rede davon, dass es, der Bibel folgend, eigentlich der Menschen Bestimmung sei, einander »Genosse« zu sein. Selbst Martin Buber habe »Liebe deinen Nächsten wie Dich selbst« entsprechend übersetzt: »Halte lieb deinen Genossen dir gleich«. Im Weiteren wies sie darauf hin, dass, trotz grundlegender Unterschiede zwischen Christen und Sozialisten, in der Anerkennung der höchsten Autorität festzuhalten wäre: »Das, was uns verbindet im gemeinsamen Tun, ist größer und mehr als das, was uns trennt im Glauben.«

Schließlich kam sie auf Südamerika zu sprechen, auf den bolivianischen Präsidenten Evo Morales, der große Hoffnungen der Armen mit sich trägt. Als er gewählt wurde, telefonierte Pröpstin Begrich mit ihren Kindern in Argentinien, die ihr einen entscheidenden Satz mitgaben. Der Satz lautet: »Hier bei uns reicht es nicht, links zu sein, man muss auch noch Christ sein.« Vielleicht – so sagten die jungen Leute weiter – müsste der Satz in Deutschland einfach mal umgedreht werden. Dazu würde es reichen, bei der nächsten Grimme-Preis-Verleihung auch einmal den Namensgeber des Preises zu zitieren. Adolf Grimme sagte: »Ein Sozialist kann Christ sein, ein Christ muss Sozialist sein.

Adolf Grimme sagte das, ein sehr ehrenvoller Vertreter der religiösen Sozialisten. So sehr ich Frau Lieberknecht für ihre Arbeit als Parlamentspräsidentin und als Christin schätze – hier hat sie mit ihrer überdeutlichen Kritik leider kein Augenmaß bewiesen. Das zeigt, wie groß die Abwehrhaltung einiger christlicher Menschen gegenüber jeglicher Verbindung mit der Linken ist. Ich bin mir bewusst, dass da, wo Gräben aufgeschüttet wurden, der Weg über diese Gräben trotzdem eine dünne Decke bleibt. Schlussstriche lassen sich nicht herbeibefehlen, aber man kann den Versuch unternehmen, aufeinander zuzugehen.

Linke und Christen in Deutschland verbindet mehr, als sie trennt

Am 15. März 1990 veröffentlichte die PDS eine Erklärung, mit der die neue Partei ihre Einstellung gegenüber Kirchen und Religionen zu bestimmen versuchte. In diesem Text stellt sich die PDS ihrer »Mitverantwortung an einer verfehlten Politik der SED«. Weiter heißt es: »Wir bekennen uns zur Mitschuld an der bisherigen Politik und bitten die Gläubigen, die Kirchen und Religionsgemeinschaften um Versöhnung.«
Leider waren für viele Christen in den neuen Bundesländern die Unrechtserfahrungen noch viel zu präsent, als dass sie sofort hätten auf das Versöhnungsangebot der Linken eingehen können. So war für die PDS die merklichste Konsequenz der Neupositionierung die Gründung der »Arbeitsgemeinschaft Christinnen und Christen in und bei der PDS« am 19. Mai 1990. Die AG sah es damals als ihre Aufgabe, »zur gründlichen Erneuerung der PDS« beizutragen und sich »einem spezifischen Gebiet ihrer Geschichte kritisch« zuzuwenden. Seitdem hat sie die PDS auf vielfältigste Weise vertreten, war auf Kirchentagen präsent und hat sich immer allen kritischen Fragen gestellt.
In den politischen Inhalten gab es in den vergangenen siebzehn Jahren deutlich mehr Verbindendes als Trennendes zwischen Christen und Sozialisten. Natürlich haben wir uns über den Paragraph 218 gestritten, und die Haltung des Papstes zur Verwendung von Kondomen treibt den Linken auch heute noch Sorgenfalten auf die Stirn. Dennoch gibt es entscheidende Berührungspunkte, von denen die Friedenspolitik und der Umgang mit der sozialen Frage vielleicht die wichtigsten sind.
»Krieg darf nach Gottes Willen nicht sein«, protestierten viele Christen, als die USA sich Anfang des Jahres 2003 dazu entschloss, den Irak anzugreifen. Von der PDS mitorganisierte Demonstrationen gegen diesen sinnlosen Krieg begannen in etlichen Städten an Kirchen, um die Menschen aus den Friedensandachten mitzunehmen. Gemeinsam forderten Christen, Linke und viele andere, dass Unrecht nicht mit neuem Unrecht bekämpft werde.
»Gerechte Teilhabe« hieß eine Denkschrift, die die Evangelische Kirche im vergangenen Jahr veröffentlichte. Darin machte die EKD –

noch lange bevor die Regierung auf die »Unterschicht« stieß – auf die millionenfache Armut in Deutschland aufmerksam, die eben nicht nur materielle Armut ist. Armut in Deutschland zeigt sich nicht nur als materielle Verelendung, sondern auch – und das massenweise – als mangelnde Teilhabe an der Gesellschaft, im schlimmsten Fall auch als Ausschluss aus ihr.

Nicht nur in dieser Analyse stimmen Linke und Christen überein, auch über die notwendigen Gegenmittel herrscht verhältnismäßig große Übereinstimmung. Die Denkschriftforderungen nach besseren Bildungschancen, nach höheren Sozialleistungen und nach einem Mindestlohn, der verhindert, dass Menschen trotz Arbeit arm sind, können auch alle im letzten Bundestagswahlprogramm der Linken nachgelesen werden.

Das Ziel sollte Verständigung lauten

Mit diesen Äußerungen will ich keine Gleichmacherei betreiben, es geht darum, klar aufzuzeigen, dass ein Dialog zwischen Christen und Sozialisten stets sinnvoll und gewinnbringend sein kann. In der Zeit, als Adolf Grimme davon sprach, dass ein Christ Sozialist sein müsse, gab es ein unverstelltes Verhältnis zwischen Sozialisten und Christen. In der DDR allerdings wurde das Verständnis geprägt, dass »links sein« und Christ sein miteinander unvereinbar sei. Im achtzehnten Jahr nach dem physischen Mauerfall liegt mir daran, dass auch diese psychische Mauer endlich fällt.

Missionierung kann nur gelingen, wenn sie ein Angebot ist und mit Toleranz beginnt. Jeglicher Zwang, Druck oder ein Geschichtsverständnis, das anstatt Aufarbeitung und neuen Chancen nur Abschreckung bietet, sind falsch und machen die Kirche in keiner Weise attraktiver. Missionierung sollte nicht mit dem Ziel der Bekehrung, sondern mit dem Ziel der Verständigung beginnen. Ob sich daraus eine Hinwendung zum Glauben ergeben kann, muss jeder Einzelne für sich entscheiden.

EBERHARD TIEFENSEE

Areligiosität

Annäherungen an ein Phänomen

1. Die »Unsichtbarkeit« der Areligiösen

Als sich ein Student aus Leipzig in Zürich polizeilich melden wollte, rief er offenbar großes Erstaunen hervor, als er auf die Frage nach der Konfession mit »keine« antwortete. Das wiederum erstaunte ihn. Jugendliche antworteten, als sie bei einer Umfrage auf dem Leipziger Hauptbahnhof gefragt wurden, ob sie sich als christlich oder eher atheistisch einstufen würden: »Weder noch, normal halt.« (Wohlrab-Sahr 2001, 152f).

Diese Episoden offenbaren: Was in der einen Lebenswelt als Ausnahme gilt, wird in der anderen als Normalität empfunden. Solche Wahrnehmungsprobleme haben auch Professionelle in Fragen der Religion: die Kirchen und die Religionswissenschaften (Philosophie und Theologie inklusive). Dass diese Art von unaufgeregter Gottvergessenheit auch heute noch weitgehend unterhalb des kirchlichen und wissenschaftlichen Radarschirms verbleibt, hat mehrere Ursachen. Die apologetischen Bemühungen der Kirchen in der DDR waren lange Zeit auf das Staat-Kirche-Verhältnis fixiert. Erst als sich der Pulverdampf der flankierenden dogmatischen Scharmützel zwischen den marxistisch-leninistischen Staats-Ideologen und christlichen Theologen verzog, kam hinter ihm ein noch recht unbekanntes Wesen zum Vorschein: der *homo areligiosus*.

Diese verzögerte Entdeckung müsste eigentlich verwundern, denn schon vor 1989 machte ein Dozent für Marxismus-Leninismus der Leipziger Karl-Marx-Universität bei einem Vortrag in der dortigen Katholischen Studentengemeinde die in ihrer resignativen Ehrlichkeit überraschende Bemerkung: »Das haben wir Marxisten mit euch Christen gemeinsam: Wir sind in diesem Land eine Minderheit.« Das gilt auch für die deklarierten Atheisten in Ostdeutschland: Sie bilden nur ein Viertel der Bevölkerung – allerdings ist das mit Abstand Weltrekord (Froese und Pfaff 2005, 398). Was aber ist, angesichts eines Drittels Christen, mit dem verbleibenden Rest?

Auch wenn seit den 90er Jahren nach dem Wegfall staatlicher Repressionen und dem schmerzlichen Abschied von der Hoffnung auf eine Wiederbelebung der evangelischen Volkskirche (die Katholiken waren in Ostdeutschland schon immer eine Minderheit gewesen) die Chance besteht, den missionarischen Impuls der Verkündigung stärker auf diejenigen zu lenken, die aus kirchlicher Perspektive nicht nur »Entfremdete«, sondern »Unberührte« sind, ergibt sich rasch die Schwierigkeit, dass geeignete Konzepte für diese Personengruppe nicht vorliegen. Denn die christliche Botschaft ist in ihrer zweitausendjährigen Geschichte immer auf andere Religionen, nie aber auf ein areligiöses Milieu getroffen, wie es sich vor allem in den neuen Bundesländern etabliert hat. Da es auf wenige europäische Regionen begrenzt und historisch relativ jung ist – einen »Volksatheismus« gibt es feststellbar frühestens seit Ende des 19. Jahrhunderts –, herrscht zunächst vorwiegend Ratlosigkeit im Umgang mit dieser Erscheinung, was missionarische Initiativen nicht gerade beflügelt.

Tief verwurzelte Areligiosität

Religionswissenschaftlich war und ist Unterstützung nur schwer zu finden: Nachdem die Religionssoziologie in den neuen Bundesländern seit 1989 allmählich an Kraft gewonnen hatte und über das nötige empirische Material verfügte, stieß sie alsbald auf das Phänomen einer weitflächigen und inzwischen über Generationen tief verwurzelten Areligiosität: Ostdeutschland ist so areligiös, wie Bayern katholisch ist. Doch muss sie sich hierbei gegen den religionswissenschaftlichen *mainstream* zur Wehr setzen, der diese Tatsache undenkbar macht: »Es scheint, soweit wir wissen, keine Menschen ohne ›Religion‹ zu geben – wie immer man dieses Phänomen im Einzelnen zu bestimmen sucht.« Der Sammelband, aus dem dies einleitende Zitat stammt, trägt den Titel »Homo naturaliter religiosus« (Stolz 1997, 9).
Die Suche nach dem begriffstheoretischen Fundament für diese These führt auf kurzem Weg zu Luckmanns Theorie der »unsichtbaren Religion«. Ihr zufolge beruht die Religion auf der Fähigkeit des Menschen, seine biologische Natur zu transzendieren, so dass jede Art von Sozialisation grundsätzlich religiösen Charakters ist und jedes der Integration und Legitimation der sozialen Ordnung dienende System als Religion bezeichnet werden kann. Säkularisierung im ursprünglichen Verständnis als Verschwinden von Religion gebe es nicht, sondern bestehe in Wahrheit in deren Individualisierung sowohl hinsichtlich ihrer sozialen Basis als auch hinsichtlich der verhandelten Themen (wie Selbstdarstellung, Selbstverwirklichung, Mobilität, Sexualität, Familie), wodurch sie für ein traditionelles Religionsverständnis unsichtbar werde.
Dieser theoretische Ansatz bietet eine Reihe von Vorteilen. Unter anderem bestätigt er Religion als eine Wesenseigenschaft des Menschen – wie Vernunft und freier Wille – und macht sie zu einem anthropologischen Apriori, das abzusprechen zugleich die Leugnung des Menschseins bedeuten würde. Damit wird die Religionswissenschaft

anschlussfähig zur philosophischen und theologischen Anthropologie, wonach der Mensch »unrettbar religiös« (Nikolai A. Berdjajew) ist. Allerdings wird von Luckmann und denen, die ihm folgen, ein hoher Preis verlangt: Die enorme Ausweitung des Begriffs muss auf Kosten seines Inhalts gehen, das heißt, er droht unbestimmt zu werden, wobei er so gut wie jeglichen substanziellen Gehalt verliert und vorwiegend funktional verstanden wird.

Im gleichen Maß wird die Verbindung zur Begriffsgeschichte und zum alltagssprachlichen Gebrauch geschwächt. Das zeigen Titel von Fachaufsätzen wie »Kochen als religiöse Praxis« (Portmann 1998). Und nicht zuletzt: Areligiosität kann es nun prinzipiell nicht mehr geben, solange wir es – wie Luckmann selbst ausführt – mit Menschen als »›normalen‹ (sozialisierten) Individuen« zu tun haben. »Religiös ist dieser Vorgang der Einfügung des individuierten Organismus der Gattung *homo sapiens* in die Transzendenz einer historischen Gesellschaft selbst dann, wenn Erfahrungen von Transzendenzen höherer Größenordnung in einer solchen Gesellschaft nicht vorkonstruiert sind oder, wenn sie es sind, sich einzelne oder viele an den vorkonstruierten Modellen nicht ausrichten« (Luckmann 1991, 180, 165).

Kirchensoziologische Perspektive

Wer trotzdem Fälle von Areligiosität sehen will, wird als erstes wieder stärker eine kirchensoziologische Perspektive einnehmen müssen – nach Thomas Luckmanns Entdeckung der *invisible religion* gewissermaßen eine der Todsünden der Religionssoziologie. Begründen lässt sich das aber mit der inzwischen ebenfalls gut belegten starken Korrelation von Religiosität, Christlichkeit und Kirchlichkeit in den neuen Bundesländern, die die sonst notwendigen Differenzierungen obsolet werden lässt. Es gibt dort, soweit zumindest derzeit statistisch feststellbar, keine nennenswerte außerkirchliche Religiosität: Ostdeutsche fahren auch nicht zum Dalai Lama (übrigens bleibt auch bei der wissenschaftlichen Erfassung aller möglichen außerkirchlichen religiösen Aktivitäten in westdeutschen Regionen bis zu einem Viertel der Bevölkerung außer Betracht; vgl. Religion plural 2007).

Zum zweiten müsste zumindest für die betroffene Region mit der Hoffnung auf eine »Wiederkehr der Religion« vorsichtig hantiert werden. Das hat unter anderem zur Folge, dass die klassische Säkularisierungsthese, obwohl inzwischen verschiedentlich abgeschwächt oder sogar schon verabschiedet, erneut auf den Prüfstand kommt. Aus dieser Perspektive stellt der Osten Deutschlands für viele religionswissenschaftliche Beobachter immerhin die Ausnahme dar, die die Regel bestätigt – ein Kuriosum also.

Zum dritten wären größere Anstrengungen für einen präzisen Religionsbegriff zu unternehmen, um die Grenze zwischen Ersatzreligion (zum Beispiel Esoterik) und Religionsersatz (zum Beispiel einem sonntäglichen Einkaufsbummel in den »Konsumtempeln«) – der eben keine Religion mehr ist – wieder deutlich zu machen: Religion hat mit dem Bezug auf ein das Selbst Transzendierende – Absolutes, Unbedingtes, Ganzheitliches oder wie auch immer – zu tun.

Wenn dieser Bezug nur für den mit entsprechender Vorkenntnis bewehrten Interpreten sichtbar ist, der zum Beispiel ein Fußballspiel als religiös assoziiert, kann das nicht ausreichen – gilt doch gleiches *mutatis mutandis* für die Vernunft: Nicht alles, was dem vernunftbegabten Betrachter vernünftig erscheint, ist tatsächlich Ausfluss einer Vernunft. Etwas a priori als eine anthropologische Disposition aufzuzeigen (»religiöse Anlage«), ist ebenfalls unzureichend: Fähigkeiten bedeuten noch keine Aktivitäten. Der Handelnde selbst muss diesem Bezug als solchem auch in irgendeiner Form ›Rechnung tragen‹, ihn thematisieren, explizieren – wobei die »Thematisierung« auch nichtdiskursiv oder symbolisch geschehen kann (so wie man zum Beispiel von musikalischen Themen spricht). Wer diesen Bezug nicht als sein Thema erkennt, indem er zum Beispiel sein »Ergriffensein« sofort naturalistisch reduziert, wäre der »religiös Unmusikalische«.

Der homo areligiosus

Ganz ist die fragliche Gruppe nie aus dem wissenschaftlichen Blickfeld gewesen, doch lassen die verschiedenen Kategorialisierungen selten erkennen, wo genau die Grenze zwischen der fraglichen Gruppe und »bekennenden« Atheisten oder Agnostikern verläuft. »Fragt man ihn nach Dingen wie Religion, Spiritualität oder Philosophie, dann sagt er: ›Wenn ich noch nicht mal weiß, was Sie mit dieser Frage meinen, dann bin ich wohl nicht spirituell. Es entspricht nicht meiner Fokussierung.‹« Falls diese Interviewpassage (vgl. Tiefensee 2006a, 39) signifikant ist, wäre der *homo areligiosus* dadurch gekennzeichnet, dass er (mit Max Weber) »religiös unmusikalisch« und deshalb ohne jegliche – auch agnostische – Positionierung im religiösen Bereich ist.

»Wieso haben Sie uns gefragt, was wir dann wären, wenn nicht religiös?« antwortete mir etwas erbost einmal eine Studentin: »Liberal? Humanistisch? Feministisch? Rationalistisch? – weiß ich doch nicht. Und ist das nicht irgendwie zu einfach gefragt? Sie sagen, Sie sind religiös, genauso gut hätte ich sagen können, ich bin sportlich. Auf meiner Seite gab es da ursprünglich keine Differenzen. Wie Ihre Jugendlichen [vgl. das oben genannte Beispiel] hätte ich früher auch mit ›normal‹ geantwortet. Muss ich mich überhaupt positionieren? Ohne Religion muss ich mich doch nicht zwangsläufig bei einer bestimmten Weltanschauung positionieren. Für wen ist denn das wichtig? Ich brauche kein Label der Weltanschauung zur Identitätsfindung.«

Dabei scheint besonders die Kategorie der Agnostiker (die sich einer Positionierung in der Gottesfrage enthalten) fließend in die der Areligiösen (die an der Abstimmung überhaupt nicht teilnehmen) überzugehen: Entweder lehnen jene ab, sich einer Frage zu stellen, die prinzipiell außerhalb des (naturwissenschaftlich-technischen) Wissens liegt, oder sie tendieren immerhin zu dem, was in den Niederlanden neuerdings *ietsisme* genannt und wohl von mehr als zwei Dritteln der dortigen Bevölkerung vertreten wird. »Etwas [iets] ist besser als nichts [niets]«: Es gibt da irgendein »Mehr« jenseits der naturwissenschaftlichen Lebensvisionen – vielleicht eine auf Religion hin offene Reaktion auf die Unerfreulichkeit, die durch Rationalität und säkularisierte Utopien provoziert wurde, und gegen den Nihilismus der postsäkularisierten Gesellschaft (Boeve 2005,43).
Ob man sie also »neue Heiden«, »religiös Indifferente« oder »Konfessionslose« (dazu unten noch einige Anmerkungen) nennt: Die Wahrnehmung dieser in sich pluralen und wohl nicht unbeträchtlichen Personengruppe scheint erst am Anfang zu stehen. Sie ist aber bei aller terminologischen Unsicherheit auf jeden Fall die Voraussetzung für jede effektive kirchliche Zuwendung.

2. Ursachen der Areligiosität

Gegen solche tiefgreifenden kulturellen Entwicklungen hilft kein Wünschen; man kann Krisen nur bestehen oder an ihnen scheitern. Allerdings scheint diese Erkenntnis nicht vor Ermüdungserscheinungen und Resignation oder aggressiver Kritik zu bewahren, die sich an die Welt oder ersatzweise an die Kirche richtet (denn irgendjemand muss doch an der Misere schuld sein). Davor wäre zu warnen, denn dass Menschen sogar vergessen, dass sie Gott vergessen haben, kam nicht überraschend und war möglicherweise unabwendbar.
Die moderne »Gottesfinsternis« (Martin Buber) ist von Marx bis Nietzsche lange vorausgesagt worden; inzwischen reicht sie bis in die Familien kirchlich engagierter Laien und Verantwortlicher. Dass ihr Kernschatten allerdings auf diese bestimmte Region gefallen ist, provoziert die Frage nach den näheren Ursachen des ostdeutschen Phänomens, erhofft man sich davon doch sowohl ein tieferes Verständnis dieser Sachlage als auch eine Antwort auf die bange Frage, ob andere Teile Deutschlands oder Westeuropas vor einer ähnlichen Entwicklung stehen. Da ein äußerst komplexes Bedingungsgeflecht für den Stand der Dinge verantwortlich ist, so dass monokausale Erklärungen wenig weiterhelfen, sind die folgenden Vermutungen mit Sicherheit ergänzungsbedürftig. Außerdem gilt, dass sich die Geschichte in der Regel nicht wiederholt, was kurzschlüssige Prognosen für den restlichen Teil des Kontinents verbietet.

Inmitten eines »atheistischen Halbkreises«

Der konstatierte »Supergau von Kirche« legt zunächst eine Erklärung nahe, die den staatlichen und ideologischen Druck während der Zeit der Sowjetischen Besatzungszone beziehungsweise der DDR in Anschlag bringt (vgl. besonders Neubert 1996). Ihr die Berechtigung abzusprechen, wäre absurd, doch greift sie zu kurz, sobald sich der Blick auf andere ehemals sozialistische Länder richtet, in denen eine oft erheblich restriktivere Religionspolitik – in der Sowjetunion sogar über einen längeren Zeitraum hinweg und in Albanien mit zuweilen tödlichem Ausgang für Dissidenten – nicht annähernd solche Folgen für Kirche und Konfessionalität wie in Ostdeutschland hervorgerufen hat. Die Differenz zwischen den beiden Teilen der vormaligen Tschechoslowakei macht das augenscheinlich: Tschechien ist weitgehend säkularisiert, für die Slowakei gilt das nur mit Einschränkungen. Ostdeutschland liegt inmitten eines »atheistischen Halbkreises«, der in Europa, grob gezeichnet, von den baltischen Staaten über die nordischen Länder (allen staatskirchlichen Residuen zum Trotz) bis nach Böhmen reicht. Ein diesbezüglicher Erklärungsversuch vermutet die Wurzeln des ostdeutschen Problems in der Reformation und bei den anschließenden Religionskriegen. Er müsste sogar bis zur Zeit der frühmittelalterlichen Christianisierung zurückgehen, weisen doch – wahrscheinlich bedingt durch die Zwangsmissionierung – die nördlichen Regionen Deutschlands einen höheren Grad der Entkirchlichung auf: Das derzeitige West-Ost-Gefälle verdeckt offenbar die stärkere Süd-Nord-Differenz (die sich bis heute auch in den Parteienpräferenzen bei Wahlen bemerkbar macht). Die damals grundgelegte und seit der Reformation verstärkte spezifisch deutsche Verbindung von Thron und Altar beengte den Spielraum der Kirchen bei politischen und gesellschaftlichen Umbrüchen. Viele evangelische Landeskirchen wurden 1918 beim Zusammenbruch des Kaiserreichs gleichsam enthauptet und verloren so an Legitimation – ein Vorgang, der sich 1945 in Ostdeutschland auf Dorfebene wiederholte, als die oft auch kirchlich einflussreiche Gutsherrschaft vertrieben wurde. (Das alles müsste eigentlich ein Menetekel darstellen für alle Strategien, Christentum durch staatliche Maßnahmen zu stabilisieren). Dieser Erklärungsversuch ist plausibel angesichts der Beobachtung, dass im sozialistischen Lager die stärksten Einbrüche hinsichtlich der Konfessionalität die nichtkatholischen und nichtorthodoxen Regionen erlebten und die DDR das einzige sozialistische Land mit vorherrschender protestantischer Prägung darstellte. Offenbar sind katholische und orthodoxe Volkskirchen zumindest mittelfristig modernisierungsresistenter und zeitgeistunabhängiger – wie immer man das bewerten mag.

Verspäteter Beginn der Industrialisierung

Hier kommt nun zusätzlich der in Deutschland relativ verspätete Beginn der Industrialisierung Mitte des 19. Jahrhunderts ins Spiel. Seit den Gründerjahren leerten sich – abgesehen von kurzfristigen Erholungspausen – die evangelischen Gottesdienste Mitteldeutschlands, gingen die Tauf- und Konfirmationszahlen zurück und lockerte sich die Kirchenbindung. Nach 1918 und ab den 40er Jahren kam es zu großen Kirchenaustrittswellen (Hölscher 2001). Die Seelsorge in Großstädten wie Berlin war angesichts der explodierenden Zuzüge schon im 19. Jahrhundert personell und institutionell überfordert und reagierte wahrscheinlich zu spät – zum Beispiel durch entsprechende Kirchenbauprogramme, deren bekanntestes Ergebnis die Kaiser-Wilhelm-Gedächtniskirche war.

Die sozialistische Arbeiterbewegung bildete hier eine ähnliche Konkurrenz zu den etablierten Strukturen wie neuerdings in Lateinamerika die US-amerikanischen Sekten im katholischen Umfeld: Sie agieren »volksnäher«, nur dass die Alternative damals dezidiert atheistisch auftrat (Froese und Pfaff 2005, 403f). Etwas anachronistisch anmutende Nachhutgefechte dieser Konstellation prägen bis heute den Berlin-Brandenburger Raum: die Auseinandersetzungen um den schulischen Religionsunterricht oder die Forderung nach eigenen Schulen des Humanistischen Verbandes Deutschlands, der sich als »eine Weltanschauungsgemeinschaft im Sinne unseres Grundgesetzes« versteht und die Vertretung aller Nichtreligiösen beansprucht.

Deutsche Identitätskrise

Inzwischen darf die großflächige Entkirchlichung Ostdeutschlands sogar als Teil der permanenten deutschen Identitätskrise gelten. Diese durchzog eigentlich schon die Nationenbildung während der Religionskriege des 16. Jahrhunderts, lief durch das 19. Jahrhundert auf den extremen Zusammenbruch von 1945 zu und wiederholte sich in abgeschwächter Form nach 1989. Besonders die beiden letztgenannten Daten markieren für große Teile der heute lebenden Bevölkerung einen »biografischen Crash«. Da Identitäten sich narrativ konstituieren, erzeugte die Unfähigkeit und vielleicht auch Unmöglichkeit der Vergangenheitsbewältigung einen partiellen Selbst-Verlust. Schwache Identitäten mit Mangel an Selbstbewusstsein haben es jedoch schwer, neuen Verhältnissen gegenüber eine eigenständige kritische Haltung zu bewahren und sich dem Milieudruck nicht zu beugen, besonders wenn er, wie nach 1945, staatlicherseits verstärkt wird.

Kennzeichnend ist außerdem die Neigung, das Andere ihrer selbst permanent als Bedrohung zu empfinden, wie der »Ossi-Wessi-Konflikt« nach 1989 zeigt. In diesem Kontext wird Areligiosität offenbar von den Ostdeutschen als zu ihrer Identität gehörig empfunden: So sind wir, und so wollen wir auch bleiben. Das lässt unter anderem die vorsichtige Vermutung zu, dass in entsprechenden Umfragen ehemalige DDR-Bürger sich »areligiöser« oder »atheistischer« darstellen, als sie in Wirklichkeit sind.

Eine »dritte« Konfession

So gesehen, kann bei der fraglichen Gruppe der »Konfessionslosen« von einer dritten Konfession neben den beiden christlichen gesprochen werden. Versteht man nämlich »Konfession« als soziokulturelle Größe – also weniger im Sinn einer existenziellen und vielleicht sogar reflektierten Glaubensentscheidung (fides qua) im Bezug auf bestimmte Glaubensaussagen (fides quae), sondern im Sinn des »cuius regio, eius religio«, wie es sich nach dem Dreißigjährigen Krieg in Deutschland etabliert hat –, so stellt sich der ostdeutsche »Volksatheismus« in ähnlicher Weise dar wie früher der »Volkskatholizismus« oder »Volksprotestantismus«.

Solche regionalen Milieus befinden sich zwar aufgrund der familien-, regions- und inzwischen kontinentübergreifenden Mobilität der Moderne in der Auflösung, aber nach wie vor ist die jeweilige »konfessionelle« Herkunft für einen großen Teil der Deutschen lebensweltlich, das heißt, in Hinsicht auf die alltäglichen Selbstverständlichkeiten, prägend und leitend (und sei es in Form der Negation dieser Herkunft): Sie gilt als »normal«.

3. Eine kleine Phänomenologie der Areligiösen

Der Respekt vor der Andersheit des Anderen fordert, Abwertungen möglichst zu vermeiden, was wegen der durchgängigen Negationen in unserem Fall (»areligiös«, »konfessionslos« usw.) zugegebenermaßen schwierig ist. Besonders ist die Unterstellung eines Werteverfalls (Gottlosigkeit gleich Sittenlosigkeit) unangemessen. Es handelt sich hierbei zwar um ein inkonsistentes Sammelsurium von Wertvorstellungen, die von der Realisierung oft weit entfernt sind, doch machen europavergleichende Studien plausibel, dass die Ostdeutschen hier in keinem Punkt signifikant aus dem Gesamtrahmen herausfallen (Zulehner und Denz 1994).

Die Geschehnisse im Gutenberg-Gymnasium in Erfurt im April 2002 können dagegen ebenso wenig ins Feld geführt werden wie die vergrabenen Babyleichen von Brieskow-Finkenheerd: Man denke nur an das Schulmassaker im tiefreligiösen amerikanischen Littleton 1999. Es ist schwer, aus dem Bündel von kulturellen Einflüssen und persönlichen Lebensschicksalen in solchen Fällen den entscheidenden roten Faden herauszulösen.

Überraschend beständig und krisenfest

Gerade nach dem Scheitern der marxistisch-leninistischen Weltanschauung sind im Osten Deutschlands ein Sinn-Vakuum und eine Ori-
entierungskrise befürchtet, von manchen missionarischen Initiativen
vielleicht sogar erhofft worden. Im großen Ganzen gesehen, ist dieser
Fall, trotz der enorm belastenden Transformationsprozesse, nicht eingetreten. Wie schon gesagt: Das ostdeutsche Milieu sucht zwar in einer
posthumen DDR-Identität nach einem Begriff seiner selbst, hat sich
jedoch sowohl im Bereich der Wertvorstellungen als auch in Fragen
der Lebensorientierung als überraschend beständig und krisenfest erwiesen – und als bleibend areligiös.
Offenbar sind Religion und Moral beziehungsweise Wertvorstellungen
schwächer korreliert, als manche wohlwollende zivilreligiöse Argu-
mentation behauptet. Die Differenz zu religiös geprägten Menschen
erscheint wohl erst deutlicher, wenn es um die moralische Kraft geht,
an der Realisierung der anerkannten Werte auch in widrigen Verhältnissen festzuhalten. Aber selbst hier ist Vorsicht angesagt angesichts
vieler Beispiele, wo Nichtchristen die besseren Christen sind.

Areligiöse Feierkultur

Bei der Stabilisierung der religiös indifferenten Lebensorientierung
hilft zunächst einmal die über Jahrzehnte mit starker Unterstützung der
DDR-Ideologen ausgebildete Feierkultur: Geburt und Geburtstage,
Weihnachts- und Osterfeiertage, Schulaufnahme (in Parallele zur Erst-
kommunion) und Jugendweihe (als Konfirmationsersatz), standesamt-
liche Hochzeit und nichtkirchliches Begräbnis sind inzwischen bewährte Rituale, die zumeist im Kreis der Familie vollzogen werden,
was professionelle Hilfe nicht ausschließt – eine Tendenz, die auch in
der volkskirchlichen Sakramentenpastoral unübersehbar ist. Warum
die areligiöse Feierkultur durch eine kirchliche ausgetauscht werden
soll, dürfte schwer einsichtig zu machen sein.
Auch die so genannten »Grenzsituationen« wie Krankheit und Sterben
bilden selten einen Anlass zu religiöser Ein- und Umkehr. Not lehrt
offensichtlich nur beten, wenn es früher wenigstens zeitweise prakti-
ziert wurde. Die Ostdeutschen sind nach zwei Diktaturen und den damit verbundenen biografischen Abbrüchen in der Regel hinreichend
trainiert, die Dinge pragmatisch-nüchtern zu nehmen, wie sie nun einmal sind und kommen.

Auch ohne Gott lässt sich gut leben

Dass es so etwas wie Christen gibt, ist Areligiösen bekannt, bleibt aber
gewöhnlich außerhalb ihres Horizonts existenzieller Auseinanderset-

zung. Denn auch ohne Gott lässt sich gut leben. Wenn überhaupt, wird eine Antwort auf umfassende Sinnfragen weder im Alltag noch in extremen Lebenslagen vom Christentum erwartet.

Eine jüngere Umfrage (Allbus 2002) stellt zwar zunächst fest, dass fast alle Deutschen sich wenigstens manchmal mit der Frage nach dem Sinn des Lebens befassen, doch lehnen die meisten eine religiöse Antwort ab, wobei sich besonders bezüglich des Lebens nach dem Tod mehr Gegner im Osten Deutschlands finden als im Westen. Fast alle Befragten reagieren dagegen zustimmend auf die Behauptung, dass man dem Leben selbst einen Sinn geben oder versuchen muss, das Beste daraus zu machen. Mehrheitlich werden auch – in den neuen Bundesländern etwas häufiger – die Meinungen akzeptiert, das Leben sei letztlich bestimmt durch die Gesetze der Natur beziehungsweise nur ein Teil ihrer Entwicklung.

Die Sinnfrage

Auffällig ist hier, dass diese Positionierungen einen Widerspruch darstellen: Zunächst wird pragmatisch geantwortet, dann eher fatalistisch. Mit anderen Worten: Es handelt sich um eine seltsam widersinnig erscheinende Antwort auf die Frage nach dem Sinn des Lebens. Offensichtlich ist unklar, was diese Frage überhaupt meint: »Leben« wird einmal als das erlebte, individuell-existenzielle gedeutet, andernfalls naturalistisch als das verstanden, was im Biologieunterricht gelehrt wurde. Diese Diskrepanz wäre eigentlich ein guter Anknüpfungspunkt für die christliche Verkündigung: Was eigentlich ist mit »Leben« (oder sogar »ewigem Leben«) gemeint?

Damit käme der abgelehnte erste Antwortkomplex ins Spiel. Ohne Religion – so könnte man mit Verweis auf Kant zu verdeutlichen suchen – macht die Sinnfrage letztlich keinen Sinn. Wenn nämlich zwischen dem Reich der Freiheit (sittliches Handeln respektive »aus dem Leben etwas machen«) und dem Reich der Natur (von Gesetzen bestimmt sein respektive »sich realistisch verhalten«) eine nicht schließbare »Fuge« klafft, ist ein letzter »unverfügbarer« Sinn, Gott genannt, als existent mindestens zu fordern. Ob diese Konsequenz nachvollziehbar ist, muss allerdings fraglich bleiben: »Das postmoderne Lebensgefühl ist aus zwei Komponenten gefügt: Erstens, der Erfahrung, dass es keinen Sinn mehr gibt für das Ganze, und zweitens, der Entschlossenheit, dass dies noch lange kein Grund zu sein braucht, Trübsal zu blasen« (Guggenberger 1987, 28).

4. Strategische Ausblicke

Missionarische Konzepte angesichts dieser – es sei wiederholt – bisher kirchengeschichtlich einmaligen Situation sind Gegenstand anderer

Artikel dieses Sammelbands. Um aber nicht mit einem resignativ klingenden Statement zu enden, sei abschließend darauf hingewiesen, dass
einige Erfahrungen aus den neuen Bundesländern immerhin zeigen,
dass die »Gottesfinsternis« den Christen in gewisser Weise auch ent-
gegenkommt, die Situation also einen eigenen Charme entfaltet:

1. Wo keine religiösen Vorstellungen sind, müssen auch keine fal-
schen Vorstellungen zerstört werden. Während in den alten Bundesländern oft eine aggressive Haltung gegen alles, was nur entfernt mit
Kirche zu tun hat, vorherrscht (Tilman Moser nannte das treffend
»Gottesvergiftung«), ist sie im Osten Deutschlands eher selten. Stattdessen finden sich dort vorwiegend eine vorsichtige Neugier und auch
eine erstaunliche Offenheit besonders bei Jugendlichen, sich mit der
fremden Welt »Glauben an Gott« informell zu konfrontieren, wenn
auch nicht von ihr vereinnahmen zu lassen.
2. Deshalb werden in einer Diaspora wie der in Ostdeutschland die
Christen rasch auf ihre »Kernkompetenz« zurückgeführt, ja zurückge-
zwungen. Sind die medieninduzierten Strittigkeiten erst einmal erledigt, wollen die Außenstehenden wissen: Wozu seid ihr als Christen
eigentlich gut? Wie geht Glauben? Christen werden hier als Menschen
angefragt, die mit Religion und mit der Frage nach Gott Erfahrung haben, die Gottesdienste feiern und beten können. Das ist der Kern, wo
Christen kompetent sein sollten: Sie sind »die Gotteserfahrenen« und
müssen hier Auskunft geben. Den anderen ist nämlich die Sprache für
diese Dinge abhanden gekommen, es fehlen ihnen die Bilder und
Gleichnisse für die Situationen, in denen auch ihnen Gott begegnet.
Aber sicher suchen auch sie: Segen, Vergebung, Hoffnung, wollen sie
die Erfahrung von Endlichkeit und trotz alledem Geborgenheit irgendwie thematisieren. Allerdings erfordert das christlicherseits die
Anstrengung, hierfür eine verständliche Sprache in Wort, Zeichen und
Tat zu finden – auch für sich selbst.
3. Kirchen in der ostdeutschen areligiösen Diaspora müssen die anderen nicht »zurückholen«. Dies Problem, das oft Volkskirchen haben
oder Eltern gegenüber ihren Kindern oder Pfarrer gegenüber ehemaligen Gemeindmitgliedern, reduziert sich aufgrund der generationen-
langen Kirchenabstinenz. Christen können neugierig auf die andere
Seite zugehen – wie in ein unbekanntes Land – und gespannt sein, ob
und wie sich die Dinge dann entwickeln. Das führt zu einer großen Gelassenheit – aber einer engagierten: Sind doch »Unberührte« nicht
»Unberührbare«.

Zitierte Literatur:

Allbus 2002, Zentralarchiv für empirische Sozialforschung an der Universität Köln / Zentrum für Umfragen, Methoden und Analysen (ZUMA) (Hg.), Allgemeine Bevölkerungsumfrage der Sozialwissenschaften, Internetquelle: www.univie.ac.at/ soziologie-statistik/multi/allbus2002_codebook.PDF (Stand: 9.1.2007).

Lieven Boeve 2005, La théologie comme conscience critique en europe. Le défi de l'apophatisme culturel: Bulletin ET. Zeitschrift für Theologie in Europa, Bd. 16, 37–60.

Paul Froese / Steven Pfaff 2005, Explaining a religious anomaly. A historical analysis of secularization in Eastern Germany: Journal for the scientific study of religion, Bd. 44, 397–422.

Bernd Guggenberger 1987, Sein oder Design. Zur Dialektik der Abklärung, Berlin.

Lucian Hölscher (Hg.) 2001, Datenatlas zur religiösen Geographie im protestantischen Deutschland. Von der Mitte des 19. Jahrhunderts bis zum Zweiten Weltkrieg, Berlin u.a.

Thomas Luckmann 1991, Die unsichtbare Religion (mit einem Vorwort von Hubert Knoblauch), Frankfurt a.M.

Ehrhart Neubert 1996, »gründlich ausgetrieben«. Eine Studie zum Profil und zur psychosozialen, kulturellen und religiösen Situation von Konfessionslosigkeit in Ostdeutschland und den Voraussetzungen kirchlicher Arbeit (Mission) (Begegnungen; 13), Berlin.

Adrian Portmann 1998, Kochen als religiöse Praxis. Über Religion in der Moderne und die Schwierigkeit, sie zu erkennen, in: Religiosität in der Postmoderne (hg. von *Uwe Gerber*) (Darmstädter Theologische Beiträge zu Gegenwartsfragen; 3), 81–99, Frankfurt a.M.

Religion plural 2007, (Projekt der Ruhr-Universität Bochum zur Erfassung der Pluralität religiöser Gemeinschaften in Nordrhein-Westfalen), Internetquelle: http://www.ruhr-uni-bochum.de/relwiss/rp/religionen1.html (Stand: 9.1.2007).

Fritz Stolz 1997, Einführung, in: Homo naturaliter religiosus. Gehört Religion notwendig zum Mensch-Sein? (hg. von *dems.*) (Studia religiosa Helvetica. Jahrbuch; 3), 7–12, Bern u.a.

Eberhard Tiefensee 2006a, Areligiosität denken, in: Christi Spuren im Umbruch der Zeiten (Festschrift für Bischof Dr. Joachim Wanke zum 65. Geburtstag) (hg. von *Josef Freitag* und *Claus-Peter März*) (Erfurter Theologische Studien; 88), 39–60, Leipzig.

— 2006b, Ökumene der »dritten Art«. Christliche Botschaft in areligiöser Umgebung, in: *Eberhard Tiefensee / Klaus König / Engelbert Groß*: Pastoral und Religionspädagogik in Säkularisierung und Globalisierung (Forum Religionspädagogik interkulturell; 11), 17–38, Münster.

Monika Wohlrab-Sahr 2001, Religionslosigkeit als Thema der Religionssoziologie: Pastoraltheologie Bd. 90, 152–167.

Paul M. Zulehner / H. Denz 1994, Wie Europa lebt und glaubt: europäische Wertestudie, Düsseldorf, 2. Aufl.

Praktisch-theologische Fragestellungen

LUDWIG BURGDÖRFER

Auf Wellenlänge

Kirche im Radio als missionarische Gelegenheit

Morgengruß[1]

Im Bad, im Flur,
am Küchentisch,
im Aufbrechen,
beim Weggehen,
zum Abschied jetzt –
überall gibt es grad gute Wünsche
für den Tag.
Noch ein Kuss zum Schluss,
noch ein Satz mein Schatz,
noch ein Wort – und dann fort.

Nie werden so viele kurze und klare Sätze gesprochen wie am Morgen, wenn wir uns voneinander verabschieden. Ganz unterschiedlich und dann doch wieder im Grunde so ähnlich. Sie kennen alle solche letzten Grußbotschaften wie:

»Machs gut!
Hab Mut!
Pass auf dich auf!
Sei vorsichtig!
Nimm einen Schirm mit, damit's nicht regnet!
Grüß freundlich, wenn dir einer begegnet!
Fall nicht hin, schau dich um!
Schönen Tag, gute Zeit!
Wir sehn uns …
Bis heute Abend …«
So, oder so ähnlich klingen sie – die guten Wünsche für den Tag.
Das Startpaket der guten Worte, wie eine Sammelbestellung, eine Wunschliste.
Das kleine Reisegepäck für die Tagestour, ein Weggeleit, das reicht für heut.
Pausenbrot für die Seele.

---

[1] Gesendet in SWR 1, Rheinland Pfalz, 7. Mai 2002, 6.55 Uhr.

Wir geben einander etwas mit für unterwegs.
Mitreisendes sozusagen.
Etwas Liebes für den kleinen Hunger zwischendurch.

Ein Butterbrot für Herz und Gemüt.
Und manches klingt nach,
und manches geht mit,
und vieles hält an
und tut gut
und macht Mut.
»Komm nicht zu spät!
Ich wart auf dich.
Komm bald wieder!
Na denn bis heute Abend!
Sei behütet!
Und jetzt geh mit Gott,
aber geh!«
Gehhilfen für einen glücklichen Tag.

Und allen, denen heute morgen niemand winkt, keiner was wünscht,
oder hinterher wünscht, all denen rufe ich entgegen, den ältesten Gruß
der Christen, womit wir uns nur das Allerbeste wünschen können.
wenn wir sagen:
»Der Friede des Herrn sei mit dir!
und mit dir!«
Und jetzt:
»Auf die Plätze ...«

Ludwig Burgdörfer, Landau Evangelische Kirche

1. Mit Abstand am nächsten

Zwischen Zahnbürste und Duschvorhang, beim Frühstücksbrot und
neben der Teekanne, vor dem Spiegel, hinter der Zeitung oder schon
am Steuer unterwegs, zwischen »Hallo!« und »Tschüss!«, »Guten
Morgen!« und »Machs gut!«, ganz früh am Morgen werden wir gehörig nah hereingelassen in die Häuser der Menschen, die wir so oft und
so einseitig die Distanzierten nennen. Was für ein Vorrecht, welch ein
prima Privileg! Zu einem Zeitpunkt, in dem der Hörfunk konkurrenz-
los erste Wahl ist, wo in der Liturgie des Morgens in fast jedem Haus,
in fast jedem Auto das Radio läuft, so selbstverständlich wie der Mo-
tor, die Dusche und der Kaffeeautomat, ausgerechnet da dürfen, sollen
wir präsent sein.
Für viele sind diese Sendungen so etwas wie »ein Frühstück für die
Seele«. »Überrascht und erfreut waren wir ... zu erfahren, welch hohen

Stellenwert die paar Minuten am Morgen für viele Menschen am Radio haben. Mancherorts durchbrechen sie sogar das komplette Morgenritual in der Familie: Die Dusche steht still, der Rasierapparat, der Fön bleibt aus. Und mancher bleibt vor dem Büro im Auto sitzen, um die Sendung zu Ende zu hören« (*Annette Bassler / Günther Kremp*, Frühstück für die Seele, 7).

Traumhaft hohe Einschaltquoten, erstaunlich hohe Aufmerksamkeit bieten die tägliche Chance, überraschend, verblüffend, menschenfreundlich von Gott zu reden. Solange wir da noch gefragt und gewollt und gefordert sind, solange besteht die Chance, auf Wellenlänge mit den Menschen völlig außerhalb unseres sonstigen Kommunikationsnetzes in Verbindung zu treten.

Wenn das keine klassische geradezu signifikant herausragende missionarische Chance ist, dann wüsste ich nicht, wo und wie eine solche zu definieren wäre. Bis an die berühmten Hecken und Zäune sind wir auf Sendung. Und es kommt in der Tat ganz viel an, in dieser meist extrem kurzen Sendezeit. Die »Zwei-Minuten-Terrine für die Seele« wird durchaus für genießbar gehalten. Die Resonanz ist enorm, die Nachfragen hoch. Die daraus entstehenden Nachfragen und Dialoge sind spannend und bringen viele Kontakte von Dauer.

Wir haben noch den Fuß in der Tür zur Welt, werden hereingelassen in die gute Stube, dürfen am Frühstückstisch Platz nehmen und dabei sein, wenn der Tag beginnt. Und weil jeder Morgen eine Krise ist – ob eine positiv motivierte oder eine mit Ängsten besetzte, das ist gleich –, ist es in jedem Fall ein »*kairos*«, ein richtiger Zeitpunkt, sozusagen *just in time* vom Wesentlichen zu sprechen, wenn es gilt, in die freie Wildbahn des ganz normalen Alltags aufzubrechen.

Von allen unseren kirchlichen Handlungsfeldern sind wir hier – neben unserer Kasualpraxis und der damit verbundenen seelsorglichen Herausforderung – mit Abstand am nächsten an den ganz »normalen« volkskirchlichen oder unkirchlichen Leuten dran.

Und deshalb gilt auch da wieder die biblische Mahnung und Zumutung: »Wem viel anvertraut ist, von dem wird auch viel gefordert!« (Lk 12,48).

2. Das Besondere muss ins Alltägliche

Im Rundfunk gibt es schon lange, vielleicht tendenziell schon immer, eine an Zielgruppen orientierte Arbeit. Die unterschiedlichen Formate sind, was Themen, Musikstil, Moderation und Klangbett betrifft, altersspezifisch ausgerichtet. Vom Jugendlichen bis zum alten Menschen kann aus einem großen Menü ausgewählt werden. »auf Wellenlänge« trifft sich eine Gemeinschaft von Weggefährten, deren Heimatgefühl oder Aufbruchstimmung oder flower power feeling eine unausgesprochene Solidarität anstiftet, auf der Kommunikation mit zu erwartendem hohen Einverständnis gelingt.

Unabhängig von dieser differenzierten Ausstrahlung ziehen sich aber
durch alle Programme gleiche oder ähnliche Themenstränge, die so
etwas wie Allgemeingut mit Litfasssäulencharakter haben. Das sind,
neben der unterschiedlichen Musikrichtung und dem völlig verschiedenen timing in Moderation und Frequenz, zentrale Fragen des Lebens. Neben Information aus Kultur und Politik auf unterschiedlichem
Niveau vor allem Beiträge aus den Bereichen: Wetter, Gesundheit, Lebensstil, Katastrophen, sex and crime, Klatsch und Tratsch und natürlich Geld. Im weitesten Sinn hat alles die Tendenz zu Lebenshilfe und
Begleitung. Und ich weiß von vielen allein lebenden Menschen, denen
das Radioprogramm als einziges Gegenüber dient. So hat man erkannt,
dass es nicht auf die große Anzahl von Moderatorinnen und Moderatoren ankommt, sondern auf wenige, identifizierbare Stimmen, die sym-
pathisch, vertraut, witzig, natürlich, kompetent rüberkommen, und
zwar immer wieder, und wenn's geht, immer zur gleichen Zeit. Sie
werden dann zum Nachbarn und zum vertrauen Geländer für die ansonsten unkalkulierbaren Mutproben des Tages und der Nacht.
So entsteht das paradoxe Phänomen einer vertrauten Fremdheit, einer
intimen Anonymität, in der es sich ganz gut aushalten lässt. Denn sie
ist in Regularien verortet, die völlig ohne Grenzüberschreitung und
Übergriffe trotzdem Nähe anstreben, eine Beziehung aufbauen, ein
verhältnismäßig treues Miteinander arrangieren.
Und in dies »gemachte Bett« dürfen wir als Kirche immer wieder für
ein paar Augenblicke einsteigen und dafür sorgen, dass das Besondere
in das Alltägliche kommt.
Bei einer Fortbildungsveranstaltung sagte uns ein Verantwortungsträ-
ger vom SWR in Mainz beschämend klar, dass wir nicht deshalb gewollt und beauftragt sind, um die bereits vorhandenen Themen und
Bereiche nun auch noch zu variieren beziehungsweise zu strapazieren.
Vielmehr wird von uns erwartet, dass wir mit unserem ureigenen
»Produkt« aufwarten. Wir sollen nicht auch noch das Unterhaltungs-
programm erweitern mit ähnlichen Geschichten und Geschichtchen,
wie sie die Moderatoren im Übrigen viel besser transportieren können,
sondern wenn wir schon reden, dann doch bitte von der Bibel, vom
Glauben, von Gott und davon, was dies mit dem Rest der Normalität
im ganz alltäglichen Leben zu tun hat.
Wir waren damals gerade im Jahr der Bibel und haben uns tatsächlich
untereinander darauf verständigt, ein Jahr lang nur noch, besser gesagt,
nichts weniger als biblische Geschichten zu erzählen. Und siehe da, die
Resonanz war überwältigend positiv. Viel zu kleinlaut und vorsichtig
stehen wir manchmal da und verstecken unsere Gute Nachricht mit
dem vermeintlich schlagenden Argument, niemanden erschlagen zu
wollen. Dabei ist ein gesundes Maß an dem, was *Peter Hahne* »Pro-
duktstolz« nennt, durchaus angemessen und notwendig.
Die Herausforderung, der wir uns zu stellen haben, ist die, möglichst
weltlich von Gott zu reden, aber auch von ihm zu reden und nicht nur

weltlich zu sein. Dabei dürfen wir weder betörende Harmlosigkeit noch elitäre Besserwisserei ausstrahlen. Was wir brauchen, ist eine menschennahe und menschenfreundliche Sprache, die ein Credo-tainment ermöglicht, ohne dabei an Tiefe und theologischer Redlichkeit einzubüßen. Dies know how gewinnen wir am Besten, wenn wir in die Predigtwerkstatt Jesu selber schauen. Er ist sozusagen rundfunkhomiletisch der Beste, obwohl seine Sendung ganz anders inszeniert war.

3. Weltlich von Gott reden

Gott wird Mensch, kommt ziemlich herunter, wird weltlich beheimatet, bekommt Bodenkontakt von der Krippe bis zu Kreuz und Grab. Wie sollten wir da nicht weltlich von ihm reden. Denn wir haben gar keine anderen Vokabeln als die, die wir haben – und die sind ziemlich von der Welt. Die Bibel ist darum als Ganzes auch so ein menschliches, weltliches Himmelsbuch, weil sie in Bildern und Tönen und Zeichen kommt, die uns zu hilfreichen Metaphern werden, zu geerdeten Himmelsleitern, um in unserer menschlichen Begrenztheit den grenzenlosen Gott in der Welt zu erahnen und aufzuspüren.

Die Grundaporie der von *Karl Barth* so genannten »unmöglichen Möglichkeit«, nämlich als Mensch angemessen von Gott zu reden, wird erträglicher unter Inanspruchnahme dieser geschenkten und einzigen Möglichkeit der nicht verabsolutierenden, sondern aufschlussreichen Sprachwelt. Anders kann Gott unter uns gar nicht zur Sprache kommen, denn »die Metapher ist Ausdruck menschlicher Sprache und hat die menschliche Welt und ihre Vorstellungen zur Voraussetzung. Zugleich jedoch markiert die Metapher immer einen Überschuss gegenüber der Wirklichkeit, weil sie die Wirklichkeit in ein neues Licht rückt. Damit kann die Metapher Unterschiedenheit und Bezogenheit in einem ausdrücken. Sie wird dadurch zur theologischen Sprachform par exellence« (*Albrecht Grözinger*, Die Sprache des Menschen, 122).

Bei keinem finde ich diese metaphorische Kommunikation des Evangeliums so ausgesprochen ansprechend umgesetzt wie in der Gleichnisrede Jesu. Sie kann uns die elementaren Grundschritte aufzeigen, nach denen wir auch heute noch auf der Kanzel oder am Mikrofon vorgehen können und sollen. Sie ist gleichzeitig eine überzeugende Konzeption für missionarische Zuneigung und evangelistische Werbewirksamkeit. Kurzum: Wie Jesus redet, so kann es gehen, wenn es geht. Und es geht dann, wenn es die Tendenz zum Dialog bekommt, wenn aus der Geschichte ein Geschehen wird und aus der Erzählung ein Ereignis. Also nicht, was die Rede ist, sondern was die Rede macht, ist das Geheimnis. *Eta Linnemann* hat in der Gleichnisforschung den Begriff der »Verschränkung« geprägt. Das Gleichnis wird zum Sprachgeschehen und ist eine »Weise der Unterredung« mit einem einzigen Motiv. »Ein

Gleichnis ist eine eindringliche Bemühung des Redenden um den Hörenden« (*Eta Linnemann*, Gleichnisse Jesu, 27).

Ob vom »Sprachgeschehnis« (*Ottmar Fuchs*), von »Existenzpointe« (*Eberhard Jüngel*), von »genuinen Kunstwerken mit Fenster und Spiegelcharakter« (*Dan Otto Via*), von »metaphorischer Wahrheit« (*Paul Ricœur*) oder von »kommunikativen Sprechhandlungen« (*Peter Biehl*) die Rede ist, immer und immer mehr wird erkannt und genannt, was passiert, wenn Jesus anredet und zuspricht: Es ist nie gefällige innerdialogische Selbstinszenierung, sondern immer ganz und gar zugewandte, offene, werbende, kundenorientierte Sendung von Botschaften, die als Boten etwas schaffen, also arbeiten, verändern, Wirkung zeigen. Und das geschieht nach der V-Methode (V wie Victory?) in mindestens sechs Schritten:

– VERORTEN
Die von Jesus mit Gleichnissen angesprochenen Menschen sind von Anfang an als Experten des Lebens wertgeschätzt. Denn sie müssen sich nicht erst mühsam in die fremde Welt des Redners aufschwingen. Es ist umgekehrt. Jesus integriert seine Zuhörerschaft, indem er Bilder und Motive ihres alltäglichen, selbstverständlichen Lebens als Folie benutzt. Es ist sofort eine gewisse Vertrautheit da, weil sich die Menschen an bereits Bekanntes und Erfahrenes erinnert fühlen und so dem Sender nicht unterlegen, defizitär gegenüber stehen, sondern als hoch qualifizierte Insider ernst genommen werden.

Das ist der Schlüssel. »Der Stoff der Bildworte, Gleichnisse, Parabeln umspannt einen weiten Kreis: Das Haus und seine Bewohner, zumal Vater und Sohn, seine alltäglichen Vorgänge, wie das Salzen der Speise und das Kneten des Teiges, das Flicken des Kleides und das Füllen des Weines; das Lichtanzünden am Abend; Saat und Ernte, Viehzucht und Fischfang, Arbeit und Fest. So treten auf: Reiche und Arme, Gläubiger und Schuldner, Herrn und Sklaven, Könige und Kaufmann …« (*Rudof Bultmann*: Geschichte der synoptischen Tradition, 317).

Wer sich im Szenario einer Geschichte auskennt, braucht sich als Zuhörer nicht zur Aufmerksamkeit zu zwingen. Er ist stattdessen mittendrin, denkt und fühlt mit und beteiligt sich emotional. Rezeption wird zur Partizipation, zur Teilhaberschaft. Und dann kann daraus noch mehr werden. Es wäre ja zu wenig, wenn nicht doch das Alltägliche mit dem Besonderen konfrontiert werden würde. Wenn Jesus darum von einem verlorenen Schaf spricht, vom Vorgang des Säens, vom Weg nach Jericho, vom Senfkorn oder vom Sauerteig, vom Festmahl oder von der Hochzeit, dann ahnt oder realisiert seine Hörerschaft durchaus bald, dass es um mehr geht, dass es da eine »Huckepackbotschaft« gibt, eine Überschussbedeutung, einen deutlichen Mehrwert. Und das führt zur Verwicklung.

– VERWICKELN

Aus Hören soll Teilhaben werden. Die Freude über den großen Fund, die unglaubliche Vergebung, die verständliche Empörung über den scheinbar ungerechten Arbeitgeber im Weinberg oder über die Absage der Eingeladenen wird nicht nur mitgeteilt, sondern sie teilt sich auch mit und wird mitteilig, anteilig zur Schnittmenge der Befindlichkeit. Im Vollzug des emphatischen Erzählens und Zuhörens empfinden alle das atmosphärische Gefälle des Gleichnisses (unterschiedlich) mit. Je dramatischer und verhängnisvoller das Geschehen, umso betroffener und verwickelter werden alle. Und schon fangen die Einzelnen an, ihre eigenen Geschichten daneben und dazu und dabei zu denken und zu fühlen. Die Partitur der von Jesus angestimmten Melodie motiviert zu einem vielstimmigen zustimmenden einstimmenden Verhalten. Und das stiftet Verwirrung.

– VERWIRREN

Im Vollzug des von Jesus entwickelten Wortereignisses wird immer mehr das Ungewöhnliche im Gewöhnlichen deutlich. Es ist eher unwahrscheinlich, was da auf dem Boden der Tatsachen entfaltet wird. Das kann einem schon zur Anfechtung werden. Der Rahmen des Vertrauten wird gesprengt, um einen Sprung aus sich heraus vorzubereiten, denn es soll eben nicht alles beim Alten bleiben. In diesem Raum der Verwirrung erst beginnt die Inkubationszeit der gewagten Alternative. Jetzt passiert das, was *Wolfgang Harnisch* »das erzählerische Raffinement der Gleichnisrede« nennt (*Wolfgang Harnisch*: Gleichniserzählungen, 36). *Paul Ricœur* nennt es gar »Extravaganz«, die zur »Umkehr der Einbildungskraft« nötigt, wenn so in die Sphäre der Kuriosität abgehoben wird und es zum Beispiel einfach schwer fällt, einen Arbeitgeber zu akzeptieren, der selbst denjenigen denselben Lohn gibt, die nur eine Stunde gearbeitet haben (*Paul Ricœur*, a.a.O., 70). Welcher Arbeitgeber, welcher Gastgeber, welcher Vater, welcher Hirte benimmt sich realiter so, wie von Jesus beschrieben. Keiner! Bisher keiner! Da wird das Bekannte auf einmal merkwürdig fremd, und genau dadurch entsteht der Anreiz zum Umdenken und Neudenken, zum Neuhandeln. Dazu ist die faszinierende Kraft des Heiligen Geistes nötig, sonst steigen hier die Zuhörenden aus und nicht ein und schon gar nicht auf neue Wege um. Und darum geht es nicht ohne Vertiefung.

– VERTIEFEN

Nur wer sich verwirren lässt, wer bereit ist, vom Trampelpfad des Schon-Immer-So-Gewesenen wegzugehen, lernt Neuland kennen. Jesus will die Leute durch seine metaphorische Zumutung zu Eroberern neuer Welten machen, die zuvor noch kein Mensch gesehen hat.
Mit Tiefgang ohne Schongang geht es jetzt an die eigene Wäsche. Jetzt geht es darum, dass die im Gleichnis angesprochene Wahrheit mir persönlich etwas zu sagen hat. Die handelnden Personen stehen Modell

und tragen Züge meiner Befindlichkeit. Ich spiele eine Rolle. Ich iden-
tifiziere mich, so oder so.

»Es geht dem Hörer in der Begegnung mit den Gestalten eines Gleichnisses ganz ähnlich, wie wenn er im privaten Leben einer bis dahin
unbekannten Person vorgestellt wird und unbewusst, noch bevor er
reflexiv begründen könnte, wieso und warum, auf den Gesamteindruck
der Gestalt des andern mit seiner eigenen Person antwortet. Diese un-
bewusste Kommunikation, die der Hörer eines Gleichnisses zu den
handelnden Personen der Erzählung unterhält, bietet den Hintergrund,
auf dem der bewusst beabsichtige Sinngehalt, der Zweck der Gleichnisrede, ihm als verbindlich angetragen werden kann. Gerade die nicht
ausgesprochenen, unbewusst anklingenden Gefühle und Motive der
Akteure zu verstehen, bietet oft den wichtigsten Anhaltspunkt zum
Verständnis ihrer Aussage« (*Eugen Drewermann*, Tiefenpsychologie
und Exegese, 715).

– VERMAHNEN
Es geht nicht um einen Rückfall in den Glauben an eine Werkgerech-
tigkeit. Es geht eher um das Recht, das unantastbare Menschenrecht,
sich ändern zu dürfen. Deshalb folgt in der Dramaturgie des Dreh-
buchs von einem Gleichnisereignis immer auch eine ernste, mitunter
todernste Anspruchsbewegung. Haben Gleichnisse erst einmal in ihrer
metaphorischen Dynamik zu einer verorteten, verwickelten Vertiefung
geführt, dann hat Gottes Wille einen neuen Zugang zu mir gefunden
und kann in meinem Bewusstsein neue Wurzeln schlagen. Und das hat
eine unbedingt mich angehende ethische Relevanz (vgl. *Eugen Biser*,
Theologische Sprachtheorie und Hermeneutik, 400). Es geht dann um
die Frage, inwieweit ich meine bisherigen Denk- und Handlungsmus-
ter überprüfen und korrigieren muss und darf, egal ob in meiner Rolle
als Vater oder als Sohn oder als Sämann, als Gast oder als Suchender,
als Findender oder Gefundener.

– VERHEISSEN
Jedes Gleichnis ist seiner Zeit voraus. Es sagt das »Schon« im aktuellen
»Noch nicht« an. Und doch ist es seiner Zeit gemäß, denn es postuliert
nicht nur, sondern es installiert zugleich. Was Jesus sagt, das gilt schon
jetzt »Wer an mich glaubt, der *hat* das ewige Leben!« (Joh 11,25).
Natürlich ist im Bewusstsein der Hörerschaft das Reich Gottes noch
nicht da, aber Jesus rückt das Jenseitige, das Unwahrscheinliche, das
Außerordentliche in die Nähe der Welt, hic et nunc. Und deshalb spricht
das Gleichnis den Menschen eben nicht nur als den an, der er jetzt ist,
sondern auch und vor allem als den, der er nach Gottes Willen noch
werden kann und darf, nämlich ein zu Recht geliebter, umkehrender und
nach dem Maß der Liebe Handelnder. Das Gleichnis wird in dem Moment zum geglückten Sprach- und Hörereignis, in dem es als existenz-
berührende Einladung Gottes wahrgenommen und geortet wird, trotz

Irritation sich vertieft und im Sinn von Zuspruch und Anspruch am Ende angeeignet wird. So steht am Ende jedes Gleichnisses immer eine neue Perspektive, die es offen lässt, was jetzt mit mir passiert. Verheißungsvolle Neuanfänge sind jedenfalls nicht ausgeschlossen.

4. powered by religion

Mit der Rundfunkarbeit können wir uns – an die Gleichnisrede Jesu angelehnt – genauso auf die Hörerschaft zu bewegen: mit Bildern und Symbolen aus ihrer Alltagswelt eine Brücke bauen, mit Vertrautem überraschen, Fremdes eintragen, irritieren, provozieren, aktivieren, faszinieren, mindestens aber interessieren. Dass am Ende eine Lebenshilfe aus der Kraft des Glaubens angeboten wird, darauf kommt es missionarisch ausgerichtet an.

Powerd by religion – als eine gute Marke, eine Alternative unter den Sinnangeboten. Wir, die augenblicklich aktiven Autorinnen und Autoren beim SWR, haben deshalb im Rahmen unserer kollegialen Beratungen Leitlinien erarbeitet. Sie stellen eine Art Selbstverpflichtung und Erinnerung an die eigenen Vorsätze dar und sind – bis auf Widerruf oder Überarbeitung – nur für den internen Gebrauch gedacht, stellen also keineswegs eine Art Controlling dar. Trotzdem sind sie uns wichtig und für unsere Arbeit richtungweisend:

»Wir gestalten Radio- (und Fernsehsendungen), mit denen wir Impulse für gelingendes Leben geben. Deshalb geben wir die Erfahrungen des Glaubens weiter. Unsere Themen kommen aus allen Bereichen des öffentlichen und persönlichen Lebens.

1. In unseren Beiträgen berücksichtigen wir Anmutung, Image, Sprache und Themen des jeweiligen Programms.

2. Wir nehmen Erfahrungen der jeweiligen Zielgruppe, deren Interessen und Fragen auf und stellen sie in Beziehung zum Evangelium.

3. In der Ausarbeitung unserer Beiträge nehmen wir Rat und Hilfe der kirchlichen Beauftragten und die Fortbildungen der kirchlichen Rundfunkarbeit in Anspruch.

4. In individueller, persönlicher Sprache reden wir von unserem Glauben und bieten unsere Erfahrung als Impuls für den Hörer an.

5. Im Respekt gegenüber anderen Konfessionen und Religionen bringen wir unsere Tradition und ihr evangelisches Profil selbstbewusst zur Sprache.

6. Wir beziehen uns auf unsere christlichen Traditionen zur ORIENTIERUNG für die Entwicklungen in Welt, Gesellschaft und persönlichem Leben.

7. Wir wecken Vertrauen auf Gott, der in den widersprüchlichen Erfahrungen des Lebens Halt geben kann.

8. Wir erinnern daran, dass Gott Gerechtigkeit für alle Menschen will, und halten die Hoffnung wach, dass die Zukunft der Welt und des Menschen in Gottes Hand liegt.

9. Wir helfen Menschen dazu, für ihre Lebenserfahrung und ihren Glauben Worte zu finden, indem wir biblische Traditionen und Elemente christlicher Spiritualität bekannt und verständlich machen.
10. Wir ermutigen Menschen, als Christen im Alltag erkennbar zu sein und ihrem Glauben auf vielfältige Weise Ausdruck zu geben.
11. Wir beschreiben Kirche als einen Ort, in dem Menschen willkommen sind, Gemeinschaft und Heimat finden können.«

5. Morgengruß[2]

»Da müsste schon ein Wunder geschehen!« sagt einer von den schweren Jungs, die ich in der Klinik besuche. Da sind sie, um von der Sucht loszukommen, ohne die Sehnsucht zu verlieren. Und immer, wenn wir zusammen kommen, um Gottesdienst zu feiern, kniend im Kreis, immer wenn wir so zusammen sind, sagt mindestens einer diesen Satz:
Da müsste schon ein Wunder geschehen! Und gemeint ist nicht nur: ein Wunder, wenn ich das hier schaffe, oder ein Wunder, wenn ich danach nicht wieder rückfällig werde. Das auch, aber viel mehr geht es um die Frage nach der Vergebung und ums Verzeihen.
»Ich habe meine Eltern so oft enttäuscht, zu oft, da geht nichts mehr. Ich glaube nicht, dass die mich noch einmal wollen. Und ich kann sie auch verstehen.
Da müsste schon ein Wunder geschehen« Und bei der Frage steht uns dann immer fast der Atem still. Und beim letzen Mal setzte einer noch eine Schippe drauf und fragte: »Wie ist das eigentlich mit Gott. Wie oft darf man eigentlich bei dem noch mal anfangen?«
Da habe ich ihnen die Geschichte von dem Ausreißer erzählt. Der wollte es auch wissen. Der ging hinaus in die Freiheit, und ließ sich sein ganzes Erbteil geben, um die große Sause zu machen.
Und die hat er dann auch gemacht, so erzählt Jesus jedenfalls in seinem Gleichnis vom verlorenen Sohn, und am Ende ist er dann auch am Ende, und hat alles verspielt und verloren:
Geld, Freunde, Selbstvertrauen, Würde, und er fühlt sich wie eins von den armen Schweinen, das er hüten muss, um nicht zu krepieren.
Da kommt ihm in seinem wund geriebenen Herzen die Erinnerung auf an das Elternhaus, und er macht sich auf, voll sehnsüchtiger Angst und voller Heimweh. Und unterwegs wackeln ihm die Knie, und er beschließt, nur um eine Stelle als Tagelöhner nachzufragen, mehr will er gar nicht. Auf den letzten Metern aber vor dem Haus kommt ihm der Vater entgegen, mit ausgestreckten Händen und mit einem Herzen voller Liebe. Er nimmt ihn in den Arm und feiert sein Leben und dass er noch einmal auf die Welt gekommen ist.

---

2 Gesendet SWR 1, Rheinland Pfalz, Dienstag, 22.8.2006, 6.55 Uhr.

So ist Gott, sagt Jesus, so kommt er, wenn wir kommen. Und weil das ein Wunder ist und dazu noch wahr, können wir auch hoffen, dass kein Elternhaus für immer verschlossen ist. Da wird noch so manches Wunder geschehen. Und nichts weniger Leichtes ist es, was die schweren Jungs brauchen. Nur noch Wunderbares!

Literatur

Barth, K., Das Wort Gottes und die Theologie, Gesammelte Vorträge, 1929
Bassler A. / Gremp G., Frühstück für die Seele, Ostfildern 2006
Bastian, H.D., Kommunikation – wie christlicher Glaube funktioniert, Stuttgart/Berlin 1992
Biehl, P., Symbole geben zu lernen, Neukirchen-Vluyn 1989
Biser, E., Die Gleichnisse Jesu. Versuch einer Deutung, München 1965
Bohren, R., Unsere Kasualpraxis – eine missionarische Gelegenheit?, München 1961
Bukowski P., Predigt wahrnehmen, Neukirchen-Vluyn 1992
Bultmann, R., Die Geschichte der synoptischen Tradition, Göttingen 1921
Burgdörfer, L., Die Weltsprache Gottes, Waltrop 1995
Drewermann, E., Tiefenpsychologie und Exegese, Bd.1, Olten 1991
Dutzmann, M., Gleichniserzählungen Jesu als Texte evangelischer Predigt, Göttingen 1990
Eichholz, G., Gleichnisse der Evangelien, Neukirchen-Vluyn 1971
Fuchs, O., Die lebendige Predigt, München 1978
Grözinger, A., Die Sprache des Menschen, München 1991
Haberer J., Gottes Korrespondenten, Stuttgart 2004
Harnisch, W., Die Gleichniserzählungen Jesu, Göttingen 1990
Herbst M. / Schneider M., … wir predigen nicht uns selbst, Neukirchen-Vluyn 2002
Jeremias, J., Die Gleichnisse Jesu, Göttingen 1962
Jetter, W., Symbol und Ritual, Göttingen 1978
Jülicher, E., Die Gleichnisreden Jesu, Tübingen 1899
Jung, C.G., Der Mensch und seine Symbole, Olten 1968
Jüngel, E., Gott als Geheimnis der Welt, Tübingen 1977
Lange, E., Chancen des Alltags, München 1984
Linnemann, E., Gleichnisse Jesu, Göttingen 1975
Nicol, M., Im Wechselschritt zur Kanzel, Göttingen, 2004
– Einander ins Bild setzen, Dramaturgische Homiletik, Göttingen 2005
Pohl-Patalong, U., Predigen im Plural, Hamburg 2001
Ragaz L., Die Gleichnisse Jesu, Hamburg 1971
Ricœur, P. / Jüngel, E., Metapher, zur Hermeneutik religiöser Sprache, München 1974
– Die lebendige Metapher, München 1991
Ries, J., Krisis und Erneuerung der Predigt, Frankfurt a.M. 1991
Stollberg, D., Wenn Gott menschlich wäre, Stuttgart 1987
Stuhlmacher, P., Vom Verstehen des Neuen Testamentes, Göttingen 1979
Thielicke, H., Das Bilderbuch Gottes, Stuttgart 1989
Tillich, P., Die Frage nach dem Unbedingten, Stuttgart 1964
Via, D., Die Gleichnisse Jesu, München 1970
Watzlawik, P., Menschliche Kommunikation, Stuttgart 1971
Weder, H., Die Gleichnisse Jesu als Metapher, 1990

THIES GUNDLACH

Perspektiven einer zentralen Zukunftsaufgabe

Über die Zukunft der Mission und über missionarische Perspektiven in unserem Land nachzudenken, ist vielleicht gerade dort angebracht, wo es uns als evangelischer Kirche im Moment am schwersten fällt, Fuß zu fassen. »Du stellst meine Füße auf weiten Raum«, heißt es im Psalm 31, aber manchmal scheint dieser Raum auch viel zu weit auszufallen. Mission, also Glauben weckende Anrede des ungeübten, des konfessionslosen, ja des religionslosen Menschen in Deutschland ist eine, wenn nicht die zentrale Herausforderung der Gegenwart – um der Zukunft willen.

Wachsen gegen den Trend ist die Formel der letzten Jahre, die diesen Missionswunsch griffig formuliert. Im Hintergrund steht eine seit Mitte der 90er Jahre entstandene neue innerkirchliche Verständigungsbemühung um einen Missionsbegriff, der weder im Schatten der sehr belasteten Missionsgeschichte des 19. Jahrhunderts verbleiben noch im täuschenden Licht der »missio-dei-Theologie« eingerückt und damit unspezifisch werden sollte, sondern der konsequent die Einladung zum Glauben in die Mitte der Anstrengungen zu rücken versucht. Die so genannte »Leipziger Missionssynode 1999« – ein Meilenstein der Geschichte der EKD-Synode und nicht unerheblich von Hartmut Bärend mitgestaltet – sammelte und sichtete am Ende des Jahrhunderts die Einsichten und Aufgaben zum Thema Mission.

Seither ist viel geschehen, das Greifswalder Institut für Evangelisation und Gemeindeentwicklung an der Ernst-Moritz-Arndt Universität Greifswald ist der erste intensivere Versuch, die Fragen um eine Glauben weckende Ansprache in einem weithin entkonfessionalisierten Umfeld wissenschaftlich und praxisorientiert anzugehen. Das Sozialwissenschaftliche Institut in Hannover ist ein anderer Baustein, Bedingungen und Möglichkeiten einer Missionspraxis des 21. Jahrhunderts soziologisch zu verorten. Und nicht zuletzt das Impulspapier des Rates der EKD »Kirche der Freiheit. Perspektiven für die evangelische Kirche im 21. Jahrhundert« hat die missionarischen Aufgaben als einen zentralen und die ganze kirchenreformerische Anstrengung leitenden Grundgedanken etabliert. Kurzum: Die evangelische Kirche hat die Mission als Glauben weckende Ansprache als ihren Kernauftrag (wieder-)entdeckt.

Versucht man sich aber in dem Gestrüpp der vielen missionarischen Einsichten und Konzepte zu orientieren, wird man nicht wenig über die Tatsache staunen, wie viel wir heute schon über Bedingungen gelingender Mission wissen. Durch die verschiedenen kirchensoziologischen Untersuchungen, der Wiedereintrittsstudie aus Baden, durch die Arbeit des Greifswalder Instituts und viele andere Studien lassen sich einige Einsichten formulieren, die die Plattform für alle weiteren Anstrengungen auf diesem Feld bilden können. Zusammenfassend und damit naturgemäß unscharf nenne ich fünf Thesen gleichsam als Zwischenergebnis der gegenwärtigen Überlegungen:

1. These: Die Kirche schuldet ihren verlorenen Mitgliedern intensive Differenzierungsleistung.

Die Kirchenmitgliedschaftsuntersuchung macht eine wichtige Aussage: Es gibt weder *den* Konfessionslosen noch *den* aus der evangelischen Kirche Ausgetretenen. Bei Konfessionslosen im Westen hat man es in der Regel mit Menschen zu tun, die selbst mehr oder weniger bewusst aus der evangelischen Kirche ausgetreten sind, im Osten dagegen hat man es bei Konfessionslosen in der Regel mit Menschen zu tun, die ihre Konfessionslosigkeit so »ererbt« haben, wie in Westdeutschland noch die Kirchenmitgliedschaft vererbt wurde und wird. Deswegen ist die im Impulspapier eröffnete missionarische Aufgabe im Blick auf die dreieinhalb bis fünf Millionen Menschen, die aus der Kirche ausgetreten sind, unterschiedlich anzugehen. Sie braucht in Ost und West verschiedene Zurüstungen, Ideen und Konzepte.

Darüber hinaus hat die IV. Kirchenmitgliedschaftsuntersuchung ergeben, dass sich die Konfessionslosigkeit in unterschiedlichen Milieus unterschiedlich begründet und entsprechend unterschiedlich bearbeitet werden muss. Es gibt bürgerliche Eliten und hoch gebildete Schichten, deren Austrittsgründe in Ost und West sich von den Austrittsgründen, die sich im hedonistisch-jugendlichen Milieu oder im Harmoniemilieu finden lassen, unterscheiden.

Die zunehmende Milieureflexion bietet hier erste Orientierungen in einem schwer überschaubaren Feld, die den konfessionslosen Menschen in ihrer Vielfalt und Verschiedenheit etwas gerechter werden als missionarische Konzepte, die sich an *die* Konfessionslosen wenden wollen. Eine stärkere Verzahnung der verschiedenen missionarischen Anstrengungen mit den Einsichten über das anzusprechende Milieu wird immer dringlicher, auch um zu verstehen, warum bestimmte Missionskonzepte zum Beispiel der Freikirchen oder charismatischer Gemeinden in bestimmten Milieus besonders erfolgreich sind, aber eben auch darin ihre Grenze haben.

2. These: Die Kirche schuldet den (Wieder-)Eintretenden eine verläss-
liche und stilvolle Einladungskultur.

Gott sei Dank ist es so, dass die Zahlen der (Wieder-)Eintritte auch
durchaus ansehnlich sind. Zwar unterschreiten sie immer noch die Zahl
der Austritte um etwa die Hälfte (2005 standen etwa 65.000 Eintritte
etwa 120.000 Austritten gegenüber; seit 1991 ist die Zahl der Austritte
um 41 Prozent zurück gegangen), aber die Wiedereintritte, Übertritte
und Eintritte wachsen in einer kontinuierlichen Weise an.
Warum eigentlich? Was bewegt Menschen, in der Kirche zu verbleiben, in sie zurückzukehren oder erstmals in sie einzukehren? Nur die
Wiedereintrittsstudie von *Reiner Volz* aus Baden mit dem sprechenden
Titel »Massenhaft unbekannt« leistet hier Pionierarbeit. Es fehlen uns
Analysen von Wiedereintrittsgründen, wir wissen zu wenig von den
Menschen, die zurückkehren, und lernen zu wenig von ihnen. Denn
(Wieder-)Eintritte können uns in doppelter Weise belehren: Einmal
sagen sie uns etwas über die Menschen, ihre Lebensstile, ihre Werthal-
tungen und Milieubindungen, sie sagen uns also etwas über die Wege
zum Glauben, die heute tatsächlich beschritten werden. Zum anderen
zeigen sie etwas von gelingender Missionsarbeit, sie spiegeln die
Wirksamkeit kirchlicher Missionsaktivitäten und machen sichtbar,
welche Formen der Einladung zum Glauben locken und welche, trotz
aller Anstrengungen, vielleicht doch nicht die richtigen sind.
Die kirchlichen Wiedereintrittsstellen (das ist noch keine gute Bezeichnung, weil in ihnen sowohl Wiedereintritte wie Neueintritte geschehen) sind ein überzeugendes Instrument der Öffnung, das sich in
den letzten Jahren stark verbreitet hat (2004 gab es 60 Wiedereintrittsstellen in der EKD, 2006 schon 120!). Die Formen und Gestaltungen
der Wiedereintrittsstellen und ihrer Arbeit unterscheiden sich noch
sehr. Es gibt noch kein »evangelisches Eintrittspastoral«, das dann
auch Orientierung für die (Wieder-)Eintritte in den Gemeinden sein
könnte. Erste Anstrengungen sind im Rheinland vorangetrieben worden, die Verbreiterung der Basis gemeinsamer Standards auf EKD-
Ebene sind gut angelaufen, aber es fehlt eine Art »Theologie des (Wie-
der-)Eintrittes«, die sich im Anschluss an die EKD-Schrift »Taufe und
Kirchenaustritt« mit den Fragen der theologischen Bedeutung, der
notwendigen geistlichen Schritte und der angemessenen Gestaltung der
(Wieder-)Eintritte beschäftigt (Taufe und Tauferinnerung als geeignete
Feierform?).
Wir brauchen auch einen EKD-Text »Taufe und Kircheneintritt«.
Dringlich ist auch eine Auswertung der unterschiedlichen (Wieder-)
Eintrittsmöglichkeiten in unserer Kirche: Klassischerweise geht man
zu einer Gemeindepfarrerin oder einem Gemeindepfarrer, um wieder
in die Kirche einzutreten. Die (Wieder-)Eintrittsstellen sind eine jüngst
erst gefundene Ergänzung dieses Angebots, unterstützt durch ein ver-

ändertes Mitgliedschaftsrecht in der EKD. Aber sind wir damit schon am Ende unserer Einladungskultur? Brauchen wir auch (Wieder-) Eintrittsmöglichkeiten in touristisch stark besuchten Gegenden, in herausragenden Kirchen, an spirituell dichten Orten usw.? Kann man in einer Evangelischen Akademie Mitglied der Kirche werden? Sind große kirchliche Feste oder Ereignisse geeignete Orte zur Einladung in die Kirche? Brauchen wir »mobile Eintrittsstellen«? Was ist hier stilvoll und würdig, was ist unangemessen und peinlich, welche guten Wege finden wir zwischen Einladung und Bedrängung?

3. These: Die Kirche schuldet dem missionarischen Handeln Lernbereitschaft.

»Nicht kritisiert ist Lob genug«, heißt ein bekannter, den verschiedenen Kreisen der Kirche zugesprochener Leitvers. Das aber ist grundverkehrt. Die Kirche schuldet vorhandenen Missionserfolgen deutlichere Anerkennung und klarere Analysen. Wir stärken die Arbeitsformen zu wenig, denen es gelingt, Menschen neu an das Evangelium heranzuführen. Der Preis »Fantasie des Glaubens« der AMD zeigt in die richtige Richtung. Auch andere Kirchenmaßnahmen, die sich der Verstärkung gelingender Mission verschreiben, sind sehr zu begrüßen. Aber hier können wir noch sehr viel mehr Motivation und Unterstützung an den Tag legen.

Darüber hinaus verstehen wir noch zu wenig, warum Glauben weckende Ansprache den einen gut gelingt, anderen aber, trotz großer Anstrengung, nicht. Natürlich, es gibt eine Grenze der Gestaltung, denn der »Geist weht, wo er will«, niemand kann anderen Menschen den Glauben gleichsam in die Herzkammer pusten. Aber diese Freiheit und Unverfügbarkeit Gottes darf nicht zu früh die Frage abbiegen, welche Bedingungen hilfreich sind. Um ein riskantes Thema anzusprechen: Auch andere Organisationen der modernen Welt mühen sich intensiv um »Neukunden« und »Mitgliederbindung«; bei aller Eigenständigkeit und Unverwechselbarkeit der Kirche, können wir davon etwas lernen? Gibt es kirchengemäße Formen einer »Neukundenansprache«?

An dieser Stelle ist auch an ein anderes Lernfeld zu erinnern: Das Impulspapier des Rates der EKD »Kirche der Freiheit« hat nicht ganz zu Unrecht den Vorwurf hinnehmen müssen, die für eine evangelische Kirche unerlässliche ökumenische Dimension zu vernachlässigen. Auch wenn nicht immer ganz klar ist, was mit dieser Mahnung inhaltlich genau gemeint ist und welche ökumenischen Dimensionen für eine Kirchenreform der evangelischen Kirche in Deutschland hilfreich sein könnten, so sind die Fragen rund um die Glauben weckende Ansprache an konfessionslose Menschen einer der sinnigsten und wertvollsten ökumenischen Lernbereiche. Es gibt schon wertvolle Erfahrungen, die sich vor allem aus der anglikanischen Kirche einspeisen und im Institut für Evangelisation und Gemeindeentwicklung zum Teil sehr gewissenhaft aufgenommen werden. Aber eine Verbreiterung der Sichtweite ist außerordentlich wünschenswert, gerade wenn sie sich mit einer klaren Analyse der jeweiligen Bedingungen und Voraussetzungen von gelingender Mission verbindet.

Zuletzt sei auch noch dies Lernfeld genannt: Die evangelische Kirche sucht und braucht missionarisch begnadete Menschen. »Es liegt an den Leuten«, heißt der immer wieder zu hörende Grundsatz, wenn man der Frage nachgeht, warum es denn in bestimmten Gegenden und Gebieten wachsende Gemeinden gibt. Dahinter steht eine doppelte Einsicht: Zum einen sind unsere landeskirchlichen Strukturen und Organisationen gar nicht so »missionsfeindlich«, steif und eingefahren, wie oft behauptet wird, dazu haben zu viele Gemeinden zu viel Missionserfolg. Die richtige Kombination von Menschen in einer Gemeinde mit dem richtigen Geist einer überzeugenden Einladungskultur lassen unsere Gemeinden in all ihrer Vielfalt durchaus geeignet erscheinen, Menschen neu für den Glauben zu gewinnen. Zum anderen sind es tatsächlich immer wieder besondere Charismen und Gaben, die sich in Missionserfolgen niederschlagen. Zu bedenken ist in diesem Zusammenhang ebenso: Auch die vortrefflichste Gemeindeorganisation ist eine zwar notwendige, aber keine hinreichende Bedingung für gelingende missionarische Arbeit.

Natürlich kann niemand ein missionarisches Gen verordnen oder einpflanzen, keine Kirche kann diese Gaben einfordern oder erzwingen. Wohl aber können die Kirchen eine Personalpolitik anstreben, die erwiesene charismatische Begabungen stärker an die richtigen Stellen bringt. Und natürlich kann die Kirche auch die erkennbaren missionarischen Begabungen strategischer und gezielter einsetzen und also eine Art »missionsorientierte Personalführung« anstreben.

Sollten wir »Wanderprediger« oder »Missionare« etablieren, die eine besondere Gabe im Blick auf die Herzensansprache der Konfessionslosen haben? Sollten wir Versetzungen und Beförderungen von Menschen leichter machen, die im Blick auf das Erreichen von Ungeübten besonders begnadet sind? Immerhin gibt es heutzutage in jedem großen Unternehmen immer auch einen besonderen Aus- und Fortbildungszweig für die »Akquise«, ein sicher unpassender Vergleich, aber doch ein Lernfeld für die Frage nach einer kirchenangemessenen Form der Erstkontaktaufnahme.

4. These: Die Kirche schuldet ihren verlorenen Mitgliedern den Kosmos des evangelischen Glaubens.

Im Griechischen steht das Wort »Kosmos« zugleich für Schmuck und Ordnung; diese beiden Seiten hat auch der Glaube, und es gilt, diese Tiefendimension als den eigentlichen, entscheidenden Grund in die

Mitte zu stellen, warum jemand in die evangelische Kirche zurückkehren beziehungsweise in sie einkehren sollte. Alle anderen Gründe für eine Kirchenmitgliedschaft (ihre diakonische Aktivität, ihre gesellschaftspolitischen Positionen, ihre weltweite Vernetzung usw.) sind wichtige, aber dienende Argumente für diese eine, zentrale Plausibilität, zur Gemeinschaft der Glaubenden zu gehören: die Wahrheit und Schönheit des Glaubens an Gott.

Wahr ist dieser Glaube, weil er das Geheimnis des Lebens sichtbar macht, und schön ist er, weil er Gott die Ehre gibt. Die kritische Rückfrage an uns lautet aber, ob wir mit unseren ganz normalen, alltäglichen kirchlichen Lebensäußerungen in Stadt und Land diese Dimensionen hinreichend deutlich erfahrbar werden lassen. Wo kann man heute als ungeübter, aber interessierter Konfessionsloser die Schönheit und die Wahrheit des evangelischen Glaubens eindrücklich und berührend erleben? Wenn wir uns hinreichend selbstkritisch befragen, werden vermutlich viele Aktiven in eine vergleichbare Richtung zeigen: Eindrücklich und berührend leuchtet das Evangelium dort auf, wo eine gelungene Mischung aus intensiver Predigt, anrührendem Gebet, guter Musik und liturgischer Formvollendung an einem starken kirchlichen Ort mit einer überzeugend vertretenen Gemeinde zusammenkommen.

»Eines bitte ich vom Herrn, das hätte ich gerne: dass ich im Hause des Herrn bleiben könne mein Leben lang, zu schauen die schönen Gottesdienste des Herrn«, heißt es im Psalm 27, und wir müssen davon ausgehen, dass solche »schönen Gottesdienste des Herrn« auch das sind, was Ungeübte anrühren und nachdenklich machen kann. Ein Gottesdienst, eine Amtshandlung, eine Gemeindeveranstaltung imponiert sich in den Seelen der Mitwirkenden durch die Kraft, mit der sie Würde, Weisheit, Wahrheit und Wehmut darzustellen vermag (vgl. *Thies Gundlach*: Inseln gelingender Verkündigung. Überlegungen zu einer anmutigen Missionspraxis, PastTheol 6, 2005, 231–241).

Natürlich haben auch kleine Gottesdienstformen oder das Feiern von Gottesdienstkernen ihre Würde und ihr theologisches Recht, aber sie sollten nüchtern im Blick auf ihre missionarische Ausstrahlung analysiert werden. Es würde dabei vermutlich deutlich werden, dass wir einen großen Teil unserer Kräfte in die Versorgung großer Flächen mit vielen kleinen Veranstaltungen einsetzen und noch zu wenig Kraft darauf verwenden, »schöne Gottesdienste des Herrn« zu feiern.

Ist das aber mittelfristig schon eine verantwortliche missionarische Ausrichtung der Gesamtkirche? Die Ausdünnung der Bevölkerung in bestimmten Gebieten und Regionen Deutschlands ist eine zentrale Herausforderung an die Gestaltungskraft der Kirche. Kann man aber mit den gegenwärtig noch dominanten Betreuungs- und Versorgungsideen im Blick auf die vorhandenen Mitglieder wirklich Menschen neu zum Glauben locken? Wie wirken sich Gottesdienste in oft kalten Kirchen in oft kleinem Kreis zu oft wechselnden Zeitpunkten auf die

Menschen aus, die es wieder mal mit einem evangelischen Gottesdienst versuchen?
Eine Konzentration der Kräfte, eine Etablierung von »Inseln gelingender Kirchlichkeit« oder »Kraftorten evangelischen Glaubens« und eine
zwar seltenere, aber dafür verlässlich starke Präsenz des Glaubens ist
auch ein wichtiger Beitrag der Kirche zu ihrer missionarischen Ausstrahlung. Und diese Zielsetzung schmälert nichts an der Würde und
bleibenden Bedeutung der Gottesdienste mit kleinen Zahlen.

5. These: Die Kirche schuldet ihren verlorenen Mitgliedern das, »was
Christum treibet«.

Von verschiedener Seite wurde schon gefragt, ob die Orientierung an
der Perikopenordnung eigentlich ein überzeugendes Verfahren sei,
Ungeübte und Entwöhnte mit der Mitte des Evangeliums zu berühren.
Dahinter steht die Erfahrung, dass es mitunter zu außerordentlichen
geistlichen Anstrengungen kommt, wenn versucht wird, aus einer relativ entlegenen Paulusstelle oder einer befremdlich anzuhörenden Stelle
aus den Pastoralbriefen irgendwie einen Bezug zu der Lebenswirklichkeit unserer Tage »herauszukonstruieren«. Natürlich, die Vielfalt und
Fülle, auch die Fremdheit und Sperrigkeit der Bibel in ihren verschiedenen Schichten ist für das Wachstum im Glauben eine unerlässliche
Erfahrung, eine Reduzierung auf gefällige oder leicht zugängliche
Texte kann und soll nicht das Ziel dieser Erwägungen sein. Aber wir
enthalten nicht selten gelegentlichen Gottesdienstteilnehmenden auch
Grundelemente der evangelischen Verkündigung vor, wenn wir sie in
die entfernten Ecken paulinischen oder johanneischen Denkens einfüh-
ren wollen – und das in 15 Minuten Predigt.
Gerade dort, wo man mit begründeter Erwartung davon ausgehen
kann, dass nur selten kommende Gottesdienstbesucher stark vertreten
sind (Amtshandlungen, Urlaubssituation, Stadtkirchen, besondere An-
lässe usw.), ist die Frage zu klären, ob wir nicht eine Art »Einfüh-
rungstexte der Bibel« brauchen. Ähnliche Fragen stellen sich im Blick
auf die zu singenden Lieder oder die zu hörende Musik. Es gilt, eine
gewisse Sensibilität zu entwickeln für die missionarische Wirkung einer Gottesdienstkomposition, in der Ungeübte zu erwarten sind.
Gibt es elementare Bausteine evangelischer Gottesdienste, die dieser
missionarischen Ausrichtung besonders entgegen kommen? Und kann
man im Blick auf die missionarische Kraft der Gottesdienste auch
»Stufen des Glaubens« antizipieren, die gleichsam tiefere, schwerere
oder weiterführende Geheimnisse des Glaubens nicht gleich beim
Erstkontakt anzubringen sich bemühen? Natürlich darf dies nicht zu
einem »Evangelium light« führen. Die weiteren Stufen des Glaubens
müssen immer im Horizont bleiben, aber es hat auch etwas Unbarm-

herziges, wenn man gleichsam ohne Aufwärmphase einen theologischen Marathon laufen soll. Und fehlen uns nicht manche nüchternen Analysen über die Wirkung unserer Gottesdienste und Veranstaltungen? Wie oft verlassen Menschen wohl unsere Kirchen in dem Gefühl, es sei nichts für sie dabei gewesen? Woran liegt das?

Manchmal beschleicht mich der Eindruck, diese fehlende Relevanz liegt gar nicht zuerst an mangelnden Antworten, die wir aus dem Evangelium heraus zu geben versuchen, sondern an fehlenden Fragen, die wir an das Evangelium herantragen. Denn Mission heißt doch nicht zuerst, das Evangelium in die Welt der Konfessionslosen zu tragen, sondern heißt, die Fragen aus der Welt der Konfessionslosen zum Evangelium zu tragen. Was können, was müssen wir von der Konfessionslosigkeit als missionarische Gemeinde noch lernen? Es sollen – das ist eine Binsenwahrheit – heutige Lebensdimensionen angesprochen und angerührt werden. Aber: Sind unsere Kirchen und Gottesdienste, unsere Veranstaltungen und Aussagen schon als Orte der zentralen Gottes- und darum auch zentralen Lebensfragen kenntlich?

Es gibt eine Fülle von Fragestellungen im Kontext der missionarischen Bemühungen bei Konfessionslosen, die wir neu stellen, behutsam aufklären und praktisch umsetzen müssen. Und weil es darin um ein Stück Zukunftsfähigkeit der evangelischen Kirche geht, brauchen wir noch andere Instrumente, Formen und Investitionen, um die evangelische Einladungskultur kompetent zu fördern. Ich meine, kräftige Investitionen der Kirche in diesem Bereich würden dem in den Ruhestand gehenden Hartmut Bärend große Freude bereiten.

Zugleich gibt es in all dem missionarischen Aufbruch der Kirche eine theologische Dimension, die jedenfalls mich immer stärker beschäftigt. Missionarische Arbeit als Glauben weckende Verkündigung ist eine zentrale Aufgabe der Kirche, die sie in Treue zur Schrift und ihrer Verheißung, dass der Glaube aus der Predigt kommt (Röm 10,17), mit all ihren Kräften und all ihrem Verstand in die Mitte der Aufmerksamkeit stellen soll.

Zugleich wissen wir, dass Gott seinen Heiligen Geist nicht gleichsam als »Belohnung« oder »Krönung« unserer Anstrengungen dazugibt. Sein Geist weht, wann und wo er will; das ist einerseits ein Segen, denn deswegen wird es immer so sein und bleiben, dass auch ganz unscheinbare, von uns gar nicht als Mission intendierte Unternehmungen Menschen zum Glauben rufen, und umgekehrt, dass auch die schönsten Missionskonzepte leer ausgehen können. Missionarische Anstrengung ohne diese Demut ist Vermessenheit.

Andererseits ist jene Einsicht auch der geistliche Kummer unserer Tage: Gott gibt uns nicht überall und nicht immer die Kraft, seine Wahrheit überzeugend zu verkündigen, er verbirgt sich auch und hält seinen Geist zurück, er schenkt uns nicht immer die missionarische Wirkung, die wir uns wünschen und auch brauchen. Manchmal müssen wir in den Psalm 77,10 einstimmen und fragen: »Hat Gott vergessen, gnädig zu sein, oder sein Erbarmen im Zorn verschlossen?« Missionarische Anstrengung ohne diesen Kummer ist unernst. In allen missionarischen Bemühen sollen wir auch darin Gott die Ehre geben, dass wir im Zweifelsfall eine kleinere, ärmere, ältere Kirche als das annehmen, was Gott uns in unseren Tagen zugedacht hat. Und er wird Wege, Lauf und Bahn finden, auch dies zum Segen werden zu lassen, denn es gilt für uns, was der Prophet Jesaja sagt: »Das Wort, das aus meinem Munde geht, ... wird nicht wieder leer zu mir zurückkommen, sondern wird tun, was mir gefällt, und ihm wird gelingen, wozu ich es sende« (Jes 55,11).

Michael Herbst

»Finden hier gelegentlich auch noch Gottesdienste statt?«

Gemeindeentwicklung und Konfessionslose

Es war am Rande einer Schulkonferenz-Sitzung. Ein konfessionsloser Elternvertreter interessierte sich für eine der drei großen Backsteingotikkirchen in Greifswald. Er kannte die Kirche von mehreren Besuchen und stellte dann die für mich ausgesprochen auskunftsstarke Frage: »Finden hier gelegentlich auch noch Gottesdienste statt?« Auskunftsstark war diese Frage, weil sie zum einen den vermuteten Untergang religiösen Lebens zum Ausdruck brachte, zum anderen aber auch ein Signal dafür ist, dass das durchaus nicht untergegangene religiöse Leben der Gemeinde eher in der Nische der Kirchentreuen stattfindet und nicht wirklich öffentlichkeitswirksam wird.

Damit ist der Hintergrund der Frage aufgespannt, die in diesem Artikel beleuchtet werden soll: Welche Gemeindeentwicklung braucht ein von Konfessionslosigkeit geprägter Kontext, wenn es der Kirche darum geht, ihrem missionarischen Auftrag tatsächlich auch hier gerecht zu werden? Dabei sollen die Merkmale der Konfessionslosigkeit in einem ersten Kapitel nur sehr knapp zusammengefasst und in Erinnerung gerufen werden (1.). In einem zweiten Kapitel geht es um die Aporie, der angesichts der kirchlichen Verhältnisse nicht ausgewichen werden kann: Wir haben höchstens Ansätze einer Antwort auf die Frage nach missionarischen Strategien für die Konfessionslosen (2.). Schließlich soll ein drittes Kapitel zwei Vorschlägen aus der Ökumene gewidmet sein, diese Aporie anzunehmen, das jetzt schon Mögliche zu tun und sich für neue geistliche Prozesse zu öffnen (3.).

1. Konfessionslosigkeit in (Ost-)Deutschland

1.1 Zwischen Leipzig 1999 und Leipzig 2006

> »Macht euch nichts vor. Wir Ossis sind immun gegen Religion.«
> Bischof Axel Noack, Magdeburg

Das Thema Konfessionslosigkeit durchzieht die Vorträge und Aufsätze,[1] die Hartmut Bärend in seiner Zeit als Generalsekretär der AMD

---

[1] Vgl. besonders *Hartmut Bärend*, Kirche mit Zukunft. Impulse für eine missionarische Volkskirche, Gießen 2006.

vorgelegt hat, wie ein roter Faden. Immer wieder erinnerte er angesichts der Rehabilitation des Missionsthemas in der EKD seit der
Leipziger Synode 1999[2] an eines der schwierigsten Themen für die
kirchliche Mission und Evangelisation: die »große Herausforderung«
der stabilen Konfessionslosigkeit in Deutschland: »Damit wurden und
sind die Menschen gemeint, die seit drei oder vier Jahrzehnten keiner
Kirche angehören und ›vergessen haben, dass sie Gott vergessen haben.‹ Im Osten Deutschlands sind das 70–75 % der Bevölkerung, also
etwa 10–12 Millionen Menschen, im Westen sind es 25–30 %, also
etwa 15 Millionen Menschen. In diesen Jahren sind diese Menschen,
deren christliches Grundwissen gegen Null geht, als besondere Herausforderung der Kirche wahrgenommen worden. Die Tendenz zur Entkirchlichung und Entchristlichung unseres Landes schreitet fort; es
kommt darauf an, neue Kulturen für Bibel, Kirche und Glauben zu
schaffen.«[3]
Er sieht jedoch (z.B. in der EKD-Studie »Das Evangelium unter die
Leute bringen« von 2000[4] und vor allem im AMD-Theologenkongress
2006 in Leipzig) hoffnungsvolle Zeichen für eine neue Bewertung von
Evangelisation und missionarischer Gemeindeentwicklung und hofft auf
ein Ende der »schleichenden Abwertung«[5] evangelistischer Bemühungen in der evangelischen Kirche. Damit diese Themen auch in Forschung und Lehre verankert werden können, hat er sich dauerhaft intensiv für die Entstehung und den Aufbau des Greifswalder Institutes zur
Erforschung von Evangelisation und Gemeindeentwicklung eingesetzt.
Aufmerksamkeit verdient freilich seine kritische Nachfrage nach der
Bereitschaft der Gemeinden, suchende Menschen aufzunehmen. »Sind
Gemeindeglieder offen für neue Menschen, die … gewonnen werden?
Sind sie bereit, Fremde aufzunehmen und ihnen weiten Raum zu geben? Sind die Gemeinden bereit, lang erprobte und tief vertraute liturgische Vollzüge in Frage zu stellen, um die zu erreichen, die mit derart
hochschwelligen Angeboten nichts mehr anzufangen wissen?«[6]
Und ebenso bedenkenswert ist der nüchterne Hinweis, dass es nicht
einfach sein wird, gerade die immer schon konfessionslosen Menschen
im Osten Deutschlands zu erreichen. »Zumindest im Osten Deutschlands haben sich die Erfahrungen der DDR-Zeit stark eingeprägt. Danach ist der christliche Glaube, aber auch überhaupt alles Religiöse
eine altertümliche Sicht des Lebens, der die Doktrin des Marxismus-

---

2 Die wesentlichen Texte der EKD-Synode 1999 in Leipzig sind dokumentiert in:
Kirchenamt der EKD (Hg.), »Reden von Gott in der Welt«. Der missionarische
Auftrag der Kirche, Hannover 2000.
3 A.a.O., 43.
4 *Kirchenamt der EKD* (Hg.), Das Evangelium unter die Leute bringen. Zum missionarischen Dienst der Kirche in unserem Land. EKD-Texte 68, Hannover 2000.
5 *Hartmut Bärend*, a.a.O., 50.
6 A.a.O.

Leninismus den Schneid abgekauft hat. Margot Honecker als Bildungsministerin hat mit ihrem Ministerium über Jahrzehnte alles dazu getan, den Menschen der ehemaligen DDR diese Überzeugungen von den ersten Schuljahren an einzuprägen. Nicht umsonst sagt Bischof Noack immer wieder: ›Macht euch nichts vor. Wir Ossis sind immun gegen Religion.‹ … Kirche auf dem Markt wird neben der neuen Religiosität auch einen offenen Atheismus vorfinden, der sich zwar nicht agitatorisch oder bissig gibt, dafür aber auf Grund seiner Gelassenheit umso irritierender wirkt.«[7]

So verbindet Hartmut Bärend Zuversicht mit Nüchternheit. Empirische Studien geben ihm zunächst im Blick auf die nüchterne Wahrnehmung der Lage Recht:

1.2 Konfessionslosigkeit im Spiegel empirischer Studien

>»Ostdeutsche fahren auch nicht zum Dalai Lama.«[8]
>Eberhard Tiefensee

Die konfessionelle Lage in Deutschland Anfang des 21. Jahrhunderts ist gespalten: Zum einen gibt es eine Nord-Süd-Achse, mit evangelischer Dominanz im Norden und einem eher katholischen Süden. Zum anderen gibt es eine West-Ost-Achse, mit dominanter Kirchenmitgliedschaft im Westen und überwiegender Konfessionslosigkeit im Osten. Im Westen gehören etwa 70 % der Bevölkerung den beiden großen Kirchen an, während dies im Osten nur für etwa 25 % der Bevölkerung gilt. Für den Osten ist also für Kirchenmitglieder eine besondere Art von Diaspora festzustellen: Konfessionslosigkeit ist der Normalfall, auch im Lebensgefühl der Menschen. Auffällig ist, wer abweicht und zur Kirche gehört oder sich gar dort engagiert.[9]

In diesem sehr komplexen Gesamtbild ist nun Konfessionslosigkeit wiederum ein Phänomen mit sehr unterschiedlichen Facetten: Die eher gegen die Konvention gelebte Konfessionslosigkeit eines westdeutschen, noch getauften und wahrscheinlich konfirmierten frisch Ausgetretenen hat wenig gemeinsam mit der konventionellen Konfessionslosigkeit eines Ostdeutschen, der ohne jeden Kontakt zur Kirche aufwuchs, weil schon seine Großeltern in den 50er Jahren aus der Kirche austraten. Was im Westen ein Abweichen von der Tradition darstellt, also eine Option, die der mobile Mensch trifft, setzt im Osten »den re-

---

[7] A.a.O., 81f.

[8] *Eberhard Tiefensee*, Chancen und Grenzen von »Mission« – im Hinblick auf die konfessionelle Situation in den neuen Bundesländern, in: *M. Bartels / M. Reppenhagen* (Hg.), Gemeindepflanzung – ein Modell für die Kirche der Zukunft? Neukirchen-Vluyn 2006 (BEG 4), 68–85, 70.

[9] Vgl. *Wolfgang Pittkowski*, Konfessionslose in Deutschland, in: *W. Huber* u.a. (Hg.), Kirche in der Vielfalt der Lebensbezüge. Die vierte EKD-Erhebung über Kirchenmitgliedschaft, Gütersloh 2006, 89–110, 89.

gionalen Status quo fort, ist Stabilitätsphänomen und Ligatur.«[10] Hier
manifestieren sich »zwei unterschiedliche Religionskulturen«.[11]
Im weiteren Verlauf soll es sich nun vor allem um die ostdeutsche
Spielart der Konfessionslosigkeit drehen, die sich allen Hoffnungen
zum Trotz als stabil in der Biographie vieler Ostdeutscher verankert erwiesen hat. »Ostdeutschland ist so areligiös, wie Bayern katholisch ist«,
formuliert es der Erfurter katholische Philosoph Eberhard Tiefensee.[12]
Die Ursachen sind komplex, und nicht nur die Repressionen der DDR-
Diktatur können für diese Situation verantwortlich gemacht werden.[13]
Der Erfolg der DDR-Propaganda hatte etwas mit einem Boden zu tun,
der durch religiöse Indifferenz und kirchliche Abstinenz gut vorbereitet war. Neu aber ist die überindividuelle Verankerung des Atheismus:
Nicht nur Einzelne sind konfessionslos geprägt, sondern weite Teile
der öffentlichen Kultur, des Bildungswesens, der zivilgesellschaftli-
chen Orte.[14] Eine Besonderheit stellt auch der »brain drain« dar: der
Verlust an höher gebildeten Mitgliedern der Kirche durch Flucht, Ent-
zug gleicher Bildungschancen für kirchlich gebundene Jugendliche
und (erneut nach 1989) Migration.
Nahezu alle Ergebnisse der 4. EKD-Erhebung über Kirchenmitgliedschaft stützen diese nüchterne Wahrnehmung. Zwei Drittel der ostdeutschen Konfessionslosen sind nicht in erster Generation, sondern
waren selbst immer schon konfessionslos.[15] Wer heute erst aus der
Kirche austritt, begründet dies im Osten mit der Bedeutungslosigkeit
von Religion/Glauben für sein Leben, während im Westen durchaus
noch mit der Möglichkeit eines »Christseins ohne Kirche« operiert
wird. Der familiäre Hintergrund ostdeutscher Konfessionsloser weist
zumeist einen negativen Einfluss der Eltern auf die eigene Religions-
nähe aus. Religiöse Indifferenz oder auch Ablehnung der Eltern, aber
auch der Lehrer spielen eine starke Rolle für die eigene Distanz zu allem Kirchlichen.[16] Und das zeigt sich auch in Überzeugungen: »Mehr
als drei Viertel der ostdeutschen Konfessionslosen negieren den Gottesglauben und tendieren dabei zum bekennenden Atheismus.«[17]
Selbst unter den ostdeutschen Kirchenmitgliedern äußern sich 10 % als
Atheisten. Ganz auffällig ist der enge Zusammenhang von Glaubens-

[10] A.a.O., 91.
[11] A.a.O., 94.
[12] *Eberhard Tiefensee*, a.a.O., 69.
[13] Die tiefen historischen Wurzeln zeigen etwa *Helmut Geller / Karl Gabriel* u.a.
in ihrem Beitrag: »Die Kirchen in der DDR vor und nach der Wende« auf, in: *Karl
Gabriel* u.a., Religion und Kirchen in Ost(Mittel)Europa: Deutschland-Ost, Ostfildern 2003, 325–336 (*P.M. Zulehner* u.a. [Hg.], Gott nach dem Kommunismus).
[14] So bereits *Ehrhart Neubert*, Konfessionslose in Ostdeutschland. Folgen verin-
nerlichter Unterdrückung, in: PTh 87 (1998), 368–379.
[15] Vgl. *W. Pittkowski*, a.a.O., 91f.
[16] Vgl. a.a.O., 96f.
[17] A.a.O., 100.

überzeugung und Beteiligung am kirchlichen Leben bzw. empfundener Verbundenheit mit der Kirche. Je größer die Verbundenheit, desto »orthodoxer« auch die Überzeugungen. Fragt man Konfessionslose, ob sie beten, so trifft man im Westen eher betende Konfessionslose an als im Osten. Und auch hinsichtlich alternativer religiöser Praktiken ist der Ostdeutsche nicht gerade »anfällig« (mit kleinen Ausnahmen beim lang verwurzelten Aberglauben).[18] Ein konfessionsloser Ostdeutscher bleibt der Kirche gegenüber skeptisch: Kompetenz in Sachen Kindererziehung möchte er der Kirche jedenfalls ungern zuschreiben.[19] Die Tiefenprägung ist nicht zu unterschätzen: Die für das religiöse Leben fundamentale »Transzendenz-Immanenz-Codierung«[20] ist dem Konfessionslosen nicht zugänglich oder aber nicht relevant. Er müsste also erst die Frage stellen, bevor wir mit dem Antworten beginnen könnten. Kurzum: »Tradierte und im Generationentakt sedimentierte Konfessionslosigkeit ist kirchenferner.«[21]

Von einer Wiederkehr des Religiösen kann man wahrlich nicht reden. Wie könnten wir uns also einbilden, diese missionarische Herausforderung sei leicht, schnell oder gar mit geringen Mitteln zu bewältigen?

– Wie erreichen wir also die alt gewordenen, irgendwann aus der Kirche ausgetretenen Ex-Kirchenmitglieder?
– Wie erreichen wir die DDR-sozialisierten Menschen der mittleren Generation?
– Und wie erreichen wir die im weltanschaulich-religiösen Niemandsland aufwachsenden Jüngeren?
– Wie werden wir wieder so in der Öffentlichkeit präsent, dass wir wahrgenommen und für respektabel gehalten werden?
– Wie also wird der konfessionslose Elternvertreter darauf aufmerksam, dass sich in jenem Kirchengebäude christliches Leben ereignet, das für ihn selbst bedeutsam sein könnte?

2. Nach der Wende – keine Wende in Sicht!

> »… nach der politisch-ökonomischen Wende in Ostdeutschland lassen sich so gut wie keine Anzeichen einer religiös-kirchlichen Wende erkennen.«[22]
> Helmut Geller, Karl Gabriel und Hanns-Werner Eichelberger

Die Autoren der Studie »Gott nach dem Kommunismus« sprechen von der »Schwerkraft der Normalität«: So geben z.B. 98% der konfessionslosen Eltern diese Entscheidung erfolgreich an ihre Kinder weiter.[23]

---

18 Vgl. a.a.O., 101–104.
19 Vgl. a.a.O., 106f.
20 *Eberhard Tiefensee*, a.a.O., 79.
21 *W. Pittkowski*, a.a.O., 109.
22 *Helmut Geller / Karl Gabriel* u.a., a.a.O., 320.
23 A.a.O.

Normalerweise folgt nun ein solcher Aufsatz einer bestimmten Logik: Erstens wird festgestellt, dass wir ein Problem haben, das dann aber zweitens dank der höheren Einsicht und der guten Ideen des Verfassers einer Lösung zugeführt wird – wenn man ihm nur bitte folgt! Dieser Beitrag kann – mindestens zunächst – diese Erwartung nicht erfüllen. Denn es ist zunächst die Aporie, in der wir stehen, zum Ausdruck zu bringen: Wir haben auch bald 18 Jahre nach der Wende keinen Schlüssel gefunden zum Problem der Konfessionslosigkeit.

2.1 Es gibt Erfolgsgeschichten

Dabei soll nicht geleugnet und schlecht geredet werden, was es an guten Ansätzen gibt. Ohne Frage gibt es kleinere und größere Erfolgsgeschichten. Wir ahnen mindestens, wo Chancen der Zukunft liegen.
– Sicherlich ist etwa die Gründung evangelischer Schulen in Ostdeutschland solch eine Chance, gerade im Bildungsbereich neue Präsenz zu zeigen und Vertrauen zu erwerben.
– Attraktive, inhaltlich bestimmte Wege der Kinder- und Jugendarbeit, auch neue Modelle der Konfirmandenarbeit werden an einem der wundesten Punkte Besserung bringen: der religiösen Bildung in Kindheit und Jugend.
– Sicherlich haben auch evangelistische Ansätze allen Unkenrufen zum Trotz hier und dort Wirkung gezeigt: Man muss es auch einfach wollen und wagen und nicht erst einmal dagegen sein und sagen, dass diese Modelle der Evangelisation »bei uns sowieso nicht klappen«. Unsere Erfahrung ist anders: »Frühstückstreffen für Frauen«, »Religionsunterricht für Erwachsene«, Gottesdienste für Suchende oder Glaubenskurse ziehen durchaus auch konfessionslose Menschen an. Und sie kommen ohne Vorkenntnisse, aber auch ohne all die schlechten Erfahrungen, die häufig den Zugang erschweren, wenn Kirchendistanzierte mit kirchlicher Sozialisation anzusprechen sind.[24]
– Der Einsatz für den Erhalt der Dorfkirche bindet manchen mindestens wieder an das Gebäude, in dem der Glaube bezeugt wird.
– Einer evangelisch geprägten Pflegeeinrichtung für demente Menschen zu begegnen und sie eben doch als »etwas anders« zu erleben, kann nachdenklich stimmen.
– Und wahrhaft tröstliche Beerdigungen, fröhliche Trauungen, kluge Beiträge in der örtliche Presse u.v.m. sind lauter kleine Bausteine, die Beachtung verdienen. Vielleicht auch andere Formen, Übergänge zu bewältigen und ihnen Gestalt zu geben, wie sie am Dom zu

---

24 Darauf macht z.B. *Eberhard Tiefensee* aufmerksam, a.a.O., 82f.

Erfurt erprobt werden: das nächtliche Weihnachtslob, die Feier der Lebenswende, das Totengedenken u.v.m.[25] Es gäbe noch mehr solcher Chancen, wenn Diakonie und Bildungsträger, evangelistisch Bewegte und an Kasualien Interessierte sich als Zeugnisgemeinschaft verstünden, also als konzertierte Aktion, konfessionslose Menschen für Christus gewinnen zu wollen.

2.2 Die große Hilflosigkeit

Und doch muss von erheblichen Problemen die Rede sein, die eine allzu muntere und selbstgewisse Antwort auf die Frage nach der Mission unter Konfessionslosen verbieten. Wiederum sind die Probleme komplex, und wer diese Komplexität übersieht, wird nicht weiterkommen: Von einem der externen Faktoren war bereits die Rede, nämlich von der fest verankerten Konfessionslosigkeit, die von den meisten Konfessionslosen auch nicht als durchgängig defizitärer Zustand erlebt wird. Als ob das nicht schon schwierig genug wäre, kommen nun auch noch viele interne Faktoren hinzu:

– Da ist nicht zuletzt die geringer werdende Reichweite der Gemeinden. Die Ausdünnung der pastoralen Versorgung, die knappen Ressourcen und die Vergrößerung der parochialen Bezirke behindern viele gute Ideen, was denn die Kirche alles unternehmen könnte, um konfessionslose Menschen anzusprechen. Wir sind vielerorts einfach nicht mehr »vorhanden«. Dann werden restliche Kräfte oft gebunden, und unsere Gedanken (mehr noch: unsere Gefühle) sind ganz auf den Versuch der Erhaltung des Verbliebenen ausgerichtet.

– Sind wir aber noch vorhanden, so erleben wir uns als wenig sprachfähig. In einem wahrlich nicht stoffarmen Theologiestudium wie in der zweiten Ausbildungsphase hat die »Hermeneutik der Konfessionslosigkeit« bisher kaum Raum. Wie denken, fühlen, feiern, trauern, handeln, erleben und gestalten unsere konfessionslosen Nächsten? Und wie sprechen wir von dem, was wir glauben, ohne dass es peinlich wird? Wo könnten diese Horizonte sich berühren oder gar miteinander verschmelzen? Was für die theologische Profession gilt, gilt häufig auch in den Gemeinden: Die missionarische Sprachfähigkeit ist unsere Stärke nicht.

– Da ist außerdem eine innere Sperre gegen Mission, die trotz aller Missionspapiere der Kirchen nicht wirklich überwunden ist. Hartmut Bärends Frage nach der missionarischen Offenheit und Bereitschaft der Gemeinden ist nach wie vor aktuell. Freilich hat die Missionsallergie im Osten etwas andere Ursachen als im Westen. Sie

---

25 Vgl. *Annegret Beck*, Mission oder Dialog? Zukunftsperspektiven für den katholischen Glauben in den neuen Bundesländern, in: *Matthias Sellmann* (Hg.), Deutschland – Missionsland. Zur Überwindung eines pastoralen Tabus, Freiburg/Basel/Wien 2004, 92–120, besonders 108–114.

hat zu tun mit der schmerzhaften Erfahrung von Minorisierung und Marginalisierung. Sie hat zu tun mit dem eigenen Beharren, also der mehr oder weniger teuren Kontinuität einer kirchlichen Biographie, während andere es sich leichter machten oder gar einen strammen Gegenkurs einschlugen. »Die sollen wir jetzt willkommen heißen, gar suchen?« Dann geht es nicht nur um Sprachfähigkeit, sondern um Kontaktwilligkeit. Neugier und Offenheit, aufrichtiges Interesse und herzliche Gastfreundschaft sind die Basis einer Mission auf den Spuren eines Gottes, der Mensch wurde, um Menschen zu sich zu ziehen.

– Als eine junge Frau in einer missionarischen Gemeinde getauft werden wollte, suchte der Pfarrer Kontakt zu der Parochie, in der die Taufbewerberin wohnte. Der Kollege willigte schnell in ein Dimissoriale ein. Sein Kommentar: »Kein Problem, die gehört ja nicht zu uns!« So sehr dieser freimütige Ausruf kirchenrechtlich zutrifft, so genau zeigt er auch, wie binnenkirchliche Mentalität gegenüber Konfessionslosen aussieht: »Die gehört ja nicht zu uns!« D.h.: Ihr gilt also auch nicht unser Bemühen, und wird sie an anderer Stelle angesprochen, lassen wir sie leichten Herzens ziehen.

– Gelegentlich wird es auch grundsätzlicher und geradezu missionsaversiv. Ehrhart Neubert fragt z.B.: »Aber zu untersuchen wäre eben, ob nicht ein erheblicher Teil der kirchlichen Mitarbeiter und Funktionäre im Osten theologisch derart geprägt ist, dass es ihnen schwer fällt, Mission an Konfessionslosen als die eigentliche große Herausforderung zu sehen. Gebraucht wird eine geistliche Einstellung zum Phänomen der Konfessionslosigkeit und ein missionarischer Wille, der auf dem Bewusstsein ruht, dass die Kirche gebraucht wird und der Gesellschaft Mission schuldig ist.«[26] Da aber liegt ein massives Problem: Vielerorts können wir nicht nur nicht, sondern wollen es auch gar nicht.

– Zur Komplexität gehört dann aber auch, dass wir noch sehr viel mehr missionarische Phantasie brauchen, um spezifische, inkulturierte missionarische Modelle für konfessionslose Kontexte zu entwickeln, eben für die alt gewordenen Ex-Kirchenmitglieder, für die DDR-sozialisierten Erwachsenen, für die im weltanschaulich-religiösen Niemandsland Aufwachsenden, für die bildungsfernen ländlichen Jugendlichen, für die gläubig-atheistischen Eliten usw. Hier ist noch sehr viel an Hausaufgaben zu machen.

Viele der genannten Probleme (deren Liste sich sicherlich noch um einiges erweitern ließe) sind nur schwer von uns beeinflussbar, andere sind hausgemacht und durchaus behebbar. Eine Initiative des Gebets für die Mission in unserem Land wäre vielleicht der erste große Schritt: Wir üben uns darin, Gott unsere Hilflosigkeit und unseren

---

[26] *Ehrhart Neubert*, a.a.O., 377.

Mangel an Phantasie, unsere Ängste vor den anderen und unsere innere Abwehr, unsere vergeblichen Versuche und ärmlichen Möglichkeiten hinzuhalten und ihn zu bitten, uns mit missionarischer Leidenschaft und Entdeckerlust zu infizieren. Mission würde dann aufs Neue geboren aus dem Gebet. Das wäre kein schlechter Anfang. Die eingangs erwähnte Aporie verbietet es jedenfalls, an dieser Hilflosigkeit vorüberzugehen. Die Mission Gottes in seiner entschlossenen und nimmermüden Suche nach verlorenen Töchtern und Söhnen verbietet es aber auch zu resignieren oder sich aus der missionarischen Herausforderung fortzustehlen.

3. Auf dem Weg von der Selbstbeschäftigung zur Mission Gottes

»I invite you on a journey –
a journey of spiritual discernment for local churches
called to move from the maintenance of Christendom
to innovating missional church
in their time and location.«[27]
Patrick Keifert

Wenn das bisher Gesagte einigermaßen präzise die Lage beschreibt, dann verbieten sich einfache Rezepte. Dann geht es um sehr mühsame und langwierige Prozesse in den Gemeinden selbst und dann von den Gemeinden aus in die von Konfessionslosigkeit geprägten Kontext hinein. Komplexität lässt nach »losen Enden« fragen, an denen wir ziehen können und so den Anfang wagen. Ein solches loses Ende hat scheinbar zunächst nichts mit Konfessionslosen zu tun, aber es geht um die innere Umstellung einer Gemeinde von der Selbsterhaltung zur Mission.

Dafür gibt es im ökumenischen Kontext einige gute Beispiele, von denen zwei hier kurz erwähnt werden sollen. Zuvor aber sind zwei Absicherungen nötig:

1. Das Folgende steht nicht im Widerspruch zu dem bisher Gesagten. Auch wird die Einsicht nicht einfach überholt, dass die Verhältnisse komplex sind, wir manchmal schwierig sind und einfache Lösungen nicht in Sicht sind. Vielmehr geht es darum, wie Gemeinden anfangen können, sich selbst zu verändern, wenn sie einerseits ihre Hilflosigkeit und andererseits den Ruf Gottes in seine Mission auch hinsichtlich ihrer konfessionslosen Mitmenschen hören.

2. Es geht bei beiden Modellen um Prozesse, die die Kultur der Gemeinden verändern, nicht um ein »quick fix«, das rasch imitiert werden kann und todsicher zum zahlenmäßigen Wachstum führt. Wenn nur attraktive Methoden implementiert werden, ohne dass

---

[27] *Patrick Keifert*, We are here now, Eagle (Idaho) 2006, 17.

sich die Mentalität von Menschen und die Kultur der Gemeinde als ganze verändert haben, wird am Ende der Katzenjammer stehen.

3.1 Emmaus – Die begleitete Reise Erwachsener zum eigenen Glauben

Das erste Beispiel ist das anglikanische Emmaus-Projekt. Dabei geht es darum, dass die Gemeinde zunächst wahrnimmt, wie viele Kontakte sie z.B. zu kirchendistanzierten und konfessionslosen Menschen hat. Sie soll lernen, diese Kontakte unter einer missionarischen Perspektive zu sehen. Zugleich wird vor jeder Verzweckung mitmenschlicher Beziehungen gewarnt. Vielmehr geht es darum, dass Christen sich öffnen für kirchendistanzierte und konfessionslose Menschen. Sie sollen lernen, für sie zu beten und ihnen zu dienen, wo immer es nötig ist. Dann erst kann sich auch die Tür öffnen für die Einladung zu einem missionarischen Basiskurs.

Selbst dann bleibt Geduld als missionarische Haupttugend angesagt: Zentrales Credo im Emmaus-Projekt ist die Einsicht, dass erwachsene Menschen viel Zeit brauchen, sehr viel geduldiges Geleit und etliche Möglichkeiten zum eigenen Entdecken des Evangeliums, bis sie sich selbst für den Glauben öffnen. In Gemeinschaft den Glauben entdecken: Das entspricht der grundlegenden Einsicht, dass »Belonging« vor »Believing« kommt.[28]

»Ohne Einbindung in einen spezifischen, von der Gemeinschaft der Glaubenden geteilten Erfahrungs- und Kommunikationsraum, der dem Transzendenzglauben Realität und Gewissheit verleiht, erscheint Religiosität im kirchlichen Sinn nicht möglich. Je höher der Grad der Integration in die Gemeinschaft und je intensiver die Teilhabe an der religiösen Kommunikation, desto größer ist die Gewissheit des Glaubens und seine Ausstrahlung und Relevanz für die gesamte Lebensorientierung.«[29] Das gilt »nach innen« für die treuen Kirchennahen, es gilt auch im Blick auf manchmal überzogene Hoffnungen auf den Glauben der treuen Kirchenfernen, und es gilt »nach außen« im Blick auf den Weg zum Glauben auch für weithin Kirchendistanzierte und Konfessionslose.

Und es entspricht auch der Entdeckung, dass es gerade in Ostdeutschland ein Leiden am Verlust der Gemeinschaft und eine Sehnsucht nach neuer Gemeinschaft gibt. Freilich sollte diese Gemeinschaft nicht eine »organisierte« Gemeinschaft sein, sondern sich im Alltag ergeben.[30]

---

[28] Vgl. *Michael Herbst* (Hg.), Emmaus – Auf dem Weg des Glaubens. Handbuch, Neukirchen-Vluyn [2]2006.

[29] *Helmut Geller / Karl Gabriel* u.a., a.a.O., 324.

[30] *Maren Rinn*, Die religiöse und kirchliche Ansprechbarkeit von Konfessionslosen in Ostdeutschland. Eine Analyse auf Grundlage empirischer Untersuchungen in der Evangelisch-Lutherischen Landeskirche Mecklenburgs und Evangelischen

Nur wenn sie sich im Alltag ergibt und dort als authentisch und belast-
bar erweist, erwerben Christen die Berechtigung, etwa zu einem Glaubenskurs einzuladen oder auch persönlich über ihren Glauben zu sprechen. Das wird freilich dann auch von ihnen erwartet. Sie sind ja die
»Gotteserfahrenen«, von denen Aufschluss erwartet werden kann, was
es denn mit dem Glauben an Gott auf sich hat, wozu er nützt und wie
man ihn kennen lernen kann.[31]

3.2 Partnerschaft für missionarische Gemeinden

Das zweite Beispiel ist das amerikanische und südafrikanische Modell
»Partnership for Missional Churches«, das Patrick Keifert und Patricia
Taylor Ellison entwickelt haben.[32] Dabei verpflichten sich etwa 15
Gemeinden zu einem mehrjährigen gemeinsamen geistlichen Weg.
Ziel ist es, von der Selbstbeschäftigung zur Mission zu finden. Dabei
lernen die Gemeinden voneinander. Es werden keine Modelle der idealen Gemeinde vor Augen gestellt. Ausgangspunkt ist die Überzeugung,
dass Gott für jede Gemeinde eine Zukunft hat, die er verheißt und be-
vorzugt, und für die er alle nötigen Gaben und Ressourcen gibt.[33] Der
gemeinsame Weg der Gemeinden in der »Partnership« ist darum ein
Prozess zur geistlichen Unterscheidung: Was hat Gott in seiner Mission an unserem Ort vor? Und wo sollen wir etwas mit ihm zusammen
tun? Angesichts der bedauerlichen Entdeckung, dass die meisten Ge-
meindevertreter stets nur von sich als den Subjekten der Gemeindeentwicklung sprechen und sich gar nicht Gott als Subjekt vorstellen
können, ist es vor allem eine Einübung in ein erwartungsvolles gemeinsames Bibellesen, das die »Partnership« prägt. Die Gemeinden
sollen lernen, in Bibelworten wie etwa der Aussendung der Jünger
nach Lk 10 zu »wohnen«. Dort entdecken sie, was Gott mit ihnen vor-
hat. Ebenso sollen sie aber auch in der Welt »wohnen«, in ihrem Kosmos als einem Ort, an dem Gott versöhnend, heilend, glaubenweckend
handelt. Diesen Kosmos sollen sie gut kennen und dazu alle erreichba-
ren Daten sammeln.[34] Die Gemeinden lernen aber darüber hinaus,
»listening leaders« auszusenden, die als »zuhörende Leiter« ethnogra-
phische Interviews mit kirchendistanzierten und konfessionslosen
Menschen, aber auch mit mehr oder weniger aktiven Gemeindegliedern führen. Beide »narratives«, beide Erzählungen werden dann miteinander verknüpft. Entscheidend ist dann das Experiment:[35] Was

---

Landeskirche Anhalts, Hannover 2006, 50–52. Fundort am 20.2.2007: www.ekd.de/
download/SI-Konfessionsloe_Ostdeutschland-korr2.pdf.
31 Vgl. *Eberhard Tiefensee*, a.a.O., 83.
32 Vgl. *Patrick Keifert*, a.a.O., passim.
33 Vgl. a.a.O., 23.
34 Vgl. a.a.O., 74–79
35 Vgl. a.a.O., 83–94.

können wir an unserem Ort einmal ausprobieren, und zwar an einer Stelle des Gemeindelebens, die von zentraler Bedeutung ist. Dafür wird eine »task force« gebildet. Besonders seelsorglich ist dabei der Hinweis: »It's fine to fail!«[36] Die Gemeinden wagen etwas Neues, inspiriert durch das Lesen der Bibel, das Gebet, das gemeinsame Lernen und die Erkundung ihres Kosmos. Sie spüren, wie wenig sie das Gelingen in der Hand haben, aber sie machen sich auf den Weg und wenden sich von innen nach außen. Erst nach der experimentellen Phase wird auch in der »Partnership« ein Mission Statement erarbeitet. Ziele werden definiert, und strategische Überlegungen bekommen Raum.[37]

Eine Gemeinde, die sich praktisch im »freien Fall« befand, entdeckte, wie viele Kinder in ihrer Nachbarschaft leben, die von allein erziehenden Müttern und Vätern betreut werden. Nachdem ein Versuch scheiterte, einen eigenen Kindergarten zu eröffnen, verlegten sich die wenigen Christen auf einen Babysitter-Service am Samstagabend. Sie boten diesen kostenlosen Service den allein erziehenden Eltern an. Nach einiger Zeit fragten sie, ob sie den Kindern biblische Geschichten erzählen dürften. Noch etwas später feierten sie ein Fest: die Babysitter, die Eltern und die Kinder. Daraus erwuchs ein Gottesdienst am frühen Samstagabend vor dem Babysitting. Eine eigene gottesdienstliche Gemeinde entstand – aus einem tapferen Experiment einer kleinen und schrumpfenden Gemeinde.[38]

Was hat das mit der Frage zu tun, wie wir konfessionslose Menschen erreichen und gewinnen können? Es wäre ja den Versuch wert herauszufinden, ob es stimmt, dass auch für unsere kleinen, oft schwachen und ratlosen Gemeinden eine Art himmlischer Masterplan bereit liegt. Es wäre den Versuch wert, ob sich Gemeinden »von der Selbsterhaltung zur Mission« hin bewegen und in der Verknüpfung von biblischem Wort und erkundetem Kontext zu phantasievollen Lösungen für die Frage kommen, wie konfessionslose Menschen einen Zugang zum Glauben finden können. Es ist m.E. jedenfalls eines der »Pack-Enden«, an der geistlichen Haltung und an der missionarischen Ausrichtung der Gemeinden konsequent zu arbeiten. Damit tut sich noch nicht sofort etwas bei der fest verwurzelten Konfessionslosigkeit vieler Menschen, aber die Gemeinde bricht endlich zu ihnen auf. Und »mein« konfessionsloser Elternvertreter in der Schulkonferenz weiß dann auch wieder: Da in der Kirche findet Leben statt!

---

[36] A.a.O., 90.
[37] Vgl. a.a.O., 95–115.
[38] Vgl. a.a.O., 120–123.

BURGHARD KRAUSE

Einladung zur Umkehr

*Hindernisse und Chancen für Konversionsprozesse im Kontext von
Pluralismus und Konfessionslosigkeit*

Während die Begriffe »Mission« und »Evangelisation« (spätestens seit
der EKD-Synode 1999) eine zaghafte Rehabilitierung erfahren haben,
weckt das Wort »Bekehrung« weithin noch eine instinktive Abwehr.
Als von Ressentiments umstelltes Reizwort bedient es eine Palette kli-
scheehafter Verdächtigungen: Wo es fällt, wittert man ein Klima fun-
damentalistisch-gesetzlicher Enge, die auf punktuelle Umkehrerlebnis-
se mit rigiden Identifikationskriterien drängt. Da lebt das Bild vom be-
kehrungseifrigen Evangelisten auf, der mit Fanatismus, simplen Inhalten und manipulativer Rhetorik Entscheidungsdruck auf seine Höre-
rinnen und Hörer ausübt. Eine auf Bekehrung zielende Verkündigung
– so die kritischen Stimmen – fördere ein »Zwei-Klassen-Christentum«,
das die Scheidung zwischen wahrem und defizitärem Christsein einübt
und die »Bekehrten« zu selbstgefälliger Überheblichkeit gegenüber
den »Unbekehrten« verleitet.
Aber auch dort, wo solche Zerrbilder von Bekehrung nicht vorherr-
schen, tun sich die großen Volkskirchen mit der Einladung zur Umkehr schwer – obwohl sie zunehmend in eine missionskirchliche Mino-
ritätssituation geraten, die zu einer intensiven und vor allem seriösen
Beschäftigung mit der Konversionsthematik geradezu herausfordert.
Denn der durch Tradition und Kultur gestützte Glaube verliert immer
mehr an Plausibilität. Die primäre religiöse Sozialisation (Familie) fällt
weithin aus, die sekundäre religiöse Sozialisation (Kirche) kann das
dadurch entstehende Defizit nicht auffangen. Die Glaubensweitergabe
innerhalb kirchlicher Versorgungsstrukturen misslingt – zumindest
tendenziell.
Dazu kommt: Mehr als ein Drittel der Bevölkerung in Deutschland ist
konfessionslos (etwa 80 Prozent in den neuen, 25 Prozent in den alten
Bundesländern). Das atheisierende Klima im Osten als Rest-Erbe der
zerfallenen sozialistischen Kultur, die kirchendistanzierte, religiöse
Indifferenz im Westen bei gleichzeitig aufbrechender Sinnleere und
Religionshungrigkeit sowie der subjektive Zwang, im Kontext des Pluralismus das eigene Leben in einer verwirrenden Fülle von Optionen
ständig neu entwerfen zu müssen, führen zu Orientierungssehnsüchten,
die für viele Menschen die Frage nach der grundlegenden Ausrichtung
beziehungsweise Neuausrichtung des Lebens zumindest latent aufwer-
fen. Einladung zur Umkehr – eine missionarische Herausforderung im

»Optionsstress« der Pluralisierung und zunehmenden Individualisierung unserer Gesellschaft?

Bekehrung, Umkehr, Konversion – biblisch gesehen, markieren diese
Begriffe – auch wenn man sie als differenzierten Prozess versteht –
eine radikale Umpolung im Leben von Menschen, den Übergang von
einer alten zu einer neuen Existenz, eine tief greifende Veränderung.
Alle biblischen Metaphern, die das Themenfeld »Bekehrung« umkrei-
sen, weisen in diese Richtung: Von einer »Wiedergeburt« ist da die
Rede (Joh 3,3–8), von einer »Neuschöpfung«, in der Altes vergeht und
Neues entsteht (2Kor 5,17). Das Christwerden wird als »Auferwe-
ckung von den Toten« beschrieben (Eph 2,1ff) oder mit dem »Anzie-
hen eines neuen Menschen anstelle des alten« verglichen (Eph 4,22ff;
Kol 3, 9–10). Bekehrung stabilisiert also gerade nicht die alte Identität des Men-
schen, sondern mutet ihm eine neue Identität zu, die Paulus in die
Worte fasst: »Nun aber lebe nicht ich, sondern Christus lebt in mir«
(Gal 2,20). Die Hinwendung zu Christus bedeutet zwar einen Identi-
tätsgewinn – zugleich jedoch die heilsame Verunsicherung der alten
Identität.

1. Was erschwert die Einladung zur Umkehr im Kontext von Pluralismus und Konfessionslosigkeit?

1.1 Selbstzurücknahme der kirchlichen Evangeliumsvermittlung

Die mit der Umkehr verbundene Verunsicherung der alten Identität
liegt quer zum Mainstream volkskirchlicher Evangeliumsvermittlung.
Die nämlich möchte die ohnehin schon vielfach irritierte Identität des
Menschen religiös stärken und gerade nicht neu verunsichern, möchte
Menschen an den Wendepunkten, in den Krisen und Widersprüchen
des Lebens stützen und bestätigen, statt ihnen eine heilsame Veränderung zuzumuten – eine gefährliche Selbstzurücknahme von Verkündigung und Seelsorge!
Im Fahrwasser eines harmlosen, weichgespülten Evangeliums wird
Gottes Liebe »wie Gras und Ufer«. Sie lullt ein, fordert nicht mehr zur
befreienden Lebenswende heraus. Auch die Rechtfertigungsbotschaft
lädt dann nicht« mehr zum »fröhlichen Wechsel« ein, sondern überhöht
lediglich religiös das ansonsten unveränderte Leben. »Wenn die Recht-
fertigungslehre in verkürzter Form das Feld beherrscht, dann ist zwar
immer noch genügend Platz für die … kleinbürgerliche Moral des Milieus. Aber dann ist auf jeden Fall jene lebensgefährliche Potenz ver-
mieden, die in jedem ernsthaften Ruf zur Buße« enthalten ist. »Indem
›unsere Volkskirche‹ das Geschehen von Konversion an den Rand

drängt, schont sie auf jeden Fall die in der Gesellschaft schon genug bedrohte Identität der Personen.«[1]

1.2 Immunisierung durch die Taufpraxis

Die Wirkungsgeschichte volkskirchlicher Taufpraxis zeigt gegenüber der Einladung zur Umkehr einen Immunisierungseffekt. Das Taufbegehren junger Eltern ist zwar (zumindest im Westen) nach wie vor groß. Aber für viele, die sich in Halbdistanz zum Leben der christlichen Gemeinde aufhalten, ist die Taufe ihrer Kinder kaum mehr als eine Kindersegnung, ein Passage-Ritus, der keine eigene Umkehr zum Glauben und zur Gemeinde impliziert, auch wenn missionarisch angelegte Taufgespräche und -Seminare dazu einladen.

Die geschehene Taufe suggeriert bei vielen, dass damit die Frage nach dem Christwerden praktisch schon beantwortet, die Umkehrthematik im Sinn einer Neuorientierung des Lebens schon erledigt ist. Eine Art Taufmagie, die von der Selbstwirksamkeit der Taufe ohne Glaubensentscheidung ausgeht, erweist sich als Sperre gegenüber jedem Umkehrruf. Die Einladung zu einer bewussten Hinkehr zu Christus trifft bei den Adressaten nicht selten auf Unverständnis nach dem Motto: »Was wollen Sie eigentlich? Ich bin doch getauft!«

1.3 Angst vor ideologischer Vereinnahmung

Im atheisierenden Milieu der postsozialistischen neuen Bundesländer ist Konfessionslosigkeit zum Normalfall geworden. Sie wird inzwischen vielfach als konstitutives Element der eigenen Identität erlebt. Ihre Infragestellung kommt einer Bedrohung dieser Identität gleich. Als Nachwirkung der sozialistischen Bildungspolitik gewinnt die Konfessionslosigkeit im Osten ihre Plausibilität durch die tief sitzende Überzeugung, dass Religion als »Opium des Volks« Ausdruck eines antiquierten Menschen- und Weltbilds und damit eine emanzipationsfeindliche Ideologie ist, die der moderne Mensch hinter sich zu lassen hat.

Der Zerfall der sozialistischen Utopie hat zugleich eine innere Resistenz gegenüber jeder neuen ideologischen Vereinnahmung aufgebaut. Die östliche Ideologiefeindlichkeit und die tief sitzende Skepsis gegenüber dem Zugriff von Religion auf das Denken und Leben der Menschen blockieren die Bereitschaft, sich auf Konversionswege einzulassen. »Die Ostdeutschen sind immun gegen jeden Bekehrungsversuch.«[2] »Nachdem Konfessionslosigkeit … als Massenphänomen be-

---

1 *Manfred Josuttis*, Die Konversion des Glaubens und die Identität der Person; in: *ders.*, Unsere Volkskirche und die Gemeinde der Heiligen. Erinnerung an die Zukunft der Kirche, 1997, 103f.
2 Das Evangelium unter die Leute bringen. Missionarische Perspektiven im kirchenleitenden Amt; epd-Dokumentation Nr. 3, 2006, 43.

gegnet, erzeugt sie aus sich selber einen Konformitätsdruck wie früher die durchchristlichte Gesellschaft.«[3]

Das gefährdet die Tradierungsfähigkeit des Glaubens und erschwert die Einladung zur Umkehr im Sinn eines grundlegenden Paradigmenwechsels. Manche östlichen Kirchenvertreter fordern denn auch Zurückhaltung gegenüber dem Thema Konversion, weil sie nicht den Verdacht bestärken wollen, nach der »roten Vereinnahmung« der Menschen käme jetzt eine »fromme« durch die Kirche.

1.4 Wahrnehmungsdefizite

Zugleich sprechen wir als Kirche Menschen auf Bekehrung auch deshalb nicht an, weil wir die zumindest latente Umkehrbereitschaft vieler, ihre Sehnsucht nach einer Lebensveränderung, nicht ausreichend wahrnehmen. Auch in Ostdeutschland ist Konfessionslosigkeit nicht durchgängig mit religiösem Desinteresse identisch. »Konfessionslose suchen ... ebenso wie Christen nach Orientierung und Sinnstiftung.«[4]

Die Offenheit für religiöse Fragestellungen – ausgelöst durch biografische Einschnitte – wird auch im Osten wieder spürbar größer. Das gilt umso mehr für den Westen unseres Landes. Inmitten von Traditionsabbruch und Säkularisierung brechen neue religiöse Sehnsüchte auf. Der Überdruss am Banalen wächst. Die Sinnleere, das »existenzielle Vakuum« (*Victor Frankl*), wird als leidvoll erlebt. Religion als »Sahnehäubchen« auf dem zunehmend von Langeweile bedrohten Leben reicht vielen nicht mehr.

Menschen kehren den großen Volkskirchen auch deshalb den Rücken, weil sie ihnen inhaltlich zu wenig anbieten, sie spirituell zu wenig herausfordern. Auf der Suche nach Transzendenzerfahrung, die ihr Leben verwandelt, tummeln sie sich, weil sie in der Kirche nicht fündig werden, in der pseudoreligiös aufgeladenen Psycho- und Esoterikszene. »Konversive Prozesse ... sind weiter verbreitet, als es ein enger Konversionsbegriff vermuten ließe. Gleichzeitig jedoch mangelt es am Bewusstsein, ... Menschen in diesen Prozessen zu begleiten ...«[5] Nehmen wir als Kirche die latente Umkehrbereitschaft von Menschen schon ausreichend wahr?

---

[3] *Helmut Zeddies*, Konfessionslosigkeit im Osten Deutschlands. Merkmale und Deutungsversuche einer folgenreichen Entwicklung; in: TTh 91 (2002), a.a.O., 152.
[4] *Helmut Zeddies*, a.a.O., 162.
[5] *Henning Wrogemann*, Wahrnehmung und Begleitung ›konversiver Prozesse‹. Missionarische Herausforderung kirchlicher Praxis im Kontext des Pluralismus, in: *Klaus Schäfer* (Hg.), Umkehr zum lebendigen Gott. Beiträge zu Mission und Bekehrung, 2003, 73.

1.5 Fehlende Anschauung

Konversionsbereitschaft wächst durch Anschauung gelungener und verlockender Konversion. Fehlt diese Anschauung, geht die Einladung zur Umkehr ins Leere. Die Hinwendung zu Christus und damit zu einer Lebensgestaltung, die aus dem Glauben erwächst, ist immer sozial abgestützt. Sie braucht das motivierende Vorbild durch die bereits vollzogene Umkehr anderer. Sie geschieht in der Regel in gemeindlichen Erfahrungsräumen, die »Umkehrluft« atmen und das Freiheitspotenzial der Umkehr veranschaulichen.

Hier liegt das Problem vieler Gemeinden: In ihnen weht oft ein konservativer, aber kein konversiver Wind. Die milieuverengte Sesshaftigkeit vieler Gemeinden lässt nur selten ein Umkehrklima aufkommen, das andere mitzieht. Es fehlt die Anschauung davon, welche spirituelle Gestalt die Umkehr zu Gott annehmen kann und was Hinwendung zu Christus im Lebensalltag bedeutet. So mangelt es der verbalen Umkehrpredigt weithin an einer gemeindlichen Rückendeckung und Bekräftigung. Die evangelistische Einladung zur Bekehrung wird oft durch die »Körpersprache« der Gemeinde ausgebremst. Und den Menschen, deren Biografien durch Konfessionslosigkeit geprägt sind, fehlt es wegen der Nicht-Erfahrung von Gemeinde gänzlich an der Anschauung des durch die Umkehr zu Gott eröffneten Freiraums und seiner Konsequenzen.

2. Was weckt die Umkehrbereitschaft von Menschen? Wie lassen sich konversive Prozesse im Kontext von Pluralismus und Konfessionslosigkeit fördern und begleiten?

2.1 Verheißungsorientierte Begegnungskultur

»Das ist der souveräne Indikativ des Evangeliums: Dass die ganze Welt bereits im Licht der Gnade Gottes existiert, dass also auch der noch nicht evangelisierte Mensch bereits vom Licht des Lebens erhellt wird.«[6] Menschen auf die Umkehr anzusprechen, die Gott ihnen gönnt und eröffnet – das heißt zuallererst, ihnen im Licht der Verheißung Gottes zu begegnen. Es geht um eine Begegnungskultur, die Menschen nicht auf die Defizite ihres Unbekehrtseins fixiert, sondern ihnen werbend zeigt, was sie in Gottes Augen sind und wozu er sie in Christus einlädt.

Petrus macht seine Umkehr-Erfahrung angesichts des vollen Netzes, das Jesus ihm präsentiert (Lk 5,1–11). Erst im Überwältigtsein von der

---

6 *Eberhard Jüngel*, Referat zur Einführung in das Schwerpunktthema der EKD-Synode 1999, in: Reden von Gott in der Welt. Der missionarische Auftrag der Kirche, hg. vom *Kirchenamt der EKD*, 2000, 20.

unerwarteten Fülle entdeckt er auch seine Defizite. Menschen spüren
sehr deutlich, ob wir ihnen mit einem primär defizitären oder einem
verheißungsorientierten Menschenbild begegnen, ob wir sie »klein
machen« oder als Personen ansprechen, mit denen Gott Großes vor
hat. Die Einladung zur Umkehr weckt Menschen liebevoll aus dem
Schlaf des Unglaubens und gewöhnt sie behutsam an das Osterlicht, das
schon längst für sie scheint.

Das geschieht in der Demuts- und Ohnmachtsgestalt der gewaltfreien
Bitte an Christi Statt (2Kor 5,20) – ohne Arroganz und imperialisti-
sches Gehabe. Gerade für die Bezeugung des Evangeliums unter Konfessionslosen ist eine verheißungsorientierte Begegnungskultur notwendig, weil sie auf jeglichen Druck verzichtet. Die Konfessionslosigkeit im Osten ist ja – obwohl sie ideologisch als »Freiheit« gepriesen
wird – historisch das Produkt eines staatlich verordneten Konformi-
tätsdrucks, der stark vom Imperativ des sozialistischen Ideals geprägt
war. Konfessionslose Menschen müssen dem Indikativ des Evangeliums begegnen, der ihnen eine Freiheit ohne ideologische Zwänge und
Leistungsanforderungen eröffnet.

2.2   Narrative, nicht appellative Evangeliumsvermittlung

Bekehrung ist das alleinige Werk des Heiligen Geistes, der zur Umkehr befreit. Gott öffnet souverän selbst die Ohren, die sein Wort einlassen, und die Herzen, die es aufnehmen. Der Ruf zur Umkehr appel-
liert daher nicht an den freien Willen des Menschen. Er ist vielmehr
Totenauferweckung – ein performatives, ein schöpferisches Wort, das
selbst bewirkt, wozu es einlädt. Die Umkehr des Menschen ist zwar
das Ziel aller Glauben weckenden Verkündigung, nicht aber ihr primä-
res, appellativ zu vermittelndes Thema.

Das Anliegen einer zum Glauben einladenden Evangeliumsvermittlung ist vielmehr, den Grund für diese Umkehr zu entfalten. Das aber
geschieht narrativ – in der Erzählung der großen Geschichte Gottes mit
dieser Welt, in der wir uns mit unseren Lebensgeschichten bergen
können, ohne sie in ihrer Fragilität und Fragwürdigkeit »umlügen« zu
müssen. Gerade angesichts der wachsenden Unkenntnis über Glau-
bensinhalte im Westen und dem weithin völlig unbekannten Evangelium im konfessionslosen Osten unseres Landes brauchen wir eine nar-
rative Evangelisation. Umkehrlust wird geweckt, wo es uns gelingt, in
einer anschaulichen Elementarisierung die »großen Taten Gottes« in
die Lebenswirklichkeit der Menschen so einzusprechen, dass sich Gottes Geschichte mit ihrer Geschichte neu verwebt.

Wir haben das »Ende der großen Erzählungen«, der »Meta-Erzählungen« erlebt – in ihrer östlichen Variante als marxistische Utopie wie
auch in ihrer westlichen Variante als Fortschrittsoptimismus. Für viele
Menschen in der ehemaligen DDR war der Zusammenbruch der gro-

ßen sozialistischen Meta-Erzählung zwar eine politische Befreiung, zugleich aber auch die Zerstörung ihres Paradigmen-Gebäudes, in dem sie heimisch waren und das ihnen persönliche und kollektive Identität und Stabilität vermittelte – ein Verlust, der ein Vakuum hinterlässt. Viele BürgerInnen der neuen Bundesländer haben inzwischen entdeckt, dass sich auch, trotz des weggebrochenen Himmels der kommunistischen Vision, ganz gut leben lässt. Zugleich fehlt nun aber ein deutender Gesamtzusammenhang, der dem auf sich selbst zurückgeworfenen Subjekt Sinn und Orientierung gibt.

Wir Menschen brauchen Meta-Erzählungen, in denen wir mit unseren Ängsten und Hoffnungen vorkommen und in deren Licht wir unsere eigene Geschichte, unsere Sehnsucht nach Ganzheit und die Erfahrung des Fragmentarischen deuten können. Wer sich in einer »großen Erzählung« bergen kann, erfährt eine »Entlastung vom Optionsstress«, von der Qual zur Wahl, weil er einen Orientierungsrahmen angeboten bekommt, der den eigenen Lebensentwurf strukturiert. Daran kann die Einladung zur Umkehr anknüpfen, indem sie die große Erzählung des Evangeliums so elementarisiert, dass deutlich wird, was der säkulare, dem Himmel entfremdete, Mensch gewinnen kann, wenn er sich vom Evangelium gewinnen lässt.

2.3 Netzwerke des Glaubens als Stützung konversiver Prozesse

Bekehrungen von Menschen ereignen sich meist nicht als punktuelle »Damaskus-Erlebnisse«, sondern auf oft langen »Emmaus-Wegen«. Solche Bekehrungswege brauchen soziale Stützung und Begleitung. Konversive Prozesse sind als Privatissimum ohne Sozialbeziehungen zu anderen Christen, die zur Umkehr ermutigen und den Umkehrweg mitgehen, erfahrungsgemäß nicht überlebensfähig. Glaubensvermittlung, die zur Umkehr anleitet, ist auf personale Begegnung angewiesen, die zur Identifizierung mit dem gelebten Glauben anderer einlädt. Wo aber »finden sich dafür soziale Situationen von ausreichender Dichte und Dauer?«[7] Wo gibt es »Biotope gelebter Christlichkeit«,[8] die ein einladendes konversives Klima entfalten? Das herkömmliche, volkskirchlich-parochiale Gemeindeleben scheint wenig geeignet zu sein, als Sozialuterus für geistliche Schwangerschaften zu wirken. Und dort, wo Konfessionslosigkeit zur Selbstverständlichkeit geworden ist, sind die Wege zur gemeindlichen Sozialerfahrung des Glaubens ohnehin abgerissen. Wie lässt sich »Gemeinde als Plausibilitätsstruktur ge-

---

7 *Johannes Zimmermann*, Gemeinde zwischen Sozialität und Individualität. Herausforderungen für den Gemeindeaufbau im gesellschaftlichen Wandel, Beiträge zu Evangelisation und Gemeinde-Entwicklung Bd. 3, 2006, 418.
8 Zeit zur Aussaat. Missionarisch Kirche sein. Reihe: Die deutschen Bischöfe Nr. 68, hg. vom *Sekretariat der Deutschen Bischofskonferenz*, 2000, 25.

stalten, die als Stützstruktur es dem Einzelnen ermöglicht, auch in der Situation der kognitiven Minderheit seinen Glauben zu leben«?[9]
Paul M. Zulehner, Johannes Zimmermann und andere betonen die Notwendigkeit,»ergänzende Formen zur Parochie zu entwickeln. Im Gegensatz zu einer zunehmenden Beziehungslosigkeit und Vereinzelung, könnten ›Glaubensnetzwerke‘ dem Einzelnen ein Netzwerk anbieten, das ihn in seiner Situation trägt und begleitet«.[10] Gerade in einer atheisierenden Kultur sind solche ausstrahlungskräftigen lokalen Netzwerke unabdingbar, weil sie zur Partizipation in einer überschaubaren religiösen Bezugsgruppe einladen, deren Kommunikationsstrukturen persönliche Nähe, Aufbau von Vertrauen und alltagstaugliche Begleitung auf dem Weg zum Glauben ermöglichen.»Mit den kleinen Lebenswelten und den signifikanten Personen in ihnen zusammen prägen sie heute nachhaltig Nähe und Distanz, Annäherung und Entfremdung zum Glauben und Leben der Kirche.«[11]
In diesem Zusammenhang könnten künftig Hausgemeinden und Hauskreise, gerade im Kontext andauernder Konfessionslosigkeit, wieder an missionarischer Bedeutung gewinnen, weil sie Interessenten keine explizite konfessionelle Bindung und Kirchenzugehörigkeit abverlangen. Voraussetzung dafür ist allerdings, dass solche kleinen Gruppen ihre häufig anzutreffende Introvertiertheit überwinden und sich in ihrer Begegnungs- und Sprachkultur auf das Abenteuer der Begleitung konversiver Emmaus-Wege einlassen. Wir brauchen künftig lokale Netzwerke des Glaubens, die Suchenden spirituelle Erfahrungsräume und praktische Experimentierfelder des Glaubens eröffnen und in denen der Weg des Christwerdens erprobt werden kann.

2.4 »Pastoral des Gewinnens«

»Im Osten Deutschlands sind die Menschen der Kirche und dem Glauben zwar massenweise verloren gegangen, sie werden aber nur alle einzeln wieder gewonnen.«[12] Das gilt in abgeschwächter Form für den Westen unseres Landes ebenso. Die volkskirchliche Betreuungspastoral erweist sich aber zunehmend als nicht ausreichend, um Menschen zu nachhaltigen Umkehrwegen zu motivieren. Denn es geht beim Prozess der Konversion um eine frei gewählte Umstrukturierung des bereits vorhandenen inneren Referenzrahmens, eine Umorientierung in den sozialen Beziehungen, ein Herauslösen von Menschen aus Ver-

---

9 *Zimmermann*, a.a.O., 429.
10 Ebd., 436.
11 *Paul M. Zulehner*, Pastoraltheologie Bd. 1 Fundamentalpastoral, 1991, 208.
12 *Wolf Krötke*, Missionarisch-theologische Kompetenz in den neuen Bundesländern Deutschlands, in: Evangelisation und Gemeindeentwicklung als Gegenstand von Forschung und Lehre, epd-Dokumentation Nr. 42, 2003, 9.

bindungen zu atheisierenden Milieus und um eine Neubeheimatung in
gemeindlichen Räumen einer sozialen Glaubenserfahrung.
Dazu ist eine »Pastoral des Gewinnens«, eine »Pastoral der Konversion« nötig.[13] »Konversion ... ist ein wichtiger Aspekt der Pastoral unter
den Verhältnissen des freiheitlichen Pluralismus ... Die Umkehr He-
ranwachsender, ja immer häufiger die Erstbekehrung Erwachsener
wird zu einem dringlichen Aufgabenfeld heutiger Pastoral.«[14]
In diesem Zusammenhang sind unverantwortliche Defizite in der theologischen Aus- und Fortbildung zu beklagen: In der Ausbildung fehlt
weithin die missionarische Dimension kirchlichen Handelns und eine
intensive Beschäftigung mit der Problematik der Konfessionslosigkeit
östlicher und westlicher Prägung. Wir brauchen außerdem verstärkt
seriöse und bewährte missionarisch-evangelistische Erwachsenenkate-
chumenate wie zum Beispiel Grundkurse des Glaubens. Zugleich muss
die Auskunfts- und Sprachfähigkeit von Christen in Glaubensfragen
gestärkt werden. Denn es lässt sich empirisch zeigen: Der »entscheidende Weg für die ›missio extra muros ecclesiae‹ ist und bleibt der
persönliche Kontakt, das persönliche Gespräch und das überzeugende
›Leben des Glaubens‹ von Christenmenschen.«[15] Eine Studie über Kircheneintritte in Ostdeutschland nach der Wende belegt den hohen Stellenwert, den persönliche Beziehungen zu Christen für Konversionsprozesse haben[16].

2.5 Zeichenhafte Vergewisserung des Umkehrwegs

Jede vom Geist Gottes gewirkte Grundentscheidung eines Menschen
für den Glauben an Jesus Christus ist eine »Vorausentscheidung«, die
der Mensch nie ganz einholt, weil er nie ganz über sich verfügt. In ihr
zeigt der Einzelne mehr an, als er jemals einlösen kann. Sie ist deshalb
der Beginn eines lebenslangen Prozesses und die Ermöglichung tägli-
cher Umkehr. Aber für viele Menschen ist es eine Hilfe, wenn der Beginn oder Neubeginn ihres Umkehrwegs einen zeichenhaften Ausdruck findet. Unsere protestantischen »Kirchen des Wortes« sind arm
an Zeichenhandlungen. Ihnen fehlt weithin die Sprache der Sinnlich-
keit. Was wir dringend brauchen, sind Zeichen, die den Anfang bzw.
Wiederbeginn des Glaubensweges eines Menschen verleiblichen, Zeichen der Vergewisserung des Glaubens.
Paul M. Zulehner geht aufgrund von Umfragen in den östlichen Bundesländern davon aus, dass es bei »Atheisierenden« eine »gewisse Of-

---

[13] Vgl. dazu *Zimmermann*, a.a.O., 445ff.
[14] *Zulehner*, a.a.O., 217.
[15] *Matthias Bartels*, Schritte heraus aus dem Gemäuer, in: epd-Dokumentation
Nr. 3, 2006, 42.
[16] Vgl. *Detlef Pollack / Klaus Hartmann*, Gegen den Strom. Kircheneintritte in
Ostdeutschland nach der Wende, 1998.

fenheit für religiöse Rituale« gibt.[17] Ein Beispiel dafür sind »kirchliche Jugendfeiern für Ungetaufte«: Sie verzichten auf konfessorische Verpflichtungen, wollen auch nicht ausdrücklich zur Taufe motivieren, bieten aber Symbole und Inhalte des christlichen Glaubens als Orientierung für den Lebensweg an.[18] Gerade im Kontext der östlichen Konfessionslosigkeit ist neu über Wege der Hinführung zur Taufe und Formen der Gestaltung von Erwachsenentaufen nachzudenken. Denn in der Umkehr zu Gott spricht der Mensch sein kleines Amen auf Gottes großes Ja, das ihm in der Taufe zugeeignet wird.

Für bereits getaufte, aber aus der Kirche Ausgetretene, sowie für Menschen, die als bisher distanzierte Glieder der Kirche einen Neuanfang im Glauben wagen, ist die Einladung zur Umkehr immer auch Tauferinnerung – ein Rückruf zur Taufe, ein »Hineinkriechen in die Taufe« (Martin Luther). Dies Hineinkriechen braucht eine Verleiblichung. Denn »das Leben findet nicht hinter dem Rücken der Gestaltung statt. Eine ungestaltete Hoffnung verfliegt, und eine nicht gefeierte Hoffnung wird blass«.[19]

Der Abschlussgottesdienst des Projekts »Christ werden – Christ bleiben« enthält zur zeichenhaften Vergewisserung des (neu) beginnenden Umkehrwegs eine »Umkehrliturgie«[20] mit folgenden Schritten: Wer mag, kann auf dem Altar unter dem Kreuz einen »Entlastungsbrief« ablegen und erfährt den konkreten Zuspruch der Vergebung. Ein (vorformuliertes) »Antwort-Gebet«, zu dem eingeladen wird, fasst die persönliche Hinwendung zum dreieinigen Gott in leicht verständliche Worte. Schließlich wird eine persönliche Segnung mit Handauflegung und Kreuzzeichen angeboten, die den beginnenden Umkehrweg noch einmal unter Gottes Zuspruch und Verheißung stellt. Viele Menschen reagieren dankbar und bewegt auf die spürbare Verleiblichung der Güte Gottes. Ihr Umkehrwunsch hat eine Gestalt gefunden. Ein Seminarteilnehmer sagte im Feedback: »Ich habe noch nie vorher bei einem Gottesdienst gespürt, dass Gott einfach da war. Jetzt ahne ich jedenfalls, wovon die Pfarrer immer reden. Wenn man's nicht erlebt, tut sich gar nichts.«

---

[17] Vgl. *Zimmermann*, a.a.O., 438f.
[18] Ebd., 439.
[19] *Fulbert Steffensky*, Wo der Glaube wohnen kann, 1989, 46.
[20] Vgl. dazu *Burghard Krause*, Das Verständnis von Bekehrung. Eine Perspektive der Missionarischen Dienste, in: Zeitschrift für Mission Nr. 3, 2004, 232–243, besonders 241ff.

BIRGIT NEUMANN-BECKER

Kirchenräume für Zaungäste

Wie können Konfessionslose Zugänge zur Symbolkraft des Raums in Verbindung mit seinen Glaubensaussagen bekommen? Wie kann ihnen der Kirchenraum im besten Fall ein Ort eigener Andacht werden? Könnte man »konfessionslos« mit »Zaungast« übersetzen? Das wäre jemand, der nur zuschaut, der keinen Eintritt bezahlt, der nicht richtig dazugehört, aber eben doch irgendwie Anteil nimmt, sich interessiert und sich am »Kirchenzaun« aufhält. Das Wort Zaungast stellt Menschen vor Augen, die draußen sind. Sie stehen am Zaun, sie wollen (jetzt) nicht hinein. Wir können ihnen aber Einblicke ermöglichen.

Hinter der Aufgabe, Zaungästen den Kirchenraum als Glaubensort nahe zu bringen, steht der missionarische Auftrag und die Frage, wie man überhaupt zum Glauben kommen kann, wie man vom Zaungast zum Beteiligten wird. Ich meine, zum Glauben kommen und im Glauben bleiben Menschen zuallererst durch den Kontakt mit Christen und mit der Kirche. Der »Rest« ist Gottes Wirken vorbehalten. Wir jedenfalls sollen Menschen zum Glauben einladen und ihnen Einblicke und Einsichten ermöglichen. Was kann das – umgesetzt auf die Begegnung mit Glauben im Kirchenraum – bedeuten?

Du bist willkommen

1. Zuerst müssen Türen geöffnet und Regeln geklärt werden. Dass die Einladung in den Kirchenraum an alle Menschen ergeht, ist schon lange keine Selbstverständlichkeit mehr. Wenn Gäste beim Betreten einer Kirche als erstes fragen, ob sie stören, ist vieles korrekturbedürftig geworden. Einerseits gibt es bei ihnen kaum eigene Erfahrungen mit dem Besuch von Kirchenräumen. Auf der anderen Seite fehlt von den Gemeinden aber auch das herzlich begrüßende Zeichen: »Du bist willkommen, tritt ein.«

Hier ist Öffentlichkeitsarbeit im Vorfeld gefragt (Internetseiten, Printprodukte, die über Touristinformationen oder Hotels weitergegeben werden). Gäste müssen verbindlich eingeladen werden, lange bevor sie vor der Kirchentür stehen. Wenn sie in den Raum eingetreten sind, helfen wir ihnen durch klare Verhaltensregeln, die ihnen Unsicherheiten im Umgang mit dem Raum nehmen können, und zeigen gleichzeitig unser eigenes Verständnis des Raums.

2. Die Gäste sollen spüren: In dieser Kirche lebt die Gemeinde, hier feiert sie Gottesdienste, hier betet sie unter der Woche, sie hält den Raum wert. Die feiernde Gemeinde ist in der Kirche mit Kerzen und Blumen präsent. Gäste erleben so – außerhalb der Gottesdienstzeiten – die Fortsetzung des Gottesdienstes. Alle Gäste der Kirche sollen aber auch zum Gottesdienst oder zu Gebeten eingeladen sein. Eine gute Möglichkeit der Andacht bieten Orgelmusiken unter der Woche, die mit einem Psalm und einem Gebet begleitet werden.

3. Während Kirchenführungen werden wir immer wieder dem ungläubigen Blick, den irritierten oder auch kritischen Nachfragen von Menschen begegnen, denen Glaubensdinge völlig fremd sind. Meist wird an einer Frage deutlich, dass man jetzt eigentlich das ganze Christentum erklären müsste. Manchmal können Gäste nicht einmal eine Frage formulieren, so fremd ist das, was ihnen begegnet.
Hier muss es darum gehen, einen kirchenpädagogischen, das heißt, erfahrungsbezogenen und kognitiven Zugang zu Glaubensdingen zu ermöglichen.

Erfahrungsgesättigt

Dazu bietet der Kirchenraum gute Rahmenbedingungen, da er mit Erfahrungen und Glaubenspraxis der Gemeinde »gesättigt« ist und ihre Spuren birgt. Bei Philippus, der den Kämmerer aus Äthiopien lehrte, lernen wir die Didaktik: Wir müssen bei dem beginnen, was nachgefragt wird, und dann das Evangelium von Jesus predigen (Apg 8,35). Der Kirchenraum bietet mit seiner Ausstattung die Anschaulichkeit gelebten Glaubens: den Taufstein, den Altar, die Kanzel, die Orgel, Sitzbänke, gegebenenfalls Epitaphien. Hier können die nachgefragten Themen und Glaubensfragen besprochen werden.
In der Magdeburger Kathedralkirche St. Sebastian gab es vor kurzem eine Installation: »So geht katholisch«. Der Raum war an exemplarischen Orten mit umleuchteten Figuren aus Plexiglas bestückt, die Körperhaltungen an den einzelnen Orten darstellten und kurze thematische Erklärungen gaben, zum Beispiel zu Beichte, Gebet, Eucharistie. Dabei wurden die Ausstattungsstücke des Raums sinnfällig gemacht. Konfessionslosen wünscht man diesen Geistesblitz: »Aha, so geht evangelisch« – oder »So geht christlich«, dass sich ihnen der Sinn des Raums und seiner Ausstattung eröffnet.
Kirchenpädagogisches Herangehen bietet den Vorteil, die Erfahrungen und Sichtweisen der Gäste einzubeziehen. Eine wichtige didaktische

Schrittfolge beim kirchenpädagogischen Arbeiten – zum Beispiel bei Bildbetrachtungen – nimmt Gäste in die Entdeckungen hinein:»Was sehe ich? Was bedeutet es? Was bedeutet es für mich?« Wenn dies zum Klingen kommen kann, werden die Gäste nicht mit Richtigem und Wichtigem überfrachtet, sondern sind selbst am Entdeckungsprozess beteiligt.

4. Menschen kommen mit ihren persönlichen Nöten in die Kirche. Sie brauchen einen unterstützenden Rahmen, um sich spirituell zu öffnen. In einem Kurs zu Glaubensfragen sagte eine Frau:»Ich habe das doch nicht gelernt, zu glauben. Ich wüsste gar nicht, was ich da machen soll.« Und eine Woche später sagte dieselbe Frau:»Übrigens als ich in Tschenstochau war, da habe ich bei der schwarzen Madonna für meine Tochter gebetet, die zu dieser Zeit ein Kind erwartete. Vielleicht hat's ja geholfen, geschadet hat es jedenfalls nicht.« Das Bittgebet scheint noch nicht ganz verloren zu sein, das Dankgebet wäre neu zu lernen.

»Ich kann nicht beten«

In Frankreich fand ich in vielen Kirchen folgendes Gebet, das die geistliche Sprachlosigkeit ausdrückt:»Ich kann nicht beten. Ich weiß nicht, was ich sagen soll. Ich habe nicht viel Zeit. Also? Das Licht, das ich anzünde, ist ein bisschen meines Guten, ist ein bisschen von meiner Zeit, ist ein bisschen von mir selbst, dass ich es lasse vor dem Herrn, vor der heiligen Jungfrau, vor einem Heiligen. Dies Licht, das scheint, symbolisiert mein Beten. Damit fahre ich fort, wenn ich gehe.«[1]
Auch Glaubensferne lassen sich zu kleinen spirituellen Formen einladen: Gebete aufschreiben und im Kirchenraum hinterlassen, damit andere sie im Gottesdienst stellvertretend sprechen, eine Kerze anzünden und damit an jemanden denken, ein»Elfchen« schreiben, in der Bibel lesen, sich in ein Bild vertiefen.

5. Kirchenräume erzählen allen Menschen vom Glauben, auch denen, die im Tourismusgeschäft arbeiten: Mitarbeitende bei Reiseunternehmen, Vertreter von Tourismusverbänden, Zuständige in den Ministerien, bei Banken oder der Presse. Sie haben professionell mit Kirche zu tun, obwohl sie privat vielleicht eher Abstand halten. Diese Menschen erlebe ich ansprechbar, weil sie in ihrer gewohnten Rolle agieren und hier sicher, offen und kommunikativ sind. Sie sind an Kooperationen mit der Kirche interessiert. Sie können hier Kirche neu entdecken. Pfarrer/innen oder Ehrenamtliche der Gemeinde werden für Mitarbeitende im Tourismusgeschäft plötzlich zum Zeugen und stehen stellver-

---

[1] Übersetzung: Nina Böttger und Jürgen Walther.

tretend für »die Christen« und »die Kirche«. Hier ist ein gelassener und überzeugender »Auftritt« als Christ gefragt, der seinen Glauben einbringt, loyal zu seiner Kirche steht und gegebenenfalls Unstimmigkeiten erläutern kann.

Ein aufregender Aspekt begegnet mir im Umgang mit Stadtführer/innen, die sich fortbilden, um auch in Kirchen Führungen anbieten zu können. Sie saugen die Informationen über Glauben und Christentum auf, und zugleich bemerken sie, dass ihnen die Erfahrung des Kirchenraums im Gebrauch fehlt. Mit einer Gruppe von Stadtführer/innen habe ich deshalb ein kleines Chorgebet gehalten, sie einfach in Gesänge und Lesungen hinein genommen.

Das Gespräch danach war von Erfahrungen geprägt, die für die meisten neu waren: der Klang der eigenen Stimme im Kirchenraum, das Erlebnis der Kirche als Andachtsraum und irgendwie der Eindruck eines Gegenübers. Ich glaube, sie kamen sich ein bisschen »wie im Film« vor. Zugleich entstand aber auch eigene Andacht beim Tun. Einige der Teilnehmenden stellten neue Fragen: Wie kann man überhaupt glauben? Wie kommt man dazu? Beim Erforschen ihrer eigenen Glaubensgeschichte fanden sie heraus, dass sie nicht zufällig am Kirchenraum interessiert waren, sondern eine Geschichte mit ihm haben. Bei manchen war einfach der Kinderglaube nicht mit gewachsen.

Sie haben intensiv darüber nachgedacht, wie sie als Konfessionslose eine Kirchenführung machen könnten, was sie den Gästen sagen können. Dabei habe ich gespürt, wie wichtig es ihnen ist, anderen die Kirche an ihrem Ort zu zeigen. Ist es leichter, über Kirche und den Glauben anderer zu reden, als selbst zu glauben? Will Gott durch die Zaungäste predigen? Sollen sie bezeugen, was sie ahnen? Sollen sie durch diese Beschäftigung ihren Platz am Zaun aufgeben?

6. Wenn wir überlegen, wie wir die Zaungäste der Kirche zum Glauben einladen, gehört dazu unsere Verbindlichkeit. Menschen brauchen die Überweisung in ihre eigene Gemeinde am Ort, die Stadtführer/innen die Einladung in die Gottesdienste, die Mitarbeitenden im Tourismus gelegentlich Seelsorge im kollegialen Kontakt.

Die Kirche für Zaungäste zu öffnen, heißt also: sie einzuladen, ihnen für spirituelle Erfahrungen Raum zu geben und sie am Verstehen teilhaben zu lassen, was Glauben für uns bedeutet. Sie brauchen die Wahrnehmung, dass wir Christen aus dem Glauben leben, dass Gott uns wohl will und dass sich das in unserem Leben abbildet. Sie brauchen die Annahme als Zaungast, sie brauchen das Gespräch am und über den Gartenzaun hinweg. Manche werden durch das geöffnete Tor gehen, bei manchen verschwindet – so Gott will – einfach der trennende Zaun.

AXEL NOACK

Wo ist aus Sicht der Kirche »außen«?

Die EKD gibt in ihrem Perspektivpapier »Kirche der Freiheit« neue Denkrichtungen vor. Eine von Ihnen lautet: *»Außenorientierung statt Selbstgenügsamkeit. Auch der Fremde soll Gottes Güte erfahren können, auch der Ferne gehört zu Christus. Das Bild von ›Christus als Haupt der Gemeinde‹ veranschaulicht, dass seine Gegenwart in der Welt immer größer und weiter ist als der je eigene Glaube und die je eigene Gemeinde.«*

Im Folgenden soll nach der »Außenorientierung« unserer Kirche etwas genauer gefragt werden. Da kommen wir an den so genannten »Konfessionslosen« nicht vorbei.

1. Es gibt nicht nur Glaube und Unglaube

Wer sich dem Thema Konfessionslosigkeit in Deutschland aus missionarischer Perspektive zuwendet, muss sich mit einem ziemlich fest sitzenden Vorurteil auseinandersetzen. Klassische evangelistische Rezepte unterscheiden im Wesentlichen nur zwei Werte voneinander: gläubig oder ungläubig.

Längst wissen wir, dass es dafür im »normalen« Leben nur wenig wirkliche Entsprechungen gibt. »Zwischenformen« zwischen Glauben und Unglauben kommen in der Theorie nicht, aber in der Praxis sehr häufig vor. In unserer Kirche gibt es Fromme, Halbfromme und ein bisschen Fromme. Es gibt verschiedene Formen von Glauben. Das muss eine Kirche aushalten und akzeptieren können. Ebenso muss mit dem »Wachsen« des Glaubens gerechnet werden können.

Unterschiedliche Intensität im Glauben und in der Kirchennähe gibt es oft sogar innerhalb einer einzelnen Biografie: Es gibt bei nicht wenigen Menschen Lebensphasen, in denen die Bindungen an die Kirche und die eigene Glaubenspraxis stärker ausgeprägt sind als in anderen Phasen des Lebens. Diese Erfahrung ist so alt wie die Kirche selbst.

Wie wurde mit diesem Phänomen umgegangen? Die althergebrachte Lösung bestand darin, dass alle die, die nicht »richtig« bekehrt sind, in das Lager des Unglaubens geschoben wurden, denen unser missionarisches Bemühen gelten muss. So war die Zweiwertigkeit wieder herge-stellt. Die missionarische Aufgabe blieb so immer erhalten, auch in Zeiten, als alle (oder fast alle) Menschen zur Kirche gehörten. Kir-chenmitgliedschaft spielte bei der Unterscheidung von Glauben und Unglauben keine wirkliche Rolle, waren doch auch so genannte »Un-gläubige« in großer Zahl Mitglieder der Kirchen.

Das alles verändert sich dadurch, dass wir in verstärktem Maße von »Konfessionslosen« reden und damit wenig oder gar keine Aussagen zum Glauben der so bezeichneten Menschen machen. Konfessionslo-sigkeit ist eher ein Formalkriterium: Alle, die nicht zu einer Kirche gehören, sind heute die Konfessionslosen. Allenfalls unterscheiden wir innerhalb der Konfessionslosen noch zwischen denen, die in ihrem Leben noch nie jemals einer Kirche angehört haben, und denen, die im Lauf ihres Lebens die Kirche durch »Kirchenaustritt« verlassen haben. Größere Differenzierungsversuche, um die zahlenmäßig große Gruppe der Konfessionslosen etwas genauer zu betrachten und kennen zu ler-nen, gibt es bis heute nicht.

Das ist eigentlich leichtsinnig, denn wenn wir uns vor Augen führen, dass wir im Osten Deutschlands Städte haben, in denen die »Konfessi-onslosen« weit über 80 Prozent der Einwohner stellen, zeugt es nicht gerade von liebevollem Bemühen um diese große Menschengruppe, wenn wir sie nicht genauer und differenzierter betrachten.

Wieso eigentlich ist uns noch nicht so richtig aufgefallen, dass auch die Nicht-Kirchen-Gebundenen sich genauso breit ausdifferenzieren wie die Kirchenmitglieder? Warum sollte der Unglaube – wenn man davon im Blick auf die Konfessionslosen reden will – nicht genauso unterschiedlich und different sein wie der Glaube der Kirchenmitglie-der?

2. Kirchenmitgliedschaft thematisieren

Immerhin, ein Gutes hat die Rede von den Konfessionslosen: Sie stellt implizit die Frage nach der Kirchenmitgliedschaft. Das ist ein Thema, das den missionarisch und evangelistisch Engagierten über viele Jahr-zehnte ohne jede größere Bedeutung gewesen ist. Warum auch? Mo-dernere missionarische Bemühungen nahmen in Zeiten, in denen oh-nehin fast alle zur Kirche gehörten, ihren Anfang. Sie fanden innerhalb der Volkskirche statt, allenfalls im Außenbereich der sozialen Arbeit von Innerer Mission und in der Arbeit der Stadtmissionen wurde an Menschen ohne kirchliche Bindung gedacht.

Traditionell waren also die missionarischen Bemühungen der enga-gierten Gruppen darauf gerichtet, solche, die ohnehin zur Kirche ge-hörten, in ihrem Glauben zu stabilisieren und fester zu gründen. Evan-gelistische Anstrengungen und missionarische Programme – von der alten Zeltmission bis hin zu Pro-Christ – haben daher die Frage nach der Zugehörigkeit zu einer Kirche nie expressis verbis thematisiert. Das brauchten sie nicht, da Kirchenmitgliedschaft ohnehin gegeben war.

Problematischer ist aber Folgendes: Wer innerhalb der Kirche, oder genauer gesagt innerhalb der »Volkskirche«, missionieren und evangelisieren will, muss den Kirchenmitgliedern letztlich ein mindestens leichtes Defizit im Glauben unterstellen. Das ist durchaus berechtigt, denn in einer Volkskirche finden sich – wie schon gesagt – alle möglichen Schattierungen von Frömmigkeitsformen: »halbfromm«, »ein bisschen fromm«, »kaum erkennbar fromm«. Der Glaube der Kirchenmitglieder ist also durchaus zu stärken. Das braucht er immer wieder. Leider ist aber aus diesem nötigen Ansatz bei nicht wenigen Missionaren eine mehr oder weniger ausgeprägte Geringschätzung oder gar Verachtung der Kirchenfrömmigkeit erwachsen, die sie zwar einerseits in größere Nähe und gute Nachbarschaft zu Freikirchen und freien Gemeinden gebracht, sie aber andererseits auch den »normalen« Landeskirchen entfremdet hat. Erst in den letzten Jahren ist es hier wieder zur Entspannung gekommen, und verschiedene Formen der Zusammenarbeit beginnen sich abzuzeichnen. Beide Seiten hatten zu lernen: Die Kirche muss missionarischer werden, und die Mission muss kirchlicher werden!

Nun aber, seit wir von Konfessionslosigkeit reden, ist das Thema Kirchenmitgliedschaft auch unter den Missionaren nicht mehr auszuklammern. Sie tun sich nicht leicht damit. Es fällt vielen schwer, Menschen, die durch evangelistische Veranstaltungen den Glauben zu Jesus Christus gefunden haben, an »normale« Kirchengemeinden zu vermitteln, vermutlich aus dem Wissen, dass da Enttäuschungen vorprogrammiert sind.

3. Wir diagnostizieren einen Mangel

Ich werbe dafür, sich der Mühe zu unterziehen, auch die so genannten Konfessionslosen genauer zu betrachten. Das ist keine neue Forderung: Eine Kirche, die sich des missionarischen Auftrags gewiss ist, die die Botschaft des Evangeliums zu den Menschen bringen möchte, muss, um des Evangeliums und dieser Menschen willen, die Adressaten der Verkündigung kennen, verstehen und mögen.

Was wissen wir von ihnen wirklich? Wo haben sich Kirche und wissenschaftliche Theologie darum bemüht, diese Menschen besser zu verstehen und differenziert zu betrachten? Es ist daher zu begrüßen, dass es in Greifswald ein Institut an der theologischen Fakultät gibt mit der Aufgabe, hier genauer hinzuschauen und die Bedingungen für die

Möglichkeit missionarischen Handelns unter dieser Menschengruppe
zu erhellen.

Erste Versuche wurden also schon unternommen, aber unsere normale
Rede ist darüber noch sehr einseitig und wenig differenziert geblieben:
Das sind eben die Konfessionslosen! Auch die Sprache verrät uns: Ist
einer arbeitslos, obdachlos oder sprachlos, so merkt er schnell, dass
ihm etwas fehlt. Der »Konfessionslose« hingegen verspürt den Mangel
nicht, den wir ihm mit unserer Redeweise unterstellen. Dem Konfessionslosen fehlt nichts, und das ist wiederum seine starke Herausforderung für unser missionarisches Bemühen.

Die Verkündigung des gekreuzigten Christus für den, der nach Sinn
und Orientierung fragt, von seinem eigenen Versagen weiß und nach
dem gnädigen Gott sucht, ist hier um ein Vielfaches leichter als für
viele der heutigen Konfessionslosen. Der Ruf »Lasst euch versöhnen
mit Gott!« bekommt einen anderen Inhalt, wenn Menschen darauf
antworten: »Wieso, ich habe doch gar nichts gegen Gott!«

Sie können sich überhaupt nicht vorstellen, dass Gott seinerseits ihr
Leben nicht recht finden könnte und wir Menschen hinter seinen Forderungen zurückbleiben. Nicht ich muss heute angstvoll nach dem
gnädigen Gott fragen und suchen, sondern Gott sollte doch dankbar
sein, wenn ich ihn überhaupt ernst nehme, denn das ist in unserer säkularen Gesellschaft alles andere als selbstverständlich. Die Beweislast
hat sich scheinbar umgekehrt, und eigentlich müsste Gott mir dankbar
sein, wenn ich den einen oder anderen Euro spende. Konfessionslose
aller Schattierungen empfinden in der Regel keinen Mangel.

4. Die große Zahl der Konfessionslosen spielt eine Rolle

Konfessionslose sind darüber hinaus auch keine Exoten, also selten
anzutreffende Menschen, gewissermaßen der Ausnahmefall. Es mag
zwar im Weltmaßstab gelten, dass Menschen ohne religiöse Bindung
und Sozialisation die große Ausnahme darstellen, hier bei uns ist das
ganz bestimmt nicht der Fall. Konfessionslosigkeit ist der eigentliche
Normalfall geworden. An Konfessionslosigkeit kann man sich und
kann sich eine ganze Gesellschaft gewöhnen.

Das ist durchaus nicht ohne Probleme: Viele Menschen, auch Kirchenmitglieder, übernehmen eine heute ziemlich gängige Einschätzung, dass der nichtreligiöse und unkirchliche Mensch der Normalfall
sei und dass alles Religiöse ein Zusatz zum normalen Menschen sei,
gewissermaßen eine später erworbene, habituelle Eigenschaft. Menschen seien natürlicherweise unreligiös und erwerben sich erst im Lauf
ihres Lebens, vornehmlich durch elterliche Erziehung und religiöse
Bildung in Kindergarten und Schule, so etwas wie einen Glauben und
eine Überzeugung. Und: Wer nun nicht in den Genuss solcher Bildung
kommt, bleibt deshalb unreligiös.

Eine solche Position wird oft von denen vertreten, die religiöse Bildung als aufgesetzt und im Grund als illegitime Beeinflussung sehen und am liebsten von Kindern ganz fernhalten möchten. Allenfalls Informationen über Religionen (im Plural!) sollten erlaubt sein, damit sich die Kinder später einmal selbst entscheiden können. So denken mittlerweile auch etliche christliche Eltern und halten sich in der religiösen Erziehung bewusst zurück. Gerade im weltanschaulich neutralen Staatswesen müsse gelten, dass die nichtreligiöse Interpretation der Welt der Normalfall sei und dem neutralen Staat am ehesten entspreche.

Dem ist deutlich zu widersprechen. Ich verweise auf den ziemlich unkirchlichen, aber sehr kritischen Philosophen Jürgen Habermas, der im Gespräch mit Kardinal Ratzinger ausführte:

»Auch das säkulare Bewusstsein kommt nicht kostenlos in den Genuss der negativen Religionsfreiheit. Von ihm wird die Einübung in einen selbstreflexiven Umgang mit den Grenzen der Aufklärung erwartet. Das Toleranzverständnis von liberal verfassten pluralistischen Gesellschaften mutet nicht nur den Gläubigen im Umgang mit Ungläubigen und Andersgläubigen die Einsicht zu, dass sie vernünftigerweise mit dem Fortbestehen eines Dissenses zu rechnen haben. Auf der anderen Seite wird dieselbe Einsicht im Rahmen einer liberalen politischen Kultur auch Ungläubigen im Umgang mit Gläubigen zugemutet ... Die weltanschauliche Neutralität der Staatsgewalt, die gleiche ethische Freiheiten für jeden Bürger garantiert, ist unvereinbar mit der politischen Verallgemeinerung einer säkularistischen Weltsicht. Säkularisierte Bürger dürfen, soweit sie in ihrer Rolle als Staatsbürger auftreten, weder religiösen Weltbildern grundsätzlich ein Wahrheitspotenzial absprechen, noch den gläubigen Mitbürgern das Recht bestreiten, in religiöser Sprache Beiträge zu öffentlichen Diskussionen zu machen. Eine liberale politische Kultur kann sogar von den säkularisierten Bürgern erwarten, dass sie sich an Anstrengungen beteiligen, relevante Beiträge aus der religiösen in eine öffentlich zugängliche Sprache zu übersetzen.«

Aber: An Konfessionslosigkeit kann man sich gewöhnen und sie schließlich für den Normalfall halten.

5. Stört Religion nicht das friedliche Zusammenleben?

Gestützt wird eine solche Position noch durch die Skeptiker, die so ziemlich alle gläubigen Menschen für Fundamentalisten und also für gefährlich halten. Religion erschwere das Zusammenleben und sei einer der wichtigsten Gründe für den Unfrieden in der Welt. Seht sie euch doch an: Sie hauen sich gegenseitig die Köpfe ein! Seht nach

Nordirland, nach Palästina, in den Irak. Solche Haltung ist heute stärker verbreitet, als wir gemeinhin in unseren Kirchen annehmen. DER SPIEGEL fasst eine Leserbriefdebatte über religiöse Fragen in der Silvesterausgabe 2006 wie folgt zusammen: *»Alle Gottheiten sind von Menschen gemachte Konstrukte, die der Identitätsstiftung dienen und die somit alle gleich wahr oder besser: gleich falsch sind. Diese Erkenntnis würde unseren Planeten zu einem friedlicheren, sichereren und lebenswerteren Ort machen!«*
Das bedeutet: Wir werden damit zu rechnen haben, dass es unter den Konfessionslosen Menschen gibt, die im Grunde froh darüber sind, dass sie – familiär bedingt – das Thema Religion haben hinter sich lassen können. Man könte es ganz unsinnig zugespitzt so formulieren: Gott sei Dank, haben wir mit Gott nichts mehr zu tun!

6. Andere »hatten keinen Menschen«

Daneben, zahlenmäßig durchaus wesentlich seltener, gibt es die eindringliche Bitte des Gelähmten am Teich von Bethesda, der niemanden hatte, der ihn rechtzeitig zur Quelle brachte: »Herr, ich habe keinen Menschen, der mich in den Teich bringt, wenn das Wasser sich bewegt; wenn ich aber hinkomme, so steigt ein anderer vor mir hinein« (Joh 5,7).
Es gibt also auch unter den Konfessionslosen Menschen, die im Grunde traurig darüber sind, dass ihnen niemand zum Glauben geholfen hat, dass Eltern und Großeltern in dieser Hinsicht versagt haben. Nun meinen sie, sei es zu spät, was man als »Hänschen« nicht hat erwerben können, kann der große Hans nicht mehr erlernen. Das gelte besonders für Glaubensfragen und Glaubenspraxis, Taufe und Kirchenzugehörigkeit. »Ich kann mich doch nicht als Erwachsener taufen lassen und überhaupt, getauft wird man doch. Man lässt sich doch nicht taufen.«
Auch solche Haltung ist verbreiteter und festsitzender, als wir oft meinen, weil wir es natürlich besser wissen und über Erfahrungen mit Erwachsenentaufen verfügen. Wer aber noch nie eine Taufe erleben durfte und schon gar keine Erwachsentaufe gesehen hat – wie geht es dem mit unserer Theologie?

7. Und dann die große Zahl derjenigen, die sich nie mit Themen des Glaubens beschäftigt haben

Früher – und möglicherweise in manchen Landstrichen weiter westwärts noch heute – konnten Menschen »ganz normal« in der Kirche sein. Sie brauchten dafür nie etwas zu tun. Sie brauchten sich nie dafür zu entscheiden. Die Eltern haben sie getauft, und dann ging das bis zum Lebensende. Das war ganz »normal«, sie brauchten nie selbst aktiv zu werden. Nur wer die Kirche verlassen wollte, musste eine bewusste Entscheidung treffen, musste zum Notar laufen und musste aus der Kirche austreten.

Heute nimmt die Zahl der Menschen zu, die »ganz normal« nicht in der Kirche sind, die sich nie entscheiden mussten auszutreten, weil sie nie drin waren. Ihre Eltern haben sie ganz selbstverständlich nie mit den Themen des Glaubens in irgendeiner Weise konfrontiert. Sie selbst brauchten überhaupt nichts dazu zu tun, »ganz normal« nicht in der Kirche zu sein. Nur wenn sie sich entschließen sollten, zur Kirche gehören zu wollen, müssten sie aktiv werden: zum Pfarrer gehen, einen Kurs belegen, sich taufen lassen, Kirchensteuern bezahlen ... Sie mussten und müssen also einen ziemlich großen Aufwand betreiben. Das aber tun sie in der Regel nur, wenn es ihnen ganz ernst damit ist. Bei einigen Wenigen ist das – Gott sei Dank! – immer wieder auch der Fall. Heute stellen wir erstaunt fest: Diese Menschen, die sich nie bewusst gegen eine Kirche entscheiden mussten, unterscheiden sich gar nicht so sehr von den Gemeindegliedern, die sich nie bewusst für eine Kirche entschieden haben. Wirklich voneinander unterscheiden sich diejenigen, die bewusst aus der Kirche ausgetreten sind, von denen, die bewusst in die Kirche eingetreten sind. Die große Zahl derjenigen, die sich nie hat entscheiden müssen, ist auch untereinander gar nicht so sehr verschieden, wie wir möglicherweise denken. Wir haben solche Menschen aber überall in unserer Nachbarschaft und nicht zuletzt auch ziemlich zahlreich unter den Mitarbeitern und Mitarbeiterinnen der Diakonie.

Wir ahnen auch, was für ein langer, gar nicht so leichter Weg es werden wird, denjenigen, die so »ganz normal« nicht in der Kirche sind, zu einer bewussten Entscheidung für den Glauben und den Kirchenbeitritt zu helfen. Die Gruppe der Kirchenmitglieder, wie auch die Gruppe der normalen Konfessionslosen, ist unter anderem auch deshalb so stabil, weil Menschen ziemlich oft lieber träge als aktiv sind. Sie bleiben bei dem, was sie haben.

Nicht zufällig berichten Landeskirchen davon, dass großangelegte Kampagnen zum Kircheneintritt beziehungsweise Wiedereintritt mit Plakaten und sonstiger Werbung zwar erreichen konnten, dass in der Tat mehr Menschen in die Kirche eingetreten sind, andere aber sind durch die gleiche Kampagne daran erinnert worden, dass sie schon immer mal daran gedacht hatten auszutreten, und haben nun den letzten Anstoß dafür bekommen.

8. Noch andere nutzen die Kirche schamlos aus

Eine weitere Gruppe, die sich möglicherweise in beiden »Lagern«, also bei den Konfessionellen wie bei den Konfessionslosen, findet, lässt sich als solche beschreiben, die die Kirche ganz bewusst (aus-)nutzt.

Vor vielen Jahren hat der Gründervater der Christusbruderschaft von Selbitz, Pfarrer Walter Hümmer, einmal folgende Rechnung aufgemacht: 3000 gehören zur Gemeinde; 300 nehmen an einigen Angeboten der Gemeinde teil; 30 machen die ganze Arbeit, 3 beten regelmäßig für die Gemeinde.

Die Zahlen haben sich im Lauf der Jahre kaum verändert. Und eine »Nachwendeerkenntnis« für den Osten war: Im Grunde sind die Zahlen bei uns nicht viel anders – nur »kleiner« –, und wir müssen den 3000, die zur Gemeinde gehören noch, rund 10000 gegenüberstellen, die zu keiner Kirche gehören. Das ist unsere Lage, und vermutlich wird sich daran nicht so schnell etwas ändern.

Walter Hümmer hat diese Lage auch nicht als sonderlich dramatisch beschrieben. Das würde ja ausreichen, wenn das so wäre. Der Dienst der 30 und der 3 wäre gesegneter Dienst, aber sehr anstrengend. Aber die Drei darin zu bestärken, dass sie weiter beten, und die Dreißig, die die ganze Arbeit machen, zu bestärken, dass sie das trotzdem tun und nicht darüber frustriert sind, dass die 2700 nie kommen, das ist eine große Aufgabe und eine große geistliche Herausforderung.

Der österreichische Theologe Paul Zulehner sagt, eine richtig große Kirche hält es aus, dass ein paar Menschen hinter der Säule sitzen. Nur in der Sekte sitzt man immer in der ersten Reihe. Problematisch wird es aber immer dann, wenn so viele hinter der Säule sitzen, so dass vorn alles leer bleibt. Ist das unsere Situation in unserer evangelischen Kirche heute? Sind hier die »treuen Kirchenfernen« gemeint, von denen die EKD-Mitgliedschaftsuntersuchungen sprechen? Für die Situation im Osten ist jedenfalls darauf zu verweisen, dass es solche »treuen Kirchenfernen« unter den so genannten Konfessionslosen reichlich gibt, auch wenn das zunächst wie ein Widerspruch auszusehen scheint.

In Nordelbien, wo die Synode sich im letzten Herbst mit dem Thema »Mission« beschäftigte, ist ein Lesebuch mit Texten entstanden. Darunter sind Stimmen gesammelt, was die Leute sich von der Kirche wünschen. Ein junger Mann sagt – obwohl es theologisch eigentlich fürchterlich ist: »*Ich wünsche mir von der Kirche, dass sie offen steht, wenn ich sie brauche, aber es nicht übel nimmt, wenn man sie nicht besucht.*«

So sind die Menschen. Vermutlich mehr, als wir denken. Und die sollen wir mögen! Für die sollen wir beten! Und jeder weiß sofort: Das ist ganz schön anstrengend für unsere kleinen Kirchengemeinden. Wir können es deutlich aussprechen: Die Leute missbrauchen unsere Kirche einfach ein bisschen, und wir sind gefragt: Halten wir das aus? Viele Menschen haben ein Verhältnis zur Kirche wie zur Versicherung – nur bei einem Schadensfall treten sie in eine nähere Beziehung. Hier bei uns im Osten tun sie das, obwohl sie möglicherweise noch nicht einmal mehr ihren »Versicherungsbeitrag« bezahlen, weil sie zu den »Konfessionslosen« zählen.

Diese Leute haben wir doch massenweise. Wir haben viele Menschen, die nicht zur Kirche gehören, überhaupt nicht, die aber gar kein Problem haben, zur Kirche zu kommen, wenn zum Beispiel eine Katastrophe passiert oder an bestimmten Gedenktagen oder beispielsweise bei der Einweihung der Frauenkirche in Dresden. Da kommt dieser Typ Konfessionsloser gern hin. Und was das Problematische daran ist: Danach bleiben sie wieder weg!

Wir haben in unseren Städten und Dörfern viele kleine »Frauenkirchen«. Und unsere Gemeinden erleben nun beides: Die Freude über das Wunder, dass schon aufgegebene Kirchen wieder restauriert werden konnten, dass Glocken und Orgeln erneuert werden können. Und sie erleben das andere, dass dann wieder der normale Alltag einkehrt und die kleine Gemeinde gewissermaßen »unter sich« bleibt – bis zum nächsten »Event«. Dabei haben nicht selten auch Konfessionslose bei der Restaurierung der Kirche geholfen, wie die zahllosen Mitglieder von Fördervereinen belegen, die formal nicht zur Kirche gehören.

Ich beschreibe das hier etwas drastisch, weil ich davon überzeugt bin, dass wir als Gemeinde damit einen Dienst für die Gesellschaft leisten, den man nicht hoch genug schätzen kann, dass wir aber andererseits sehr viel an geistlicher Kraft brauchen, um auf Dauer diese Aufgabe durchzuhalten. Kirche und Gemeinden müssen sehr ernst danach fragen, wie sie die 30 und die 3 darin bestärken, dass sie ihren stellvertretenden Dienst für die anderen gern und aus Überzeugung wahrnehmen. Die »Außenorientierung« auf die Konfessionslosen hat es also wesentlich mit der geistlichen Stärkung im »Inneren« der Kirche zu tun.

9. Neue Wege für die Mission

Blicken wir auf die vergangenen 17 Jahre nach der »Wende« zurück, dann brauchen wir nicht mutlos zu werden. Vieles ist ganz anders gegangen, als wir uns das gedacht hatten. Das gilt auch für das Thema Mission. Unsere »missionarischen Erfolge«, wenn man davon überhaupt sprechen darf, sind ganz anders entstanden, als es unserer Planung entsprach. Auch hierin hat uns Gott neue Wege geführt.

Die klassische missionarische Vorstellung ging davon aus, dass aus dem Zentrum der Gemeinde, also aus ihrem »Kern«, eine Ausstrahlung auf die Menschen ausgeht, die sie nach den Inhalten des Evangeliums fragen lässt. Das soll für viele einzelne Fälle nicht bestritten werden. Aber wenn wir nüchtern Rückschau halten, stellen wir etwas anderes fest: Wir haben – ganz gegen alle Theorie – Menschen in größerer Zahl vor allem am äußersten »Rand« der Volkskirche erreichen können.

Noch genauer: Wir haben Zugang zu den Menschen ohne kirchlichen Hintergrund vor allem dort gefunden, wo wir eine Aufgabe für sie hatten: Mitarbeit in einem Förderverein für eine Kirche, für eine Orgel oder ein neues Geläut, für ein Schul- oder ein Sozialprojekt oder die Mitarbeit in einem Chor oder Posaunenchor. Dabei ist es gar nicht so leicht, die Motive für solches Mittun wirklich klar zu erkennen und zu analysieren. Gerade im Osten ist es nach all den Verwerfungen, die die Gesellschaft erleben musste, gut, wenn Menschen erfahren: Du wirst gebraucht!

Was heißt das alles für unser missionarisches Handeln? Darf man die Reihenfolge der Aufträge Jesu, wie er sie uns in Matthäus 28 gibt, einmal ganz wörtlich nehmen? *»Darum gehet hin und machet zu Jüngern alle Völker: Taufet sie auf den Namen des Vaters und des Sohnes und des Heiligen Geistes und lehret sie halten alles, was ich euch befohlen habe. Und siehe, ich bin bei euch alle Tage bis an der Welt Ende.«*

Also – erstens: Jünger machen, zweitens: Taufen, drittens: Lehren.

Ist das ein neuer Ansatz? Die meisten der althergebrachten evangelistischen Programme suchen den Zugang zu den Menschen »über den Kopf« (Vorträge, Kurse, Einladungen, Gesprächsangebote, Schriftenmission ...). Auch ein betont erlebnisorientierter Charakter (viel Technik, Videos und »fetzige« Musik ...) entsprechender Veranstaltungen kann darüber nicht hinweg täuschen. Selten gelingt es, konfessionslose Menschen in Gruppen und Gemeinden zu integrieren. Damit soll nichts gegen solche Veranstaltungen gesagt werden, weil auch dort Menschen zum Glauben gekommen sind und zum Glauben kommen.

Die heutigen Menschen »ticken« aber oft anders. Sie kommen nicht als zerknirschte Sünder. Sie fragen nach Bestätigung, nach Schutz und Begleitung. Nicht zufällig sind heute die Engel so »in«! Die theologische Frage lautet daher: Erfahren heutige Menschen so den Zuspruch der Gnade Gottes? Und: Folgt der Anspruch Gottes an unser Leben auf diesen Zuspruch, den ich erst erfahren, erlebt und begriffen haben muss?

10.   Das Evangelium ist immer konkret

Entsprechend den hier benannten »Typen« von Konfessionslosen, deren Aufzählung bei weitem nicht vollständig sein kann, müssen auch unsere missionarischen Bemühungen sehr differenziert ausfallen. Die Liebe zu den Menschen muss uns intensiv danach fragen lassen, ob sich im Leben des jeweils konkreten Menschen Punkte finden lassen, die sich mit der guten Nachricht des Evangeliums verknüpfen lassen. Das werden heute verschiedene Lebens- und Berührungspunkte sein. Die Verengung der Blickrichtung auf den von Sünden- und Schuldenlasten gebeugten Menschen – die es durchaus auch heute gibt! – ist nicht ausreichend.

Wir durften die Erfahrung machen, dass Menschen an Punkten Berührung zu Kirche und Glaubensfragen finden, die uns nie in den Sinn gekommen wären, ja, die wir richtig Innerkirchlichen sogar leicht anstößig finden. Wie ist das etwa zu werten, wenn zum Beispiel der Beruf zum »Schlüssel« wird – wenn etwa die Malerinnungen von Sachsen-Anhalt einen Gottesdienst wünschen für etwa 400 Maler, von denen 300 ganz bestimmt nicht in der Kirche sind?

Oder die Jäger: Der Herr Meier, der Herr Schulze und der Herr Krause würden nie auf den Gedanken kommen, einen Gottesdienst zu besuchen, aber der Jäger Meier, der Jäger Schulze und der Jäger Krause kommen festlich gekleidet zur Hubertusmesse zusammen. Ähnliches gilt auch für den Auftritt von Männerchören in der Kirche. Was ist das eigentlich? Ist das nicht alles Spielerei und im Grunde ärgerlich? Es gibt jedenfalls auch in den Gemeinden und auch unter den Frommen Menschen, die das richtig ärgert, wenn sich der Pfarrer oder die Pfarrerin auf solche Dinge einlässt. Ist das alles nur äußerlich, ist die Kirche nur Blumenkübel für Veranstaltungen, oder trauen wir es Gott zu, auch aus diesen Berührungen mit Kirche und Glauben etwas wachsen lassen zu können?

11. Mission ist nicht mehr ohne Ökumene zu denken

Nicht zuletzt im Blick auf diejenigen Konfessionslosen, die sich von dem Streit zwischen Religionen und Konfessionen abgestoßen fühlen, muss deutlich gesagt werden: Wir können heute Mission nicht mehr ohne Ökumene denken. Auch das fällt den richtig missionarisch Engagierten in unserer Kirche oft schwer – die sind manchmal nicht so sehr gut auf die Ökumene gestimmt – und die richtig Ökumenischen sind manchmal nicht so richtig missionarisch!

Da muss noch einiges zusammen kommen. Aber man muss sich immer klar machen, die konfessionelle Unterschiedenheit im Protestantismus oder auch im Verhältnis zur katholischen Kirche ist für die, die drin stecken, also für die Insider, wunderbar, farbenprächtig und bunt. Man kann sich entscheiden, man hat verschiedene Möglichkeiten. Für die, die das von außen sehen, ist das nicht bunt, sondern verwirrend.

Ökumene und Mission zusammenzudenken, meint: Wenn ich nicht sagen kann, es ist mir hundertmal lieber, dass ein Kind im Religionsunterricht katholisch wird, als dass es »Heide« bleibt, dann soll ich nicht mehr von Ökumene reden. Natürlich gilt die Umkehrung auch! Allerdings, wo ist die Grenze? Gilt das auch für die Zeugen Jehovas? Gibt es nicht auch Gruppen, wo man lieber sagen sollte, dann bleib mal lieber ein freier »Heide«? Solche Fragen müssen unter uns thematisiert werden.

Auch im Blick auf die Weltreligionen muss gelten: Wir müssen in unserem Reden und Auftreten deutlich machen: Vom christlichen Glauben geht eine friedliche Haltung aus. Gerade wir Christen können doch die Wahrheit unseres Glaubens nicht mehr losgelöst von der Liebe behaupten. Gottesliebe und Nächstenliebe gehören zusammen. Die Schwierigkeit bleibt: Wie soll man das hinkriegen, klar zu seinem Glauben zu stehen, eindeutig zu sagen, jawohl Christus ist der Weg zum Heil, andere Wege sind falsche Wege – die kann ich dann zwar tolerieren, aber es sind falsche Wege.

Tolerant gegenüber anderen sind wir nicht, weil sowieso alles egal ist und schließlich jeder für sich entscheiden muss. Sondern aus dem Glauben heraus, der in jedem Menschen ein Geschöpf Gottes sieht, achtet und ehrt, können wir mit anderen Religionen friedlich zusammenleben, auch wenn wir von der Einzigartigkeit des Weges Jesu überzeugt sind. Abfällige Äußerungen über andere Glaubenshaltungen und kränkende Einschätzungen anderer Glaubenshaltungen passen mit dem christlichen Glauben nicht zusammen. Da müssen viele unserer missionarisch Engagierten noch kräftig hinzulernen.

12. Der Offenheit für die Menschen muss die Klarheit in der Sache
    entsprechen

Wer sich auf den Weg macht, den Menschen nahe zu sein, muss angestammte Plätze verlassen. Es ist und bleibt eine Gratwanderung, die uns abgefordert wird: ganz bei den Menschen und ganz bei der Sache des Evangeliums zu sein. Deshalb sehe ich unsere zahlreichen »niederschwelligen Angebote« zunehmend kritischer. Wir müssen viel deutlicher und viel klarer reden und den Leuten viel klarer zeigen, dass wir uns nicht scheuen, fromm zu sein. Die Menschen erwarten das viel mehr, als wir denken. Bestimmte Konfessionslose werden eher irritiert und wundern sich mehr als die Insider, wenn Mitarbeiter der Kirche so tun, als ob sie nicht fromm sind, sondern ganz weltlich.

Es ist zum Beispiel ein Irrtum, dem wir immer wieder gern erliegen, in Gottesdiensten, zu denen naturgemäß auch viele »Halbfromme« kommen, an Heilig Abend etwa, nun besonders »unkirchlich« zu reden, weil wir glauben, sie verstünden uns so besser. Freilich ist zu fragen – und das halte ich für die Kernfrage aller Überlegungen –, wie kriege ich beides hin: die Nähe zu den Menschen und die Klarheit in der Sache des Evangeliums? Ich kann ganz nahe bei den Menschen sein und habe nichts zu sagen, rede ihnen nur nach dem Mund, und ich kann ganz klar in der Dogmatik sein und bin ganz weit weg von den Menschen. Diese Gratwanderung hinzukriegen, ist die Kernaufgabe, vor der wir stehen.

Vier Punkte zum Schluss

- Wir brauchen einen langen Atem. Wer denkt, das geht jetzt alles ganz schnell, täuscht sich.
- Noch mehr brauchen wir selber eine feste Zuversicht in die Treue Gottes. Deshalb müssen wir in der Kirche auch ganz viel für unsere Mitarbeiterinnen und Mitarbeiter tun, für die Ältesten, für die Synodalen, dass die selber im Glauben stabil werden, dass die fröhlich sagen, mal gucken, was der liebe Gott noch mit uns vor hat, das ist ja alles ganz spannend.
- Drittens müssen wir die Menschen um uns her mögen – auch und gerade die große bunte Truppe der Konfessionslosen. Wir werden die Menschen nur als Einzelne gewinnen, nicht als Massen, das heißt, die Einzelnen müssen unser Interesse an ihnen spüren und dürfen nicht nur wahrnehmen, dass wir die Millionen umschlingen wollen.
- Viertens werden wir mit den Kindern neu beginnen müssen. Deshalb sind Schule, Religionsunterricht, Kinderchorarbeit, Kindergartenarbeit absolut wichtig und entscheidend. Wir stellen dankbar fest – ohne dass wir das so geahnt hätten: Heute werden die Kinder zu Lehrern ihrer Eltern. Über sie transportieren wir die Themen des Glaubens und die Fragen nach dem Leben in die Familien.

ULRICH PARZANY

»So geht's nicht!« – »Wie geht's denn?«

Ein Zwischenruf

Alle sind ja neuerdings für Mission und Evangelisation – oder fast alle, oder viele, oder wenigstens einige. Jedenfalls gelten die Begriffe Mission und Evangelisation seit der EKD-Synode in Leipzig 1999 offiziell als kirchlich rehabilitiert. Nun geht es um das Wie. Da scheiden sich allerdings die Geister auch der grundsätzlichen Befürworter. »So geht's nicht!« Dieser Satz sollte auf den Grabsteinen von Evangelisten stehen, meinte der Essener Jugendpfarrer und Evangelist Wilhelm Busch schon in den 1950er Jahren. Jedenfalls hörte er in Pfarrkonferenzen dauernd diesen Satz. Nach 50 Jahren hat sich in dieser Sache nichts geändert. Im Gegenteil. Wir haben nun die Schäflein gezählt und festgestellt, dass 30 Millionen Deutsche konfessionslos sind. Sie haben also keine Beziehung zu den christlichen Kirchen. Das ist eine riesengroße Herausforderung. Anstatt sie anzupacken und beispielhafte Wege zu entwickeln, wie die Konfessionslosen erreicht werden können, höre ich zunächst einmal: »So geht's nicht.« Vor allem geht es nicht mit evangelistischer Verkündigung.

Werkzeugkoffer für die Evangelisation

Gott hat uns einen umfangreichen Werkzeugkoffer für die Evangelisation – als Evangelisation bezeichne ich alle zum Glauben an Jesus Christus einladende Verkündigung – gegeben. Die verschiedenen Werkzeuge – sprich Methoden – haben unterschiedliche Anwendungsbereiche: Glaubenskurse, Frühstückstreffen, Männervesper, Freizeiten, Wochenendtagungen, Konzerte, Straßenaktionen, Vortragsveranstaltungen mit oder ohne Abendessen, Vortragswochen, Seminare, Gästegottesdienste, Besuchsdienste, Fragebogenaktionen, Info-Stände, Straßenfeste, Sportangebote, Radio- und Fernsehprogramme, CD, Video und DVD, Literatur in vielfacher Gestalt – und vor allem die persönlichen Gespräche über Leben und Glauben.
Ich habe in den letzten 40 Jahren fast alle genannten Methoden angewandt. Es gibt nur einen Weg zu Gott. Der heißt Jesus Christus. Aber es gibt tausend Wege, auf denen Menschen mit Jesus in Berührung kommen. Die Menschen sind halt verschieden. Deshalb muss die Liebe fantasiereich und flexibel sein.

Ich gebrauche seit 40 Jahren neben anderen eine eher randständige Methode der Evangelisation, eine Serie von mindestens fünf Abenden mit zum Glauben einladenden Vorträgen und passendem Rahmenprogramm. Randständig ist diese Methode, weil man sie nur alle paar Jahre einsetzen kann. Sie ist nicht die kontinuierliche Form der Evangelisation, die jede Gemeinde als Werkzeug dauernd braucht. Ihre Stärke liegt darin, dass durch Zusammenarbeit verschiedener Gemeinden und durch Einsatz kräftiger Werbemittel eine gewisse Öffentlichkeit hergestellt werden kann. Die Vorbereitung und Durchführung solcher Projekte kann auch zur Aktivierung von Gemeindegliedern und zu einem Mentalitätswandel in Gemeinden hin zu mehr Interesse an Noch-nicht-Christen und zu mehr Offenheit und Gastfreundschaft führen.

Wer sich zu den Abenden einladen lässt, hat damit schon die Entscheidung getroffen, sich irgendwie mit dem Glauben zu beschäftigen. Es muss schon etwas vorausgegangen sein. In der Regel war es der Kontakt zu einem Menschen, der eingeladen hat. Ist das also eine Methode, Konfessionslose zu erreichen, oder eher nicht? Das kommt darauf an! Worauf kommt es an? Es kommt zunächst darauf an, aus welchem Grund oder Anlass die Person in diese Veranstaltung gekommen ist.

Ich hörte von einer Frau, die durch ein ProChrist-Plakat neugierig wurde. Sie war Immobilienmaklerin, kam aber ursprünglich vom Grafikdesign her. Es war ein fachliches Interesse, das ihre Aufmerksamkeit auf den Inhalt lenkte. Sie hatte nichts mit der Kirche zu tun, befand sich aber in einer Beziehungskrise. Sie bat eine Freundin, mit ihr eine der ProChrist-Veranstaltungen zu besuchen. Es funkte. Sie änderte die Termine der Woche, um an jedem Abend zu ProChrist kommen zu können. Sie blieb in den Veranstaltungen zunächst völlig anonym. Erst als sie sich nach vier Abenden entschied, der Einladung am Schluss des Abends zu folgen und ein Anfangsgebet am »Treffpunkt Kreuz« zu beten, fand sie Kontakt zu einer Mitarbeiterin der gastgebenden Gemeinde.

Immer wieder kommt es vor, dass Geschäftsreisende einfach, um einen sonst langweiligen Abend zu füllen, auf die öffentliche Werbung reagieren und eine solche Veranstaltung besuchen. Es ist sehr erfreulich, wenn daraus eine nachhaltige Veränderung des Lebens wird. Aber es sind die Ausnahmen, die so den Kontakt finden.

Bei jedem Menschen anders

In der Regel sind persönliche Kontakte zu Bekannten der Anlass, einer Einladung zu folgen. Menschen sind die Brücke. Wer will das aber methodisieren? Jedenfalls müssen Christen bei anderen Menschen das Recht erwerben, gehört zu werden. Ob es dann zum direkten Gespräch über Glauben und Leben kommt oder ob die Einladung in eine christliche Veranstaltung irgendeiner Art weiterhilft oder beides in welcher Reihenfolge auch immer, dafür gibt es kein Gesetz. Es läuft bei jedem Menschen anders. Welche Programmangebote in diesem Prozess weiterhelfen können, müssen die beiden miteinander herausfinden. Und vielleicht sind es bald nicht nur zwei, die an diesem Gespräch beteiligt sind.

Eins ist klar: Fast alle Christen begegnen in ihrer alltäglichen Umgebung Menschen, die dem Glauben an Jesus Christus fern stehen. Nur wenn sie den Wunsch haben oder entwickeln, mit diesen Menschen persönlichen Kontakt aufzunehmen, können sie vielleicht für sie eine Brücke zum Glauben werden. Die Grundvoraussetzung aber ist, dass Christen andere Menschen mit Christus bekannt machen wollen. Erst wenn dieser Wunsch überhaupt besteht, können wir über Wege und Möglichkeiten nachdenken, wie er erfüllt werden kann.

Gesetzt den Fall, dass der Kontakt zustande kam und ein gewisses Interesse geweckt ist, wie gelingt dann die Vermittlung des Evangeliums an Menschen, die keinerlei Vorkenntnisse mitbringen? Seitdem ich in den 90er Jahren zehn Abende in einer Stadt im Ural, die früher ein gefürchtetes Straflager Stalins war, in einer Eissporthalle zu Menschen gesprochen habe, die keinerlei Vorkenntnisse mitbrachten, fürchte ich mich vor dieser Aufgabe nicht mehr. Ich habe mir die Situation der ersten Generation der Christen vorgestellt, wenn sie in Orte kamen, in denen es keine Juden gab und sie nicht bei den alttestamentlichen Verheißungen anknüpfen konnten. Was mich überraschte, war die Neugier und der Lebenshunger der Menschen und wie leicht es war, die biblische Botschaft zu ihrem Leben in Beziehung zu setzen.

Unser Problem in Deutschland ist nicht so sehr die tatsächlich bestehende Unkenntnis über das Evangelium, sondern dass die Unkenntnis mit massiven negativen Vorteilen gegen das Christentum und die Kirchen gepaart ist. Da ernten wir einerseits die bitteren Früchte der aufgezwungenen Staatsreligion, die es nicht nötig hatte, die Einzelnen zu überzeugen und zu gewinnen. Das widerwillig Ertragene haben die Menschen abgeschüttelt. Wir ernten andererseits die Früchte sozialistisch-atheistischer Erziehung, die den Menschen eingebläut hat, dass der christliche Glaube von der Naturwissenschaft widerlegt worden sei und dass die Kirche immer auf der Seite der Ausbeuter gestanden habe. Die Leute haben zwar eine große Sehnsucht nach Leben und jede Menge Probleme mit der Bewältigung des Lebens, aber sie erwarten die Lösungen nicht vom Christentum.

Neugier und Hörbereitschaft wecken

Wie können wir diese Mauern von Vorurteilen überwinden und überhaupt erst einmal Neugier und Hörbereitschaft wecken? Die Antwort hat zwei Teile. Erstens: Die Begegnung mit glaubwürdigen Christen kann zur Weckung von Neugier führen. Damit ist ein weites Aufgabenfeld für die Zurüstung und Ermutigung der Christen durch Verkündigung und Seelsorge in den Gemeinden eröffnet.

Zweitens: Erst wenn es in der Begegnung mit Konfessionslosen zur Möglichkeit der Mitteilung des Evangeliums kommt, stellt sich die Frage nach dem Inhalt und der Form, die in dieser Begegnung angemessen ist.

Was soll ich den Menschen anbieten? Was darf ich ihnen zumuten? Ist das Evangelium zunächst nur in homöopathischer Dosis bekömmlich? Nicht zu viel Dogmatik? Möglichst erst mal die allgemeinen ethischen Fragen behandeln?

Die Aufgabe ist zwischen den beiden Polen zu lösen, die Paulus in Galater 1 und 1. Korinther 9 beschreibt. Galater 1: Kein anderes Evangelium! Verflucht, wer die Botschaft von der Rettung allein durch Jesus Christus verändert und den Menschen nach dem Mund redet! 1. Korinther 9, 22: »Ich bin allen alles geworden, um auf alle Weise einige zu retten.« Hinsichtlich des Inhalts des Evangeliums gilt absolute Treue zur biblischen Botschaft. In den Methoden gilt die Flexibilität der Liebe.

In den evangelischen Kirchen neigt man heute leider zum umgekehrten Verfahren: Inhaltlich sehr flexibel, fast postmodern beliebig. In den Formen unbeweglich traditionell und meist langweilig. Ich schrieb am Anfang, dass die Begriffe Mission und Evangelisation seit 1999 kirchlich rehabilitiert seien. Jetzt gehe es ums Wie. Ich bin mir nicht sicher, ob das wirklich stimmt. Vielleicht geht es doch mehr um das Was bzw. Wen. Ist Jesus Christus, der gekreuzigte, auferstandene und wiederkommende Herr, der Retter der Welt, ohne den die Menschen – ob Kirchenmitglieder oder Konfessionslose – in Ewigkeit verloren gehen? Sind wir mit den Aposteln darin einig, dass in keinem anderen Heil ist? Wenn die Wer-Frage in der Kirche – am besten gemeinsam – eindeutig beantwortet ist, dürfen wir uns mit Zuversicht um die Lösung der Wie-Fragen kümmern.

Interessant finde ich, dass Paulus nicht behauptet, mit seinem methodischen Vorgehen – »Ich bin allen alles geworden« – alle oder die meisten zu erreichen. Der hohe Einsatz und die langen, oft mühsamen Wege der Liebe haben das bescheidene Ziel, »auf alle Weise einige zu retten«. Er will auch nicht nur die Menschen erreichen, er will sie retten.

Ich mache keine methodischen Vorschläge zur Verkündigung des Evangeliums. Jeder hat in der Verkündigung seine persönliche Art. Damit kann er den einen helfen, andere werden sich mit ihm schwer tun. Wir dürfen uns darauf verlassen, dass sich die verschiedenen Begabungen hilfreich ergänzen. Jeder aber soll sich von der Liebe treiben lassen, fleißig in der Vorbereitung seiner Verkündigung zu arbeiten, damit die Menschen gern zuhören und den Wunsch entwickeln, ihre konfessionslosen Bekannten mit in den Gottesdienst zu bringen.

Ich glaube nicht an eine allwirksame Predigtmethode. Ich glaube aber an die Wirksamkeit des Wortes Gottes. Ich glaube Jesus, der seinen Jüngern versprochen hat: »Wer euch hört, der hört mich; und wer euch verachtet, der verachtet mich; wer aber mich verachtet, der verachtet den, der mich gesandt hat« (Lk 10,16). Darauf verlasse ich mich in jedem persönlichen Gespräch und bei jeder öffentlichen Verkündigung. So erfahren wir erstaunlicherweise, dass manchmal Kirchenmitglieder das Evangelium verachten und immer wieder Konfessionslose Jesus glauben und folgen.

HANS-HERMANN POMPE

Anziehend, erfahrbar, einladend: Kommunikation des Evangeliums unter postmodernen Menschen

Da gab es ein Goldhochzeits-Paar, das den ganzen Tag auf den Beinen war, um Gratulationen von vielen Verwandten und Freunden entgegenzunehmen. So waren sie froh, als sie abends vor dem Haus sitzen und dem Sonnenuntergang zusehen konnten, um sich zu erholen. Der alte Mann blickte seine Frau liebevoll an: »Agathe, ich bin stolz auf dich!« – »Was hast du gesagt«, fragte die alte Dame. »Du weißt doch, ich bin schwerhörig. Sprich lauter.« – »Ich sagte, ich bin stolz auf dich!« – »Macht nichts«, winkte sie ab, »ich hab dich auch satt!«

Die Begegnung von Postmoderne und Christentum enthält klassische Kennzeichen einer Kommunikationsstörung: Missverständnisse, falsche Einschätzungen und Enttäuschungen zuhauf. Manche Christen plakatieren Postmoderne als legitimes Kind von New Age, andere als Riesenchance, endlich dem Erfahrungsanteil des christlichen Glaubens den gebührenden Raum zu verschaffen. Gemeinsam ist den Christen vor allem die große Unsicherheit, wie in Verkündigung, Mission und Gemeindeentwicklung mit diesem veränderten Denken umzugehen sei.

Seit etwa 1990 hat der Begriff der Postmoderne eine unglaubliche Karriere gemacht. Ursprünglich eine Diskussion unter den Philosophen und in den Feuilletons, wurde er zum Hauptbegriff, um die kulturellen, ethischen und weltanschaulichen Veränderungen zu beschreiben, die sich seit Ende der 70er Jahre abgezeichnet haben und seit Anfang der 90er alle westlich orientierten Gesellschaften durcheinander wirbeln. Postmoderne heißt: Wir formen uns unsere eigene Weltsicht, und sie basiert auf unserer Erfahrung.[1] Was uns berührt, was sich uns als wahr erweist, gilt für uns.

Mein Schlüsselbild für die Postmoderne ist seit langem eine Hägar-Karikatur, wo Hamlet, der Sohn des Häuptlings, einen fahrenden Händler, der mit Religion, Weltanschauungen, Erfahrungen usw. im Angebot vorfährt, schlicht fragt: Haben Sie irgendetwas Nützliches anzubieten? Er fragt nicht: Was ist wahr? Er fragt postmodern: Was hab ich davon?

---

[1] In Anlehnung an *John Finney*, Emerging Evangelism (Darton, Longman and Todd), London 2004, 36.

Postmoderne wirkt wie ein geistiges Kaleidoskop, wo die Bestandteile gelegentlich geschüttelt werden und sich immer wieder neue Bilder als Reaktion auf von außen kommende Einflüsse bilden.[2] Richtig oder falsch ist aus der Mode – und wir sind in der Kirche ziemlich atemlos. Während wir noch unseren Werten nachtrauern, sind schon ganz radikale Ansichten etwa bei Sterbebegleitung oder Zellforschung in der Diskussion. Und zugleich entsteht eine gewaltige Sehnsucht nach Spiritualität.

L. Sweet hat es so beschrieben: »Die westliche Christenheit schlief ein in einer modernen Welt, die von den Göttern Vernunft und Beobachtung regiert wurde. Sie beginnt aufzuwachen in einer postmodernen Welt, die offen ist für Offenbarung und hungrig nach Erfahrung. Aber leider gehört die Kirche zu den letzten Orten, wo die Postmoderne Spiritualität erwartet. Mitten im spirituellen Aufheizen der modernen Kultur steckt die Kirche im Kühlschrank fest«.[3]

Am Rand der EKD-Synode 2005 in Berlin hatte ich ein Gespräch mit zwei Journalisten, unter anderem über Synode und Mission. Irgendwie kamen wir auch auf Gottesdienste und Kirchenveränderung zu sprechen. Ich erzählte von den Gottesdiensten für Suchende. Gegen Ende fragte ich sie meinerseits, was sie denn selbst von einer Gemeinde, einem Gottesdienst erwarten würden. Der ältere der beiden, etwa 45 Jahre alt, profilierter Kirchenredakteur einer großen überregionalen Tages-Zeitung, wollte vor allem, dass die Bedürfnisse seiner Familie angemessen vorkämen. Die junge Journalistin, Vertreterin einer großen Berliner Tageszeitung – ich schätzte sie auf etwa 28 Jahre – sagte kurz und knapp: »Ich wünsche mir eine spirituelle Erfahrung!«

Ich habe selten den geistigen Atmosphärewechsel stärkere erlebt als in dieser kurzen Bemerkung. Was mich seitdem immer wieder beschäftigt: Wie sähe eine Gemeinde aus, wo diese junge Journalistin gern wiederkäme? Dass sie ein liturgisch korrekter Normalgottesdienst nicht anzieht, ist vermutlich klar. Auch ein lebendiger Familiengottesdienst mit Kindern träfe nicht die Welt der jungen Großstadt-Single. Und selbst bei einem Gottesdienst für Suchende mit aktuellem Thema, Theater, Technik, Gospel und Kreuzverhör bin ich mir nicht sicher, ob sie darin ihr spirituelles Erlebnis fände. Vorausgesetzt: Gottesdienst am Sonntag wie Gottesdienst im Alltag dient vor allem der Kommunikation des Evangeliums – wie sähe das aus für die postmoderne Welt, die immer mehr Menschen vor allem unter den Jüngeren prägt?

---

[2] Nach *John Finney*, a.a.O.
[3] Zitiert bei *John Finney*, 37.

1. Postmoderne I: Atmosphärewechsel

Postmoderne hat mit einem in wesentlichen Dingen total veränderten Bezugsrahmen zu tun, auf den wir in der Kirche dringend reagieren müssen. Sonst haben die Formen, Bilder, Gemeindeformen, mit denen wir das Evangelium kommunizieren, noch weniger Bezug zur Realität denn je.

Brian McLauren, führender Vordenker der weltweiten Emerging-Church-Bewegung, hat dafür ein griffiges Bild aus einem Gespräch mit einem postmodernen Suchenden benutzt. »Wenn Sie 1910 ein anständiges Fortbewegungsmittel hätten kaufen sollen, worauf wäre Ihre Wahl gefallen?« Der Suchende antwortet: »Das Automobil war schon etwa 10 Jahre erfunden, also hätte ich mich vermutlich dafür entschieden«. »Gut, aber Autos waren noch ziemlich unzuverlässig. Dafür war diese Zeit die Blüte der Pferdekutschen – sie waren stärker, schöner, günstiger und besser gearbeitet als jemals zuvor in ihrer Geschichte. Natürlich würde es nicht mehr lange dauern, bis sie aus der Mode waren.« Und McLaren kommentiert: Dies Beispiel beschreibt sehr gut, warum es auch heute noch so viele erfolgreiche traditionelle oder moderne Gemeinden gibt; sie verstehen besser denn je, wie man moderne Gemeindearbeit macht und werden damit noch eine Weile Erfolg haben.[4] Aber die Zeit einer Form der Gemeindearbeit kann schon abgelaufen sein, obwohl sie noch sehr erfolgreich wirkt.

Wie verhält sich die Postmoderne gegenüber dem Christentum? Der amerikanische Autor Dan Kimball hat sie vor allem als Atmosphärewechsel beschrieben. In der Moderne hatten Fakten Einfluss auf Überzeugungen und Überzeugungen auf das Verhalten. In der Postmoderne bestimmt die Erfahrung das Verhalten und das Verhalten die Überzeugungen.[5]

Dieser Atmosphärewechsel ist für die Christenheit von größerer Bedeutung als andere Kulturbrüche: Wesentliche Teile der Postmoderne halten das Christentum im besten Fall für überflüssig, oft aber sogar für einen abzuschaffenden Störfaktor. Die Postmoderne meint, sie wüsste, was das Christentum sei, und hat es als irrelevant bzw. vergangen abgelegt. Sie ist in einer nachchristlichen Welt entstanden und kennt das Christentum vor allem als Negativfolie.

Leslie Newbigin war einer der ersten, der das ahnte, als er in den 80ern nach Jahrzehnten in Indien wieder Westeuropa erlebte. Er argumentiert: Wir erleben in Westeuropa eine kirchengeschichtlich noch nie da gewesene Situation. Wir verkünden das Evangelium einer nachchristlichen Gesellschaft, die meint, sie kenne es schon und könne es deshalb vernachlässigen – obwohl sie es in der Mehrheit noch gar nicht erfasst

---

[4] *Brian McLaren*, A new kind of Christian, zitiert in *D. Kimball*, Emerging Church (Gerth), Asslar 2005, 59.
[5] *D. Kimball*, a.a.O., 185.

hat oder nur Zerrformen durchlaufen hat. Die weltweit wirkungsmächtigste Kultur, die westliche, ist verschlossen gegen das Evangelium, obwohl sie mit der Überfülle an Gütern keineswegs glücklich wird und dringend das Evangelium als kritisches Korrektiv bräuchte.

Newbigins Einschätzung der Folgen dieser Verweigerung für unsere Verkündigung:»Das Ergebnis ist nicht, wie wir uns einmal einbildeten, eine säkulare Gesellschaft. Es ist eine heidnische Gesellschaft, und ihr Heidentum, erwachsen aus der Ablehnung des Christentums, ist gegenüber dem Evangelium weitaus resistenter als das vorchristliche Heidentum, mit dem die kulturüberschreitenden Missionen zu tun haben. Hier verläuft mit Sicherheit die missionarische Grenzlinie unserer Zeit, die uns am stärksten herausfordert.«[6]

Wir können diesen Atmosphärewechsel zum Beispiel an der ethischen Diskussion in der Öffentlichkeit spüren: Fast jede Diskussion um passive oder aktive Sterbehilfe etwa stellt die Leben schützende Aufgabe der Kirche zunehmend als Einengung der persönlichen Freiheit zum selbst gewählten Tod dar.

2. Postmoderne II: Schwierige Flugmanöver

Was die Einordnung darüber hinaus so schwierig macht, ist nicht nur, dass wir selbst als Teil einer Bewegung wenig Chancen haben, aus Abstand etwas einzuordnen. Es ist auch nicht dies, dass die Trennungslinien nicht mehr exakt entlang den Generationen verlaufen. Es gibt beides: sehr konservative junge Leute mit einem modernen oder sogar traditionellen Weltbild und Rentner mit einem absolut postmodernen Urlaubsverhalten. Schwierig ist auch nicht allein, dass Ethik und Religion nur noch individuell akzeptiert werden.

Schwierig ist vor allem, dass in einem Menschen unterschiedliche Denkmuster und Verhalten nacheinander oder nebeneinander existieren können. Es ist nicht so klar trennbar zwischen Moderne und Postmoderne, wie viele es darstellen. Nicht alle Menschen sind voll auf Gefühl. New age hat nicht alles durchsetzt. Es gibt immer noch Wahrheiten, weil, sie selbst zu bestimmen, zu kurz greift. Die aus der Aufklärung kommende Moderne hat sich nicht spurlos aufgelöst; Menschen suchen immer noch nach Beweisen, Argumenten und Logik.

Der englische Bischof John Finney, eine der Schlüsselpersonen des missionarischen Aufbruchs in der anglikanischen Kirche in den letzten Jahrzehnten, hat diese verwirrende Situation unserer Kultur mit einem kuriosen Vogel verglichen (»quaint bird«). Der linke Flügel ist immer noch modern – klar, rational und misstrauisch gegenüber Emotionen.

6 *Leslie Newbigin*, Den Griechen eine Torheit (Aussaat), Neukirchen-Vluyn 1989, 23.

Der rechte Flügel ist postmodern – er will das Ganze der Existenz, nicht nur den Verstand. Das Problem: Der rechte Flügel zum Beispiel glaubt an alles Mögliche, aber sofort stellt die dem linken Flügel eigene Skepsis das in Frage. Wir entwickeln sozusagen verschiedene Werte für verschiedene Orte und Situationen. Diese beiden Flügel arbeiten nicht sehr gut zusammen. Ergebnis: Die moderne Kultur fliegt immer wieder im Kreis. Wir akzeptieren nichts, was nicht geprüft werden kann – und werden zugleich von jeder kleinen Welle der Emotion davongeschwemmt. Religion ist immer noch oder sogar vermehrt da – aber gemischt mit hoher Skepsis gegen jede Institution und jeden allgemein gültigen Wahrheitsanspruch.[7]

Mein eigenes Lernfeld ist eine Gruppe für distanzierte und suchende Männer zwischen 30 und 60. In dieser Gruppe gehen ein christlicher Freund und ich mit diesen Männern auf eine geistliche Reise, um die Relevanz des christlichen Glaubens für sie zu prüfen. Sie kommen voller Neugier auf und zugleich voller Skepsis gegen das Christentum. Manchmal diskutieren wir lange gute Argumente, sie gehen befriedigt nach Hause. Und beim nächsten Treffen sagt einer: Aber ich kann es doch nicht glauben.

Vielleicht sind Männer in dieser postmodernen Mischung noch schwerer zu erreichen als Frauen: Sie wollen noch mehr Argumente, sehnen sich stark nach Erfahrungen, aber trauen ihren Gefühlen weniger als die andere Hälfte der Menschheit. Sie haben zwei unterschiedliche Flügel, und ihr geistlicher Flug scheitert oft. Wie können wir das Evangelium unter Menschen mit modernen und postmodernen Anteilen kommunizieren? Ich lege drei Stichworte vor, die ich als hilfreich erlebt habe.

3. Anziehend: Die Körpersprache des Leibes Christi

»Der Körper ist der Handschuh der Seele, Ausdruck innerer Bewegungen«, sagt der große Pantomime Samy Molcho.[8] Körpersprache ist authentischer als Verkündigung – sie spricht besonders Gefühle (unsere Wahrnehmung durch Sinne) und Emotionen (wenn uns etwas aus dem Gleichgewicht bringt) an. Gemeinde als hier sichtbarer Körper Jesu (1Kor 12) spricht immer auch nonverbal, hat eine Körpersprache.[9] Diese »Sprache« kann die Wirkung des Evangeliums fördern und hindern.

Menschen nehmen die Gemeinde mit allen Sinnen wahr. Schon in der Bibel gibt es zu allen fünf Sinnen Bilder und Assoziationen:

---

[7] *John Finney*, Emerging evangelism, 37ff.
[8] *Samy Molcho*, Körpersprache (Goldmann) München 1998, 23ff.
[9] Das Bild verdanke ich *Burghard Krause*, Göttingen.

- Sehen: Augen sehen die Christen als Licht der Welt/Stadt auf dem Berg (Mt 5,14–16).
- Hören: Ohren hören uns als Botschafter für Christus (2Kor 5,20) oder die Bewegung unserer Füße als Botinnen der Freude (Jes 52,7).
- Schmecken: Bei uns als Kellnern (diakonos) erfahren Menschen die Gastfreundschaft Gottes (Ps 23,5 – der der Herr ist mein Wirt), schmecken die Güte Gottes (Ps 34,9), erleben das Wort Gottes als Nahrung (Mt 4,4).
- Riechen: Wir verbreiten überall den guten Geruch der Erkenntnis Gottes (2Kor 2,14–16) oder der Liebe (Joh 12,3).
- Fühlen: Körperlich spüren, wie nahe Gott uns sein will (Mk 1,41), anderen Zeichen der Nähe geben (Röm 16,16).

Man kann die Weitergabe des Evangeliums in drei Weisen unterscheiden: durch Kommunikation, durch Proklamation und durch Attraktion.[10] Proklamation ist die bekannteste – Predigt z.B. gehört dazu, aber Proklamation ist fast nie der erste Schritt. Kommunikation ist wahrscheinlich die effektivste Form der Weitergabe: Viele Untersuchungen belegen, dass weltweit über 80 Prozent der Menschen durch Familien, Freund/innen, Alltagskontakte oder Nachbar/innen zum Glauben an Christus gefunden haben. Aber der Türöffner ist oft die Attraktion: Menschen sind von etwas angezogen, was sie berührt, neugierig macht, fasziniert. Eine Schlüsselszene aus dem Film »Sister act« zeigt etwa die Kraft von lebendiger und zeitgemäßer Kirchenmusik: In einem leeren und müden Gottesdienst beginnen die Menschen hineinzukommen, als die Musik sie plötzlich anspricht.

Die Attraktivität, das Einladende des Evangeliums, hat vor allem mit der gelebten und an den Bedürfnissen ihrer Umgebung orientierten Gemeinschaft einer Gemeinde zu tun. Ob sie einen Gott feiern, der es wert ist, gefeiert zu werden – oder ob ihr Gottesdienst eher ihre Frustration und Langeweile ausstrahlt. Ob sie nahe dran ist an den Bedürfnissen der Menschen in ihrer Umgebung – oder als Clique für sich selbst lebt. Gerade Musik hat heute mehr denn je eine Schlüsselfunktion für Attraktivität. Aber Menschen der Postmoderne sind oft so skeptisch gegenüber der Organisation Kirche, dass ihr erster Schritt nicht eine faszinierende Veranstaltung, sondern ein einladender Kontakt zu Christ/innen in ihrer Umgebung ist. Die englische Untersuchung »Finding Faith Today« hat das gezeigt: Über 80 Prozent der Erwachsenen haben ihren ersten Schritt Richtung Glauben/Kirche/Gott über einen wichtigen Menschen in ihrer Umgebung gemacht.[11]

---

[10] Vgl. dazu *Hans-Hermann Pompe*, Missionarisches Handeln: Chancen und Risiken für den Gemeindeaufbau, Pastoraltheologie 95 (2006), 121–124.
[11] *John Finney*, Finding Faith Today, British and Foreign Bible Society, Swindon 1992, 36

Zur Schlüsselfrage der Gemeindeentwicklung wird zunehmend: Investieren wir in die Beziehungsfähigkeit und Sprachfähigkeit der einzelnen Gemeindeglieder? Ich befürchte, wir verbrauchen die Engagierten noch viel zu sehr in Gremien, wir ermutigen zu wenig zu Kontakten, Beziehungen und gelebter Gastfreundschaft.

4. Erfahrbar: Teilnahme kommt vor Erkenntnis

Ein Schlüsselvers der Reformation und der ganzen evangelischen Kirchenbewegung ist Röm 10,17 »Der Glaube kommt aus dem Hören« – und er ist weiterhin richtig. Aber die Postmoderne besteht aus Menschen, die zwei Probleme bewältigen müssen, bevor sie überhaupt zum Hören kommen können: Sie hören so viel, nehmen so ungeheuer viel auf, dass sie automatisch aussortieren, was sie nicht berührt.

Fabian Vogt hat dies neue Verhalten dem Verhalten von Tradition oder Moderne gegenübergestellt. Das Glaubensmerkmal der Tradition war das Wort: Die mit Vorlesen oder dem Radio groß gewordenen Generationen sind auf das Hören konzentriert. Die Generationen der Moderne sind auf die Show konzentriert: Mit dem Fernsehen aufgewachsene Generationen haben keine Probleme, Gottesdienste zu konsumieren. Die Postmoderne sucht die Intensität: Die mit der Medienvielfalt groß gewordenen Generationen suchen in der Fülle nach dem, was sie berührt.[12] Sie erwarten das Aufregende, Spirituelle, das tief Berührende nun gerade nicht mehr in der Kirche.

Noch einmal zur Erinnerung: Wahr ist für diese Kultur, was sich im Leben eines Menschen als wahr erweist, was hilft. Die Nachtclubsängerin Deloris (Whoopi Goldberg) kommt in »Sister act« auch mit einer für sie völlig fremden Welt, einer verstaubten Ordensgemeinschaft hinter hohen Mauern, zusammen. Erst kurz bevor diese Begegnung zu scheitern droht, wird sie für alle zur tiefen Erfahrung, als »Sister act« sich selbst einbringt mit ihren Erfahrungen (ihrer Musikalität) und aus dem grottenschlechten Chor etwas Schönes zur Ehre Gottes macht. Das hat auf sie selber ebenso Auswirkung wie auf die Christinnen, die sie trifft: Teilnahme kommt vor Erkenntnis. Der postmoderne Flügel will nicht mehr, wie die Tradition, Kirche als Dienstleistung nutzen. Er will auch nicht mehr, wie der moderne Flügel, Kirche in den Ausdrucksformen seiner Kultur erleben. Er will Möglichkeiten der Teilnahme und der Erfahrung bei gleichzeitiger Freiheit, ob er sich beteiligt.

Dan Kimball sagt es so: Erfahrung zuerst, dann Verhalten, dann Überzeugung (also in Worten ausdrückbarer Glaube).[13] Es geht weiter um

---

[12] *Fabian Vogt*, Das 1x1 der Emerging Church (C&P Glashütten/Emmelsbühl), 2006, 5, 6.
[13] *Kimball*, Emerging Church, 185.

den Glauben, aber der Weg dahin, die Reihenfolge der Schritte auf diesem Weg und die Werte der Teilnehmenden haben sich radikal geändert. Die Schlüsselfrage ist: Wo können Menschen Erfahrungen des Glaubens machen?

5. Einladend: Gemeinschaft kommt vor Glauben

Das klassische Modell der Volksmission, das sowohl veränderte Menschen wie auch sehr schwierige Erfahrungen hinterließ, ging, kurz gesagt, von drei Faktoren aus: eine Predigt mit »Vollmacht«, eine Versammlung von Menschen ohne Glauben – und die Möglichkeit, auf die Einladung zum Glauben irgendwie zu reagieren. Schon jedes Rahmenprogramm sollte nur auf das Wort vorbereiten.

Dies Modell ist schon lange nicht mehr dominant – jedenfalls nicht in der gemeindeorientierten Form der Evangelisierung. Seit Ende der 80er Jahre erleben wir einen erstaunlichen Erfolg von Glaubenskursen – in England wird geschätzt, dass 1,5 bis 2 Millionen Menschen in allen Denominationen an »nurture groups« teilgenommen haben. In Deutschland gibt es keine verlässlichen Zahlen, aber zum Beispiel der in unserer Kirche am weitesten verbreitete Kurs »Christ werden – Christ bleiben« von Burghard Krause war schon bis zum Jahr 2000 durch über 1.200 Gemeinden in der EKD gelaufen – ich schätze in meiner rheinischen Kirche durch rund 150 Gemeinden, viele davon führen ihn regelmäßig durch. Andere Kurse wie »Emmaus«, »Reli für Erwachsene« oder »Alpha« gilt Ähnliches.

Alle diese Kurse wirken unter folgenden Faktoren: wenn sie als Projekt der ganzen Gemeinde von deren Mitarbeitenden getragen werden, wenn die Teilnehmenden von ihren Freunden und Bekannten eingeladen und mitgebracht werden – und wenn innerhalb des Kurses Gespräche in Kleingruppen und Möglichkeiten zu Erfahrungen des Glaubens angeboten werden. Ein weiterer Faktor ist ein weiterführendes Angebot von Kleingruppen nach dem Kurs. Teilnahme am Gottesdienst, Engagement in Gemeinde oder Mitarbeit oder sogar Taufe bzw. Wiedereintritt stehen auf diesem Weg ganz weit hinten. Aber ab dem ersten Moment gibt es keinen Schritt ohne Gemeinschaft, ohne gemeinsame Wegstrecken.

»Belonging before believing« (Dazugehören kommt vor Glauben), so wird diese Schlüssel-Erfahrung der anglikanischen Kirche aus der Dekade der Evangelisation gern zusammengefasst. Das deckt sich mit den Erfahrungen von »Auf Sendung«, dem missionarischen Prozess der Evangelischen Kirche im Rheinland von 2002 bis 2005: Angebote niederschwelliger Gemeinschaft (zum Beispiel »Essen plus ...«) sind wirkungsvoll. Aber wo sie nicht mit einem Angebot der Vertiefung – wie etwa einem Glaubenskurs – verzahnt werden, verpuffen sie wieder.

Essen allein bringt genauso wenig zum Glauben, wie ein Kursangebot Beziehungsaufbau ersetzen könnte. In einer Gesellschaft, die mit allen Sinnen Erfahrung sucht, können wir nicht allein auf das Hören setzen. Wir müssen Erfahrungen der Gemeinschaft mit Angeboten der Vertiefung verzahnen. Hier ist die Schlüsselfrage: Wie sehen diese offenen Angebote der Gemeinschaft aus?

6. Kommunikation des Evangeliums: eine geistliche Reise in Wuppertal

Eine typische postmoderne Biografie aus meiner früheren Gemeinde in Wuppertal. Ein junges Ehepaar zieht zu; in den nächsten Jahren kommen beide nacheinander auf einen Weg des Glaubens, der sie zurück zu Gott und zur Gemeinde geführt hat. Die Schritte und die Reihenfolge dieser geistlichen Reise sind ausgesprochen typisch für die Postmoderne.

Sie hatte den Kontakt zur Kirche nie völlig aufgegeben. So konnte sie leichter wieder hinein wachsen, vor allen durch Kinder (evangelischer Kindergarten!) und einen attraktiven Gottesdienst. Sehr bald kam sie zu einem Frauenkreis, nahm an einem Glaubenskurs teil, wurde eine engagierte Mitarbeiterin, irgendwann auch Presbyterin. Eine ihrer Schlüsselfragen war: Kann ich das eigentlich überhaupt machen, wenn mein Mann gar nicht in der Kirche ist? Nach meiner Erfahrung gehen die Frauen häufig diesen geistlichen Weg schneller als ihre Männer.

Er war Konfirmand, kam danach noch zur Jugendarbeit. Das verlor sich immer mehr, irgendwann Mitte Zwanzig kam der Austritt. Typisch: Wir erreichen die Leute zwischen 17 und der Phase »Heirat/Kinder« kaum. Dann kamen viele kleine Kettenglieder; der Kindergarten, der Familien-Gottesdienste mit angenehmer Überraschung machte. Für die kriselnde Ehe gab es Hilfe durch die kirchliche Eheberatung. Die Teilnahme an einem Ehepaar-Wochenende der Gemeinde war – anders als befürchtet – eine gute Erfahrung. Dann der Grundkurs des Glaubens (viel später als sie!), dann ein Mitarbeits-Seminar. Jetzt wurde er Mitarbeiter im Männerkreis und im Team des Gottesdienstes.

Der Kirchen-Eintritt kam noch später – das bestätigt den Satz des Berliner Systematikers Wolf Krötke: »Wir haben die Menschen in Massen verloren, wir werden sie nur als Einzelne wiedergewinnen.« Was hat sie gezogen? Sie fanden Zugang über Kontaktflächen und wachsende Beziehungen, fanden zum Glauben über konkrete Angebote zum passenden Zeitpunkt. Dazu kam eine attraktive Gemeinde mit Menschen aus ihrer Altersgruppe und anziehende Gottesdienste. Es gab die Erfahrung von Seelsorge und Lebenshilfe ohne Bedingungen, die Verlockung zur Mitarbeit durch Entdeckung ihrer Gaben – der Weg zum Glauben wurde als ein gemeinsamer Weg angeboten. Und Mitgliedschaft war Resultat, nicht aber Voraussetzung ihrer Reise. »Belonging before Believing« gilt auch in Deutschland.

WOLFGANG RATZMANN

Konfessionslose erreichen

Vom Glauben reden in einer ostdeutschen Tageszeitung

In manchen ostdeutschen Tageszeitungen erscheinen in den Wochenendausgaben Kolumnen, verfasst von geeigneten Pfarrerinnen und Pfarrern vor Ort, in denen so etwas wie die »Stimme der Kirche« zu Gehör kommt. Dass es solche Kurzartikel gibt, ist nicht selbstverständlich, da sich unter den Abonnement/innen der Zeitungen nur eine relativ geringe Zahl von Mitgliedern der christlichen Kirchen befindet. Auch wenn es dazu keine Statistiken gibt, darf man annehmen, dass in einem Ort wie Leipzig, an dem nur rund 12 Prozent der Einwohner/innen der evangelischen und drei Prozent der katholischen Kirche angehören, wohl auch nur etwa 15 Prozent der Leserinnen und Leser zu einer christlichen Kirche gehören werden. Die meisten Leserinnen und Leser sind konfessionslos, viele von ihnen haben ihre Konfessionslosigkeit schon von ihren Eltern und Großeltern »geerbt«. Die Minimierung der Kirchen ist, wie bekannt, vor allem das Ergebnis einer kirchenfeindlichen Politik des früheren DDR-Systems.

Die relative Schwäche der Kirchen ist für die Chefredakteure der Tageszeitungen in gewisser Weise ein Risikofaktor: Wenn Sie sich mit den Themen »Religion« und »Kirche« beschäftigen oder wenn sie gar Kirchenvertretern selbst in ihren Zeitungen Platz zur Verfügung stellen, so soll das nicht zur Verärgerung der Andersdenkenden führen. Es liegt deshalb auch im Interesse der Herausgeber und leitenden Redakteure, wenn durch Berichte über kirchliches Leben oder Stellungnahmen kirchlicher Vertreter/innen Konfessionslose nicht verärgert, sondern eher positiv angesprochen werden.

Ich bin schon kurz nach der Wende um Mitarbeit für die kirchliche Kolumne in der »Leipziger Volkszeitung« (LVZ) gebeten worden. Deshalb schreibe ich seit etwa 14 Jahren ein- oder zweimal im Jahr einen entsprechenden Beitrag. Das Thema kann man sich frei wählen. Dagegen unterliegt die Länge eines solchen Beitrags strikten Begrenzungen. Abgesehen von den großen überregionalen Zeitungen, die keinen Leipziger Lokalteil aufweisen, existiert im Raum Leipzig neben der LVZ nur noch die Bildzeitung als Blatt mit einem regionalen Bezug.

Die problematische Monopolstellung der »Volkszeitung« ist auch eine Spätfolge der DDR-Informationspolitik: Die LVZ hatte als SED-Bezirkszeitung schon in der DDR eine außerordentlich gewichtige Stellung inne. Der Springer-Verlag als heutiger Eigentümer hat die ideologisch belastete Geschichte dieser Zeitung aus wirtschaftlichen Gründen weitgehend ignoriert und deren Titel und mit ihm viele Abonnenten beibehalten. In den DDR-Jahren hätte ich als Theologe in dieser Zeitung nicht eine Zeile veröffentlichen dürfen. Für mich war das ein Motiv, unter den veränderten Verhältnissen in dieser Zeitung mit meinen Mitteln der »Stimme der Kirche« Gehör zu verschaffen. Aber wie lassen sich Konfessionslose, solche aus den DDR-Jahren, aber auch die Jüngeren, die die Konfessionslosigkeit quasi als »ostdeutsche Mentalität« ganz selbstverständlich übernommen haben oder die aus dem Westen zugereist sind und inzwischen in diesem Ballungsraum leben, erreichen?

Wege in Sackgassen

Kirchliche Kommentare in einer Tageszeitung kann man sehr oft zwei verschiedenen Gruppen zuordnen: Die eine Gruppe, wahrscheinlich ist sie gegenwärtig eher selten, nimmt auf die gegenwärtig zu vermutenden Interessen oder Verstehensvoraussetzungen der Leserschaft kaum Rücksicht. Sie geht von ihren kirchlichen beziehungsweise christlichen Anliegen aus und legt diese den Leserinnen und Lesern dar. Manchmal werden diese dabei ganz selbstverständlich als Mitglieder der Kirche und als gläubige Christen angesprochen. Konfessionslose sind kaum im Blick. Diese Autoren benutzen oft die ihnen vertraute traditionelle dogmatische und biblische Sprache.
Die andere Gruppe rechnet mit vielen nichtkirchlichen und konfessionslosen Leserinnen und Lesern. Um auch sie anzusprechen, wählt man Themen, die sie vermutlich interessieren dürften, und eine Argumentationsebene, die ihnen zugänglich sein müsste. Deshalb werden selten exklusiv kirchliche Fragestellungen oder dogmatische Aussagen, sondern fast durchgängig ethische Probleme angesprochen, oft auch Fragen, die durch die aktuelle Politik aufgeworfen werden. Manche dieser Stellungnahmen gleichen dann mehr oder weniger denen von Politikern oder Journalisten. Die »Stimme der Kirche« wird verwechselbar.
Es ist klar, dass die Wege beider Gruppen in Sackgassen führen: Der erste führt in die innerkirchlich-dogmatische Unverständlichkeit, der zweite in die Sackgasse des kirchlich-christlichen Substanzverlustes, die heute oft mit dem Begriff der »Selbstsäkularisierung« zu Recht kritisiert wird. Aber welcher Weg bietet sich dann an, um Konfessionslose mit ihren Interessen und Verstehensvoraussetzungen zu erreichen und ihnen dabei nicht nach dem Mund zu reden?

Vom Eigenen nachvollziehbar sprechen

Mit der schlichten Formel »vom Eigenen nachvollziehbar sprechen«
möchte ich den Weg andeuten, der nach meinem Eindruck die beiden
skizzierten Irrwege vermeidet. Sie beansprucht nicht, originell zu sein
oder etwas ganz Neues zu sagen. Ich versuche vielmehr, mit ihrer Hilfe die Redekonzeption hinter meinen eigenen praktischen Formulie-
rungsversuchen zusammenzufassen. Sie sind mehr oder weniger gelungene Beispiele eines solchen Versuchs, mit dem Eigenen – mit einer eigenen Rede vom Glauben – sich auch Konfessionslosen gegenüber verständlich zu machen. Dabei sind nach meinen Erfahrungen
vier Momente besonders zu berücksichtigen, die immer als Dimensionen solchen Formulierens eine Rolle spielen sollten, auch wenn in dem
einen Fall das eine Moment stärker und die anderen eher etwas schwächer zum Zug kommen werden:
1. Schlüsselthemen oder aktuelle Herausforderungen aufspüren,
2. argumentieren und konfrontieren,
3. veranschaulichen und erzählen,
4. persönlich reden und Glauben bezeugen.
Ich will versuchen, die jeweiligen Momente mit je einem Beispiel zu
veranschaulichen:

1. Schlüsselthemen oder aktuelle Herausforderungen aufspüren

Mit Ängsten leben

»Nicht der Milzbrand ist unser Problem, sondern die Angst, die Menschen davor
haben«, sagte ein amerikanischer Banker neulich. Angst sitzt in den Herzen der
Menschen seit dem 11. September. Sie breitet sich weiter aus, seit Terroristen
nicht nur mörderische Großaktionen durchführen, sondern zugleich Tod und Ver-
derben per Post lautlos in einzelne Häuser schicken. Sie – die Journalisten, Politiker und Sekretärinnen in den USA, wir – du und ich in unserem unsicherer gewordenen Land, sie – die einfachen Menschen im geschundenen Afghanistan, wir alle
müssen mit Ängsten leben. Mit Ängsten, die wohl begründet sind und die wir uns
deswegen nicht einfach ausreden lassen.
Wie machen Sie das: mit Ängsten leben? Stürzen Sie sich einfach ins Vergnügen
oder in die Arbeit, um alles zu vergessen? Oder haben Sie jemanden, vor dem sie
ihre Ängste aussprechen können und der Sie dabei nicht auslacht? Es ist ein altes
Geheimnis, dass Ängste, denen man einen Namen gibt, nicht mehr so allmächtig
sind wie die unausgesprochenen.
Viele suchen seit dem Anschlag auf New York Kirchen auf. Sie zünden Kerzen an
gegen ihre Angst, und sie sprechen vor Gott ihre Ängste aus. Warum? Glauben sie
etwa, dass Terroristen alle frommen Beter verschonen werden? Nein, so naiv sind
sie nicht. Aber sie geben ihren Ängsten vor Gott einen Namen. Sie erfahren es im
Gebet, dass Ängste ihre Allmacht verlieren. Sie suchen nach Trost bei dem, der
gesagt hat: »In der Welt habt ihr Angst. Aber seid getrost, ich habe die Welt
überwunden.«
Der Glaube ist keine Versicherung, vor allen Gefahren bewahrt zu bleiben. Aber er
kann in seiner Weise helfen, mit Ängsten zu leben. Weil er möglich macht, sich

vor Gott auszusprechen. Weil er nicht zulassen will, dass Menschen an die Allmacht des Bösen glauben. Weil er auch in bedrohlichen Situationen Menschen dennoch auf die große und gute Kraft vertrauen lässt, die wir »Gott« oder »Christus« nennen und die bei palästinensischen Christen »Allah« heißt. Ob der Kampf gegen den Terrorismus mit Gewalt schnell zu gewinnen ist, wissen wir nicht. Um so wichtiger ist, dass wir dem Bösen nicht Macht geben über unsere Herzen und dass wir einander helfen, mit Ängsten zu leben.

Der Text stammt vom Oktober 2001. Der Anschlag auf das World-Trade-Center in New York lag erst wenige Wochen zurück. Im Herbst 2001 musste man nicht lange suchen, um dem ganz obenauf liegenden Thema bei vielen Menschen zu begegnen: der Angst vor böser Gewalt, der Existenz unter solchen Bedrohungen und Gefährdungen, einem Leben in Angst. Das Thema Angst ist zugleich ein Beispiel für Schlüsselthemen des Lebens, die relativ unabhängig von solchen aktuellen Anlässen immer in Menschenherzen präsent sind und die sich deshalb immer auch als Themen anbieten, von denen her vom Glauben gesprochen werden kann und soll.

Als weitere Schlüsselthemen können beispielsweise auch gelten: die Hoffnung angesichts der Endlichkeit, Hoffnung für unsere bedrohte Welt, Anerkennung und Leistung, Zweifel, Gewalt, Liebe ... Wenn durch die Autor/innen kirchlicher Kurzartikel aktuelle Themen oder Schlüsselthemen aufgegriffen werden, dann gehen wir einen Schritt auf unsere Leserinnen und Leser zu. Wir begeben uns in den Fragehorizont hinein, in dem sie sich – und in dem wir uns gemeinsam befinden. Wir nehmen ihre Problemstellungen, Sorgen und vielleicht auch bestimmte Lösungen auf. Wir setzen dabei auf ihr Interesse – aber wir wenden uns ihnen im Medium eines kleinen Artikels auch zu. Wir würdigen ihre Fragen. Das ist wichtig – gerade auch dann, wenn wir widersprechen und konfrontieren wollen.

2. Argumentieren und konfrontieren

Das Modewort »cool«

Jede Zeit hat ihre Modewörter. Das war schon vor vielen Jahren so, als Jugendliche ihre Begeisterung für etwas Überragendes damit zum Ausdruck brachten, dass sie das als »eine große Schau«, »Klasse« oder »Spitze« bezeichneten. Auch heute ist es nicht anders. Auch unsere Zeit hat ihre Modewörter.
Ein Begriff ist gegenwärtig, besonders unter jungen Leuten, in aller Munde. Wenn sie ihre Bewunderung für etwas ausdrücken wollen, dann sagen oft: »Das ist cool.« Und wenn sie einen Menschen, der ihnen imponiert, beschreiben, dann meinen sie: »Das ist ein cooler Typ«. Auch Drei- oder Vierjährige versetzen ihre nähere Verwandtschaft manchmal dadurch in Entzücken, dass sie die neuesten Modewörter benutzen. Wenn sie sich über etwas freuen, sagen sie nicht mehr »schön« oder »wunderbar«, sondern »geil«. Und wenn ihnen etwas gefällt, sagen sie, das sei »cool«.
Vielleicht darf man solche Modewörter nicht auf die sprachliche Goldwaage legen. Sie kommen und gehen. Aber dennoch beschäftigt mich das Wort »cool«. Wört-

lich übersetzt bedeutet es: »kalt«, »kühl« oder »frisch«, auch »gleichgültig« und »abweisend«. Könnte es sein, dass ein solches Wort in unseren Tagen nicht ganz zufällig zu einem positiven Leitbegriff avanciert? Signalisiert es vielleicht auf seine Weise den Wandel der Ideale? An die Stelle des hingabebereiten und aufopferungsvollen Menschen, den man früher dafür bewunderte, tritt der kühle, durchsetzungsfähige, karriereorientierte Mensch. Zunehmend verehrt man solch »coole Typen«. Viele möchten so sein wie sie. Sie möchten ihnen nacheifern.

Ich gestehe: Vor einer Gesellschaft, in der es als höchstes Ideal gilt, kalt und rücksichtslos zu sein, habe ich Angst. Da fange ich innerlich an zu frieren. Denn da darf man nie schwach sein. Da darf man sich nie eine Blöße geben. Da darf man nicht alt und ja nicht hilfsbedürftig werden. Deswegen ist Jesus alles andere als ein cooler Typ. Er hat nicht seinen Vorteil gesucht, sondern er hat sich denen zugewandt, die in der Klemme waren. Und mir fällt ein, dass Martin Luther einmal von Gott gesagt hat, er sei wie ein Backofen voller Liebe. Aus seiner Liebe hat er uns und unsere ganze Welt erschaffen. Und durch seine Liebe erhält er uns. Ich möchte nicht nur von lauter coolen Typen umgeben sein. Ich brauche den Wärmestrom der Liebe von Gott und von anderen Menschen. Und wer sich heute noch unheimlich cool vorkommt, braucht vielleicht schon morgen einen Menschen, der sich seiner annimmt.

Ich habe nichts gegen Modewörter. Manchmal sind sie wirklich lustig und originell. Das Modewort »cool« sollte allerdings bald aus der Mode kommen.

Meines Erachtens sollen Worte des Glaubens gelegentlich dazu helfen, die Augen oder Ohren zu öffnen und bestimmten Trends zu widersprechen. Dabei kann es durchaus sein, dass wir gelegentlich stellvertretend auch für andere widersprechen, die es sich noch nie getraut haben oder die noch nie so recht über eine Sache nachgedacht haben.

Das hier vorgestellte Beispiel geht davon aus, dass man Menschen an ihrer Sprache erkennen kann, manchmal auch eine ganze Gesellschaft. Er zielt auf das Wertesystem unserer Gesellschaft. Gerade im Streit um die bei uns geltenden und gelebten Werte können wir nicht nur zustimmen, sondern da ist oft auch Widerspruch nötig. Dabei liegt mir zugleich daran, dass die primär ethische Dimension, die dabei angesprochen wird, mit der dogmatischen Dimension verknüpft wird: Der Grund unserer Werte liegt in Gott selbst. Ich möchte auch auf diese Weise ausdrücken, dass wir Christen keine ethischen Virtuosen sind, sondern eher Menschen, die von Gott, vom »Wärmestrom seiner Liebe« ihre Kraft zur menschlichen Liebe empfangen.

3. Veranschaulichen und erzählen

Den Glauben an einen guten Ausgang verloren

»Das wird immer verrückter mit dieser Welt«, sagt die alte Dame mit ihrer harten und tiefen Stimme. Neben ihr war ein Sitzplatz frei im ICE von Berlin nach Leipzig. Fast zwei Stunden war er verspätet, weil Demonstranten die Bahngleise besetzt hatten. »Die lassen sich alles bieten, diese Polizei«, fügt sie hinzu. Schnell bin ich mit ihr im Gespräch. Natürlich kann ich ihren Ärger verstehen. Und ich begreife ebenso wenig, wieso Tausende Polizisten nicht verhindern können, dass wenigstens die Fernzüge ungehindert fahren können. Aber die alte Berlinerin ist

schnell beim Grundsätzlichen: »Das wird immer verrückter«, wiederholt sie. »Ich habe keine Hoffnung mehr, dass sich das noch einmal verbessert. Das alles geht zugrunde«, fügt sie hinzu. Und schon ist sie bei den vielen ökologischen Problemen. Eine kluge Frau, gut informiert über viele Dinge, aber ohne Hoffnung, enttäuscht von den Nachrichten, verbittert von eigenen Erlebnissen.
Ich überlege, ob sie vielleicht zu DDR-Zeiten zu den Privilegierten gehört hatte. Doch bald erzählt sie selbst von den absurden Materialbeschaffungs-Abenteuern, zu denen sie früher beruflich gezwungen war. Nein, sie will nicht die alten Verhältnisse zurück haben. Aber sie kann sich auch nicht mit dem abfinden, was sie jetzt sieht und hört. Sie hat den Glauben an einen guten Ausgang verloren.
Ich sage meiner Reisegenossin, dass ich von Vielem auch enttäuscht bin. »Aber ich lasse mir dadurch meine Hoffnung nicht nehmen. Die hängt nicht nur an dem, was ich sehe und höre, sondern die ist tiefer, die ist religiös begründet«, ergänze ich. »Und deshalb sehe ich vielleicht auch mehr von dem Guten, das es auch gibt«, füge ich hinzu. Und ich rede mit ihr unter anderem über die Flüsse, in denen inzwischen wieder Fische leben. »Sie glauben an Gott?« fragt sie zurück. »Ja«, sage ich. »Er ist mein Hoffnungsfundament.« »Nein«, sagt sie, »an einen Gott kann ich nicht glauben. Das ist doch nur Opium.«
Schade, denke ich, an dem Punkt ist sie noch immer bei Marx oder Lenin und bei dem, was ihr früher einmal über Religion beigebracht worden ist. Hat sie es noch nie erlebt, dass der christliche Glaube Menschen ermutigen kann? Schade, dass der Zugführer schon Leipzig ankündigt. Wir müssen unser Gespräch abbrechen. Ich kann ihr meine Hoffnung nicht einreden, und doch tut es mir leid, dass ich sie so weiterfahren lassen muss, sie, die kluge alte Dame ohne Hoffnung.

Auf diesen Beitrag hin habe ich mehrere schriftliche Reaktionen bekommen – zustimmende und kritische. Das hat wohl damit zu tun, dass er einerseits wiederum ein Schlüsselthema aufgreift: die vorhandene oder versiegende Hoffnung der Menschen für unsere Welt. Aber es liegt wohl weiter daran, dass er auf die DDR-Verhältnisse anspielt und auf die damals durch den Staat flächendeckend verbreitete Ideologie mit ihrer Religionskritik und deren Langzeitfolgen. Und ich bin außerdem davon überzeugt, dass es auch mit der Lebendigkeit der Szene zu tun hat, die in ihm vor die Augen der Leserinnen und Leser gestellt wird.
Auch der Rede vom Glauben tut es gut, wenn sie anschaulich und narrativ erfolgt. Was für jede Predigt gilt, gilt auch für die kurze Zeitungskolumne, die freilich dazu nur einen knappen Raum bereit hält. Wir dürfen uns durch die vorgeschriebene Kürze nicht dazu verleiten lassen, auf Anschaulichkeit zu verzichten. Wo die Anschaulichkeit fehlt, leidet nicht nur die Aufmerksamkeit der Leserinnen und Leser, sondern wächst auch die Vermutung, der Glaube sei eine entbehrliche, weil wirklichkeitsferne Ideologie. Die Anschaulichkeit und Narrativität hilft, den Wirklichkeitsbezug des Glaubens zu vermitteln.

4. Persönlich reden und Glauben bezeugen

Offen bleiben für Unmögliches

Warum feiern Sie Ostern? Nur weil es im Kalender steht? Als Frühlingsfest? Oder verbinden Sie es mit den so unmöglich klingenden biblischen Ostererzählungen? Es ist hierzulande nur eine Minderheit, die Ostern als das Fest der Auferstehung Jesu feiert. Zu sehr hat der Realismus gesiegt, der ganz genau weiß, was möglich und was nicht möglich ist in dieser Welt: Wer tot ist, bleibt tot. Wer verloren hat, ist ein Verlierer. Wer oben ist, bleibt oben. Wer unten ist, bleibt unten. Wer diese Wirklichkeit nicht zur Kenntnis nimmt, ist ein Spinner.

Aber wann schlägt solcher Realismus in Fatalismus und Pessimismus um? Eine »Schaufel Erde ins Maul« sei die Antwort auf alle Fragen, hat der skeptische Dichter Heinrich Heine einmal resigniert geäußert. Der Tod als die letzte Antwort und deshalb als die bestimmende Kraft schon hier mitten im Leben? Es gibt einen tödlichen Realismus, oft aus viel Lebenserfahrung erwachsen, der Menschen verbittert und lähmt.

Ostern ist kein Fest des Realismus. Gott sei Dank. Es feiert das Unmögliche. Es präsentiert in seinen grundlegenden Texten einen Gott, der nicht alles beim Alten lässt, sondern im Alten den Keim des Neuen legt: Jesus, der Gekreuzigte, lebt. Es überrascht mit einer Nachricht, die unseren Lebenserfahrungen widerspricht: Einer, der tot war, lebt. Einer, der total besiegt war, steht auf. Einer, über den sich nicht mehr zu reden lohnte, wird zur »Guten Nachricht« über Jahrhunderte hinweg.

Es ist kein Wunder, wenn viele das nicht glauben können. Schon die Freunde Jesu erschraken, als sie davon hörten. Was zählt denn noch, wenn auf einmal die sichersten Erfahrungen nicht mehr gelten? Aber immer wieder fingen Menschen an, sich – manchmal eher probeweise – auf diese Nachricht zu verlassen und mit ihr zu leben: Jesus lebt, Gott ist stärker als der Tod, manchmal ist das Unmögliche möglich.

Ich will mich vom tödlichen Realismus des Lebens nicht besiegen lassen. Wo alles zu Ende scheint, ist Gott vielleicht erst am Anfang. Ich möchte offen bleiben für österlich Unmögliches – in den vielen Ausweglosigkeiten unserer Tage. Und ich wünsche Ihnen solche österliche Hoffnung, auch wenn Ihnen die biblischen Texte ziemlich märchenhaft vorkommen mögen. Fröhliche Ostern!

Das persönliche Glaubenszeugnis ist in diesem Text vor allem am Ende zu erkennen. Vorher wird am Kalenderdatum angeknüpft und der bei vielen vermutete Widerspruch gegen die biblische Osterbotschaft aufgegriffen und mit dem christlichen Osterglauben konfrontiert. Ich würde das Argument nicht durch ein bloßes subjektives Zeugnis ersetzen wollen. Das Aufnehmen der Fragen, das Argumentieren und Konfrontieren brauchen ihren Raum. Aber irgendwann ist in solcher Rede des Glaubens auch das persönliche Zeugnis gefragt. Der da schreibt, soll sich kenntlich machen. Er soll nicht nur kirchliche Lehrsätze oder Überzeugungen anderer zitieren. Er soll sagen, wo er selbst steht und was er persönlich denkt.

Schlussbemerkung

Ob wir so Konfessionslose erreichen? Es gehört zur Normalität solchen »Redens«, dass man von denen nur selten ein Echo empfängt, für die man eigentlich schreibt. Es sind eher die eigenen Bekannten, die einen auf den einen oder anderen Beitrag ansprechen. Es wäre ein sinnvolles Forschungsprojekt, einmal die Reaktionen Konfessionsloser auf kirchliche Kolumnen in Tageszeitungen zu erheben und diese auszuwerten. Vorerst aber bleibt mir nur die Hoffnung, auf meine Weise Konfessionslose nicht abgestoßen, sondern gelegentlich erreicht zu haben.

WERNER SCHMÜCKLE

Kircheneintritt als Thema einer Wachsenden Kirche

1. Kirche in der Marktsituation

Auch in der Württembergischen Kirche kommt es häufig vor, dass sich bei Taufanmeldungen herausstellt: Ein Elternteil gehört nicht oder nicht mehr der Kirche an. Kirchliches Handeln steht damit vor einer neuen Herausforderung. Die Kundgebung der Synode der EKD hat sie im Jahr 1999 so beschrieben: »In der pluralistischen Gesellschaft konkurrieren Heilsbotschaften und Weltanschauungen miteinander. Wenn die Kirche Menschen erreichen will, befindet sie sich faktisch in einer Marktsituation ... Um diesen Wettbewerb zu bestehen, muss sie die Fähigkeit haben oder entwickeln, sich auf veränderte Situationen einzustellen.«[1] Kirche ist herausgefordert, Menschen, die nicht (mehr) zur Kirche gehören, für die Kirche zu interessieren, sie zum Kircheneintritt einzuladen und ihnen neu Heimat in der Kirche zu bieten. Denn »der Leib Christi soll wachsen. Darum wollen die Kirchen Mitglieder gewinnen ... Eine Kirche, die den Anspruch, wachsen zu wollen, aufgegeben hat, ist in der Substanz gefährdet«.[2]

2. Die Ausgangssituation beim Kirchenwiedereintritt

Der Umgang mit den aus der Kirche Ausgetretenen war in früheren Jahren keineswegs so, dass der Wiedereintritt leicht zu vollziehen war. Die rechtlichen Regelungen waren restriktiv. »Die einzelnen gliedkirchlichen Vorschriften sahen häufig die obligatorische Beichte vor, eine Unterweisung im evangelischen Glauben, dazu eine längere Warte- und Bewährungszeit – bis zu sechs Monate –, während der der Wiedereintrittswillige am Gemeindeleben teilnehmen sollte, ehe nach Prüfung und Entscheidung durch den Kirchenvorstand die Wiederaufnahme in einem Gottesdienst mit Abendmahl öffentlich vollzogen wurde.«[3]
Auch in der Württembergischen Kirche musste die Wiederaufnahme vom Oberkirchenrat genehmigt werden. Voraussetzung für die Auf-

---

[1] *EKD,* Reden von Gott in der Welt, Hannover 2000, 40.
[2] A.a.O., 38.
[3] *Jörg Ennuschat,* Wiederaufnahme in die evangelische Kirche in Wiedereintrittsstellen, ZevKR 50/2005, 617.

nahme war in allen Fällen eine vorausgegangene ausreichende Unterweisung, die Teilnahme am gottesdienstlichen Leben der Gemeinde und in der Mehrzahl der Fälle auch eine bestimmte Wartefrist.[4] Diese Maßnahmen wurden verstanden »als ein Stück Kirchenzucht, die um der Ehre Gottes, um unserer Gemeinschaft und um des Heils der Seelen willen im Geist der Wahrhaftigkeit und der Liebe geübt sein will«.[5] Im Wesentlichen sind diese Vorgaben bis ins Jahr 1995 gültig. Erst zu diesem Zeitpunkt heißt es: »Die Kirche freut sich über alle, die zur Gemeinde Jesu Christi kommen oder wieder zu ihr zurückfinden. Darum soll auch das Verfahren bei einer Wiederaufnahme in die Kirche in seiner Gestaltung diese Freude deutlich zum Ausdruck bringen.«[6]

Doris Michel-Schmidt beschreibt, angesichts der Jahrzehnte geübten rechtlichen Praxis, die Gefühlslage von Menschen, die über einen Kirchenwiedereintritt nachdenken: »Manche Frauen und Männer, die einen Wiedereintritt in Betracht ziehen, hält eine gewisse Scheu oder ein Unbehagen vor dem Gang zum Pfarrer zurück. Die meisten beschleicht beim Gedanken, den Kontakt zur Kirche wieder aufzunehmen, irgendwie ein diffuses, mulmiges Gefühl, genährt aus abwehrendem Stolz, schlechtem Gewissen und etwas Neugier.«[7]

In der bisher geübten kirchlichen Praxis sieht sie eine zu hohe Hürde für Eintrittswillige. Sie fordert statt hoher Hürden einen roten Teppich und erinnert an das biblische Paradigma des verlorenen Sohnes: »Dem verlorenen Sohn aus dem Gleichnis der Bibel wurde die Rückkehr ins Haus seines Vaters leichter gemacht. Als er nach Jahren der Abwesenheit wieder bei seinem Vater anklopft, wird erst einmal gefeiert … Wieso fällt es der Kirche so schwer, es diesem Vater gleichzutun? ›Herzlich willkommen‹ zu rufen und sich einfach nur zu freuen, wenn einer zurückkehrt?«[8] Auch innerhalb der Kirche hat sich inzwischen die Erkenntnis durchgesetzt, dass es einen Unterschied macht, »ob die Kirche beim Eintritt als Institution mit Macht- und Entscheidungsbefugnis auftritt oder ob sie Kircheneintritt als seelsorgliche Handlung versteht«.[9]

3. Wie die Kirche mit Ausgetretenen umgehen sollte

Es sollte zu den Standards jeder Kirchengemeinde gehören, auf die Austrittsnachricht vom Standesamt sofort zu reagieren. Ein Brief an den oder die Ausgetretene sollte folgende Aspekte enthalten:

[4] Vgl. z.B. Abl Württ 34/1950, 15.
[5] Abl Württ 33/1946, 125f.
[6] Abl Württ 57/1996, 16.
[7] *Doris Michel-Schmidt*, Mein Weg zurück in die Kirche. Wiedereingetretene berichten, Regensburg 2003, 18.
[8] Ebd., 18f.
[9] epd 22/2005, 5.

- den Ausdruck des Bedauerns über den Austritt
- den Dank für die bisherige Kirchenmitgliedschaft
- ein Gesprächsangebot
- die Frage nach den Gründen für den Kirchenaustritt
- den freundlichen Hinweis auf rechtliche Konsequenzen des Austritts (im Blick auf Patenamt, Wahlrecht, Amtshandlungen, Pfarramtliches Zeugnis)
- die Einladung zu Angeboten und Veranstaltungen in der Gemeinde
- den Hinweis auf die Unverlierbarkeit der Taufe
- Informationen über den Wiedereintritt
- Broschüren der Landeskirche, Gemeindeinformationen.

Gesamtkirchlich oder regional braucht es positive öffentliche Eintrittsangebote, wie zum Beispiel die Aktion »Sie werden erwartet« der Evangelischen Kirche in Thüringen im Jahr 2004/05. Die Württembergische Kirche arbeitet mit der Broschüre »Nicht nur sonntags. Ihr Partner für alle Tage – die Evangelische Landeskirche in Württemberg«. Zum Kirchenwiedereintritt finden sich in der Broschüre folgende Hinweise:

Treten Sie ein – ein Anruf genügt
Entweder in ihrer Heimatgemeinde. Die finden Sie im Telefonbuch unter Kirchen – evangelisch. Ihre Pfarrerin oder ihr Pfarrer wird mit Ihnen einen Termin vereinbaren. Zum Abschluss des Gesprächs können Sie schriftlich Ihren Eintritt erklären. Wenn Sie möchten, kann Ihr Eintritt auch in einem Gottesdienst gefeiert werden. Oder sie rufen die Nummer … an (Gebührenfreies Info-Telefon der Landeskirche). Nach dem Telefonat bekommen Sie die Unterlagen zugeschickt …

Unbürokratisch
Falls Sie getauft sind, bringen Sie Ihre Taufurkunde mit. Wenn Sie noch nicht getauft sind, können Sie in jedem Alter die Taufe erhalten.

Kostenfrei
Der Kircheneintritt selbst kostet nichts. Als Kirchenmitglied sind Sie aber kirchensteuerpflichtig, sofern Sie ein steuerpflichtiges Einkommen haben.

4. Was Menschen zum Wiedereintritt in die Kirche bewegt

Die Kirchenwiedereintrittsstudie der Badischen Landeskirche dokumentiert folgende Beweggründe für den Wiedereintritt:

1. Ich wollte wieder zur Kirche dazugehören (74 Prozent)
2. Ich finde das Leben in der evangelischen Kirchengemeinde überzeugend (58 Prozent)
3. Ich möchte auf eine kirchliche Bestattung nicht verzichten (42 Prozent)

4. Ich hatte eine Begegnung mit einem Pfarrer, der mich überzeugt hat (37 Prozent)
5. Mein Partner / meine Partnerin ist in der evangelischen Kirche (35 Prozent)
6. Anlass war die Taufe des eigenen Kindes (24 Prozent)
7. Eine Amtshandlung hat mich angesprochen (22 Prozent)
8. Ich will kirchlich heiraten (13 Prozent)
9. Der Tod eines nahestehenden Menschen gab den Anstoß (12 Prozent)
10. Ich wollte Taufpate werden (11 Prozent)
11. Ich will bei der Kirche arbeiten (10 Prozent)
12. Anlass war eine längere/ schwere Krankheit (9 Prozent)
13. Die Werbung für die ev. Kirche hat mich angesprochen (7 Prozent)
14. Ein gravierendes öffentliches Ereignis war Anlass (4 Prozent)[10]

An einigen Beispielen lassen sich persönliche Gründe für den Wiedereintritt benennen:
Eine Ärztin (32): Durch ihren indischen Mann und die erwartete Geburt ihres Kindes besann sich G. wieder stärker ihrer eigenen Wurzeln in der christlichen Tradition. Vielleicht auch als Vorbereitung auf kindliche Fragen nach den Unterschieden zwischen hinduistischen Göttern und biblischem Gott.
Eine Kommunikationsberaterin (33): Werte wie Gerechtigkeit und Bescheidenheit bekamen für sie nach der Geburt ihres Sohnes plötzlich eine ganz neue Bedeutung. Aus einem neu erwachten Verantwortungsgefühl für ihre Familie heraus ist sie wieder in die Kirche eingetreten.
Eine Frührentnerin (53): Eine tiefe Sehnsucht nach Halt, nach Stabilität in ihrem Leben und nach Gemeinschaft mit anderen führte sie in die Kirche zurück. Erfüllt haben sich nicht alle Wünsche, die sie mit ihrem Wiedereintritt verbunden hatte. Trotzdem ist sie froh über ihren Schritt.
Ein Fotograf (36): »Ich wollte dieses schlechte Gewissen loswerden, das ich mit mir herumgetragen habe, seit ich ausgetreten bin.« Wenn ihn jemand fragt, warum er wieder in die Kirche eingetreten sei, erzählt er die Geschichte seiner Tochter, die zu früh auf die Welt kam und schließlich, nach langen Wochen des Bangens und Hoffens, leben durfte. Das war der Anlass. Das versteht jeder. Das mit seinem schlechten Gewissen ist da schon schwerer zu erklären.[11]

5. Wie Gemeinden zum Wiedereintritt einladen können

Im Rahmen des Projekts Wachsende Kirche hat das Amt für missionarische Dienste in Württemberg versucht, eine oder mehrere Gemeinden zu gewinnen, die sich besonders den aus der Kirche ausgetretenen

---

[10] *Rainer Volz*, Massenhaft unbekannt – Kircheneintritte. Forschungsbericht über die Eintrittsstudie der Evangelischen Landeskirche in Baden, Karlsruhe 2005, 8.
[11] Vgl. *Doris Michel-Schmidt*, a.a.O., 39, 54, 59, 75.

Menschen in ihrem Gemeindegebiet widmen wollen und sich dazu für einen begrenzten Zeitraum das konkrete Ziel setzen wollen, möglichst viele der Ausgetretenen wieder in der Kirche willkommen zu heißen. Es ist noch nicht gelungen, dies Projekt mit einer Gemeinde zu verwirklichen.

Im Rahmen der Kirchlichen Wochen 2006 wurde im Kirchenbezirk Besigheim eine Kircheneintrittsaktion durchgeführt. Die Stuttgarter Zeitung berichtete:

»Mit der Zustimmung der Kirchengemeinderäte, die für die gesamte Aktion 4000 € bewilligt haben, betreiben die Evangelischen Gesamtkirchengemeinden Bietigheim sowie Metterzimmern und Bissingen gezielt Werbung in eigener Sache. Alle zwei Tage erscheinen in der Lokalzeitung von Pfarrern geschriebene Artikel über das Angebot der evangelischen Kirche. Darüber hinaus werden Anzeigen mit einem eigens entworfenen Logo geschaltet. Es stellt eine Mischung dar aus rundem Kirchenfenster und der Form eines Hinweisschildes, wie man es an Klinken von Hotelzimmertüren findet. ›Treten Sie ein!‹ – heißt es auf der grünen Seite. Und auf der roten: ›Ich bin gerade im siebten Himmel.‹ Auf der neu gestalteten Homepage erwarten den Besucher außerdem ›zwölf gute Gründe, in der Kirche zu sein‹. Zwei Veranstaltungen, die in den Rahmen der laufenden kirchlichen Wochen in Besigheim eingepasst wurden, beschäftigen sich mit dem Thema Kircheneintritt. Eine davon ist ein Gottesdienst, bei dem es um Thomas, den Zweifler, geht. Zudem wurde ein sogenanntes Eintrittstelefon geschaltet. Als ›Herzstück‹ der Kirchenkampagne bezeichnet Pfarrer Ralf Drescher eine gezielte Telefonaktion, die seit gut zwei Wochen läuft. Die in den vergangenen fünf Jahren Ausgetretenen werden angerufen und nach den Gründen für ihren Schritt gefragt.«[12]

Das Konzept mit seinen Grundpfeilern Öffentlichkeitsarbeit, Telefonaktion und entsprechenden Veranstaltungen erwies sich als sinnvoll, viele Anrufe wurden positiv aufgenommen, 20 Eintritte und zwei Erwachsenentaufen waren die Frucht der Aktion.[13]

Es ist zu hoffen, dass andere Gemeinden durch diese Erfahrungen angeregt werden, sich in besonderer Weise Ausgetretenen zuzuwenden. Zunächst wird es darum gehen, Vertrauen zu gewinnen und einen Raum des Vertrauens zu bieten. Ob aus neuer Mitgliedschaft dann eine verbindliche Christusbeziehung wird, ist eine andere Frage. Erfahrungen aus der anglikanischen Kirche belegen, dass es eine längere Zeit der Zugehörigkeit zu einer Gemeinde braucht, bis es bei Menschen zu einem persönlichen Bekenntnis kommen kann.

---

12 Stuttgarter Zeitung vom 15.5.2006, 22.
13 Vgl. *Thomas Reusch-Frey*, »Treten Sie ein!« – Kircheneintrittsaktion in Bietigheim-Bissingen, AuB 1/2007, 23–26.

Beiträge aus der Praxis

MATTHIAS BARTELS

»Wo ist denn Ihre Kirche?«

Ein Werkstattbericht aus einem Projekt »extra muros ecclesiae« in Pommern

HARTMUT BÄREND hat der »missio extra muros ecclesiae«, namentlich der Bemühung um so genannte »konfessionslose« Menschen, in seiner Arbeit und in seiner theologischen Reflexion immer besonders große Bedeutung zugemessen.[1] Er hat auch die Entstehung des hier beschriebenen missionarischen Projekts, das in einem von Entkirchlichung und Konfessionslosigkeit besonders gekennzeichneten Gebiet angesiedelt ist, begleitet und durch seine Anregungen vorangebracht.
Ich möchte (1.) die Idee und das Ziel, (2.) die Bedingungen und (3.) Schritte auf dem Weg zur Verwirklichung dieses Projekts beschreiben und dann (4.) am Schluss einige Erfahrungen benennen, die wir in den ersten Wochen nach dem Start gemacht haben und die uns als Fragen jetzt weiter beschäftigen werden.

1. Zukunft kirchlicher Arbeit in »komplexen Problemgebieten«

Die Grundidee und wissenschaftliche Zielstellung des von uns am Institut zur Erforschung von Evangelisation und Gemeindeentwicklung gemeinsam mit der Pommerschen Evangelischen Kirche entwickelten Projekts besteht darin, über eine empirisch-soziologische Analyse Strategien für kirchliche Arbeit in komplexen Problemgebieten zu entwickeln. Für Regionen und Brennpunkte, in denen klassische kirchliche Arbeitsformen – das ist zunächst einmal die These – offensichtlich nicht mehr die geeigneten Möglichkeiten bieten, auf veränderte und sich verändernde Lebenslagen von Menschen zu reagieren, sollen Ansätze zu neuen Formen kirchlicher Arbeit beschrieben und ihre Erprobung in konkreten Projekträumen begleitet werden.
Der Begriff »komplexe Problemgebiete« wird dabei nicht nur in Bezug auf die kirchliche, sondern darüber hinaus allgemein auf die gesellschaftliche Situation verwendet: auf die sozialen, wirtschaftlichen und demographischen Rahmenbedingungen.

---

[1] Vgl. zum Beispiel *Hartmut Bärend*, Kirche mit Zukunft. Impulse für eine missionarische Volkskirche, Gießen 2006.

Die Absicht ist daher weitergehend, dem Zusammenhang zwischen problematischer werdenden Lebensverhältnissen und den Einstellungen zu und Konstitutionsbedingungen von Religion nachzugehen. Es geht also nicht primär um die Analyse der *Kirchlichkeit* von Menschen in solchen Regionen, sondern vielmehr um die doppelte Ausgangs-Frage:

Welche Erwartungen verbinden Menschen, die keine kirchliche und gemeindliche Bindung mehr haben oder zumeist noch nie hatten, mit Glauben und Kirche in sich immer schneller verändernden und perspektivisch eher verschlechternden lebensweltlichen Rahmenbedingungen? Welche Sehnsüchte bewegen sie? Verbinden sie noch etwas mit »Kirche«, »Religion« und »Spiritualität«, haben sie hier überhaupt Erwartungen und Fragen, oder gilt eher das, was HANS-JOACHIM MEYER auf dem Kirchentag in Hannover 2005 formuliert hat: »*Der Osten ist wie eine Wüste, die auch bei dauerhaftem Regen und warmem Wetter keine Blumen sprießen lässt ... Wir Christen sind gefordert, Auskunft zu geben. Doch was sollen wir tun, wenn keiner fragt?*«

Und in die andere Richtung gefragt: *Was ergeben sich für Anforderungen an Ausrichtung, Arbeitsformen und auch strukturelle Verfasstheit von »Gemeinde« in hochproblematischen Regionen?*

KARL GABRIEL hat vor einiger Zeit versucht zu beschreiben, welche Rolle Gemeinde im Spannungsfeld des gesellschaftlichen Wandels spielen könnte. Speziell für den großstädtischen Bereich formuliert er: »Es wurde deutlich, dass Kirchengemeinden zu den Kristallisationspunkten gehören, die für die Aufrechterhaltung eines lokalen Selbstbewusstseins in Verarmungsgebieten eine wachsende Bedeutungszuschreibung erhalten und sie in den Großstädten zu jenen Arenen zu rechnen sind, an denen die Interessengegensätze und Konflikte um den Lebensraum City ausgetragen werden«.[2]

Und GABRIEL fügt – über den Großstadtbereich hinausgehend – hinzu: »Wo ... enge Kommunikationsbezüge zwischen den Akteuren der unterschiedlichen Daseinsbereiche existieren, können Kirchengemeinden ... – so etwa in der Kleinstadt – einen gewichtigen Part im lokalen Handlungsgefüge einnehmen und nach innen und außen innovative und beispielhafte Perspektiven und Problemlösungen ins Spiel bringen«.[3]

Unsere Ausgangsvermutung ist, dass dies gerade auch für »komplexe Problemgebiete« gelten könnte. Unsere Ausgangsvermutung ist allerdings auch, dass unsere gegenwärtigen Strukturen und Formen gemeindlicher Arbeit vielleicht nur noch bedingt geeignet sind, diese Potenziale zu nutzen und Menschen in ihren Lebenswelten zu begegnen.

---

[2] *Karl Gabriel*, Gemeinde im Spannungsfeld zwischen Neuorientierung und gesellschaftlichem Wandel, in: Diakonia 34/2003, 280–287, hier 281.
[3] Ebd.

Zu untersuchen wird daher sein, ob und inwieweit neue Formen kirchlicher Arbeit in besonderen Problemgebieten Menschen dort ansprechen und ihnen wieder neu Gelegenheit geben, sich vom Evangelium berühren zu lassen. Die Situation im Bereich der Pommerschen Evangelischen Kirche mit den vielschichtigen und komplexen gesellschaftlichen und kirchlichen Problemlagen bietet für diese Erhebung in gewisser Weise (leider?) ideale Voraussetzungen. Die Überzeugung ist allerdings, dass die Ergebnisse auch über den konkreten Raum der Pommerschen Kirche hinaus von prinzipieller Bedeutung sind.

Diese Überlegungen sollen verbunden werden mit Erfahrungen insbesondere aus der anglikanischen Kirche, die in so genannten »Gemeindepflanzungen« frische, unverbrauchte und der Situation angemessene Ausdrucks- und Arbeitsformen von Kirche findet.[4]

2. Wodurch sind »komplexe Problemgebiete« gekennzeichnet, und welche Herausforderung stellen sie für kybernetisches Handeln dar?

2.1 Zur Regionenklassifizierung Vorpommerns

Wenn man die Regionenklassifizierung[5] des Bundesamtes für Bauwesen und Raumforschung zugrunde legt, die auf der Basis der laufenden Raumbeobachtung und der Bevölkerungsprognosen auf Bundes- und Landesebene erstellt wird, dann gehört ganz Vorpommern in die Kategorie der so genannten »strukturschwachen Räume«. Offiziell heißt dies *»Ländliche Räume ohne Einflüsse durch Nähe zu Urbanisierungszentren, ohne besondere Eigendynamik und mit mehr oder weniger abgeschwächter Entwicklung«.*
Zu den Kennzeichen dieser Raumkategorie gehört, dass es sich um periphere Regionen handelt, die vorwiegend agrarisch bestimmt sind, oft mit einer ökonomischen Monostruktur und schwieriger Arbeitsmarktsituation, also hoher Arbeitslosigkeitsquote verbunden. Es gibt eine Tendenz von der residentiellen zur zirkulären Migration, das bedeutet: weites und zum Teil über Wochen dauerndes Pendeln als erwerbsbiografische Dauerlösung. Das Leben ist von der Notwendigkeit zu hoher Alltagsmobilität bestimmt. Die Regionen haben zu kämpfen mit der Abwanderung insbesondere von Jugendlichen in der Ausbildung und von jungen Frauen, weniger von Familien.

---

4 Vgl. *Michael Herbst* (Hg.), Mission bringt Gemeinde in Form. Gemeindepflanzungen und neue Ausdrucksformen gemeindlichen Lebens in einem sich wandelnden Kontext, Neukirchen-Vluyn [2]2007; zur Notwendigkeit neuer Gemeindeformen vgl. auch das »Leuchtfeuer 2« in Kirche der Freiheit. Perspektiven für die Evangelische Kirche im 21. Jahrhundert, hg. vom *Kirchenamt der EKD*, 2006, 53–57.
5 Eine gute Darstellung bietet »Wandeln und Gestalten. Missionarische Chancen und Aufgaben der evangelischen Kirche in ländlichen Räumen« (EKD-Texte 87), Hannover 2007, 22–39.

Zuwanderungen geschehen höchstens beim Übergang in die Renten-
phase. Diese Bevölkerungsbewegungen haben ihrerseits wieder ein
weiteres Öffnen der Schere zwischen Geburten und Sterbefällen zur
Folge. Das Bundesamt betont eindringlich, aber noch sehr allgemein:
Eine der großen gesamtgesellschaftlichen Herausforderungen für die
Zukunft liegt in der zu erwartenden sozialen und demographischen
Erosion dieser Räume. Was heißt dies konkret in Vorpommern?

2.2 Der demographische und infrastrukturelle Wandel

In Mecklenburg-Vorpommern, so heißt es, vollziehe sich gegenwärtig
der auffälligste demographische Veränderungsprozess im ländlichen
Raum in Deutschland. Alle ernst zu nehmenden Prognosen zur Bevöl-
kerungsentwicklung sagen bis zum Jahr 2020 für Vorpommern ein
weiteres Absinken der Einwohnerzahl um bis zu 20 Prozent voraus,
das heißt, bezogen auf die Ausgangswerte von 1990, also von über 35
Prozent. Dabei hat das statistische Landesamt die Zahlen in den letzten
Jahren ständig nach unten korrigieren müssen.
Besonders dramatisch sieht es in den vorpommerschen Landkreisen
Demmin, Uecker-Randow und Nordvorpommern aus. Dabei ist festzustellen, dass sich das Schwergewicht der für diese Entwicklung verantwortlichen Faktoren von der Abwanderung auf den »Sterbeüber-
schuss« (beziehungsweise das Geburtendefizit) verlagern wird.
Gleichzeitig wird das Durchschnittsalter in Mecklenburg-Vorpommern
noch einmal um bis zu zehn Jahre ansteigen, so dass innerhalb von 30
Jahren das mittlere Alter der Bevölkerung um 16 Jahre geklettert ist.
War Mecklenburg-Vorpommern 1990 das »jüngste« Bundesland, wird
es 2020 das älteste sein. Dies hat jetzt schon und wird zukünftig enorme Folgen für die infrastrukturelle Entwicklung haben:
– Unser Bundesland sieht sich beispielsweise momentan zu einer völ-
  ligen Neudefinition dessen gezwungen, was eigentlich schulische
  Angebote in ländlichen Räumen in Zukunft sind, weil jetzt schon
  klar ist, dass die potenziellen Väter und vor allem Mütter künftiger
  Schülergenerationen nicht mehr da sein werden oder nicht mehr bereit sind, Kinder zu bekommen und zu erziehen.
– Kommunalen Wasser- und Energieversorgern stellt sich die Frage
  nach dem Sinn, weil ein so aufwändiges Netz nur unter permanen-
  ter Last sinnvoll und kostendeckend betrieben werden kann. Die
  Verbände des ÖPNV beginnen mit einer kompletten Umstrukturierung ihrer Angebote weg vom Linienverkehr hin zu Service auf
  Anforderung.
– In Mecklenburg-Vorpommern sollen in den nächsten Jahren mindestens 35.000 Wohnungen – meist Plattenbauten – wie es so schön
  euphemistisch heißt »zurückgebaut« (also abgerissen) werden. Millionen Euro stehen dafür zur Verfügung.

– Für einige besonders problematische Territorien gerade im südlichen Vorpommern sagen die Planungsgremien des Landes Mecklenburg-Vorpommern sogar das faktische – und womöglich durch Verknappung und Verteuerung von Infrastruktur auch gezielt betriebene – Absterben ganzer Dörfer voraus.

2.3 Der wirtschaftlich-soziale Indikator

Die Diskussion um den »Prekariats«-Begriff hat gezeigt, dass wirtschaftliche Probleme zwar nicht der einzige, aber ein entscheidender Faktor für sozialen Abstieg sind. Betrachtet man die Verhältnisse in unserem Bundesland unter diesem Gesichtspunkt, kommen vor allem die enormen psychischen und psychosozialen Folgeerscheinungen von Beschäftigungslosigkeit in den Blick. Vorpommern ist beispielsweise inzwischen die europäische Region mit dem höchsten Pro-Kopf-Verbrauch an Alkohol, Lebererkrankungen rangieren nach dem Gesundheitsbericht des Sozialministeriums M-V 2006 bei den Todesursachen von Männern inzwischen auf Platz 1.

Damit einher gehen einige systematische Erosionserscheinungen, die ein Gebiet wie Vorpommern vom Problem- zum Hochproblemgebiet machen werden. Prekär ist die Lage in Pommern nämlich nicht nur durch die Höhe der Erwerbslosenquote, sondern vor allem durch deren Qualität. Es gibt kaum noch saisonale Entlastungen, die strukturelle Erwerbslosigkeit ist besonders im Bereich der jungen Erwachsenen und der über 50jährigen erschreckend hoch. Auch Tourismus und Gesundheitswirtschaft können hier keine »Motorenfunktion« übernehmen. Diese strukturelle Erwerbsunfähigkeit birgt mindestens zwei Pulverfässer, die kaum noch zu entschärfen sind:

Einmal jetzt schon das Phänomen der *Familienarmut*. Über 20 Prozent der von Hartz IV Betroffenen sind in Mecklenburg-Vorpommern 16 Jahre und jünger. Kirchliche Kinder- und Jugendarbeit bekommt dies bereits zu spüren. Bildungschancen sind rar, Familieneinkommen meist gestützt.

Zum anderen baut sich eine gewaltige Welle der *Altersarmut* auf. Das ist ein Tatbestand, den wir noch gar nicht wirklich ernst nehmen, weil die jetzige Rentnergeneration in Ostdeutschland ja zum größten Teil gut lebt und ihre Kinder und Enkel unterstützt. Aber das ist einmalig und wird relativ schnell anders werden. Denn sind Menschen in einem hohen Maß über Jahre von sozialversicherungspflichtigen Einkommen abgekoppelt gewesen, können sie oft nur Mindestrenten erwarten, die durch den demographischen Wandel möglicherweise ja noch sinken werden.

Das bedeutet: Gerade in der biografischen Phase, in der Menschen sich erfahrungsgemäß wieder stärker mit religiösen Fragen beschäftigen, werden sie zukünftig womöglich genötigt sein, sich um ihre materiellen Lebensgrundlagen ganz neu zu bemühen.

2.4 Kybernetische Herausforderungen für die Pommersche Kirche

Schon auf der Basis dieser nur holzschnittartigen Wahrnehmung lässt sich vermuten, dass die Pommersche Evangelische Kirche aufgrund der demographisch-infrastrukturellen und der wirtschaftlich-sozialpsychologischen Rahmendaten in den nächsten Jahren vor einem riesigen Dilemma in Hinsicht auf ihre Gemeindeentwicklung steht.

Sie steht vor der Herausforderung, mit geringer werdenden finanziellen Ressourcen, geringer werdenden Mitgliederzahlen und wachsendem Kooperations- und Fusionsdruck umgehen zu müssen: Momentan müssen wir von einem jährlichen Mitgliederrückgang von etwa zwei Prozent ausgehen, wie gezeigt, wird sich dies in den nächsten Jahren aus demographischen Gründen wahrscheinlich auch nicht ändern: »Kinder, die nicht geboren werden, können wir auch nicht taufen« (AXEL NOACK).

Noch problematischer ist, dass auch die zur Bevölkerung relative Prozentzahl der Kirchenmitglieder sinkt. In Pommern werden nur noch zehn bis (höchstens) 15 Prozent der Kinder getauft, und nur etwa acht bis zehn Prozent eines Jahrgangs werden noch konfirmiert! Das Medianalter der Mitglieder der PEK liegt bei über 61 Jahren. Hochgerechnet ergibt das für das Jahr 2030 etwa 60.000 bis 65.000 Gemeindeglieder, also ein Rückgang von etwa 40 Prozent, bezogen auf den heutigen Stand. Wir reagieren notgedrungen darauf durch eine Ausweitung der Pfarrstellenbereiche nach vorgegebenen Zahlenschlüsseln. Damit befinden wir uns in guter Gesellschaft mit Strategieüberlegungen innerhalb der EKD, die von einer Reduktion der Pfarrstellen bis 2030 auf etwa 75 Prozent des heutigen Stands ausgeht.[6]

Das unabweisbare Problem liegt darin, dass diese Anpassungen aber kein einziges der grundlegenden Probleme vor Ort lösen, wie sich aus den gerade vorgestellten Prognosen zeigt. Im Gegenteil, die Situation verschärft sich aufgrund der demographischen und wirtschaftlichen Rahmenbedingungen noch. Denn einerseits lässt sich durch die Bildung von Großgemeinden keine Trendumkehr einleiten. Der bereits zitierte KARL GABRIEL hat überzeugend argumentiert, dass die Bestrebungen, Energien und Kräfte von Gemeinden sich dann erst recht auf die bloße Bestandserhaltung verlagern.[7]

Andererseits wird die vermutlich vor allem in den besonders problematischen Regionen dann größere Distanz zu den Menschen, die wir erreichen wollen, gerade *nicht* dazu führen, dass Kirchengemeinden, dass kirchliche Lebensformen dort Begleitungsinstanz werden oder bleiben und überzeugende Angebote vom Evangelium her machen können, wie es doch so dringend notwendig wäre.

---

[6] Vgl. Kirche der Freiheit, 74.
[7] *Gabriel*, a.a.O., 284f.

Wie können wir diesem Dilemma begegnen? Wir können – in der Übertragung von strategischen Ansätzen aus dem politischen Bereich – einem Muster folgen, das sagt: Die vielen Aufgaben, die uns auf allen Ebenen zugewiesen sind, bleiben auch bei sinkender Bevölkerung/Mitgliedschaft Ausdruck der sich differenzierenden Gesellschaft und werden (gerade auch) im kirchlichen Bereich in der bisherigen Form flächendeckend erhalten bleiben. Es geht dann darum, die Leistungsorganisation anzupassen und zu schrumpfen, aber prinzipiell so weiterzuführen. Dann wird kein Weg an der Organisation von kirchlichen Zentren mit hoher Professionalität der Hauptamtlichen und hohem Einsatz ehrenamtlichen Engagements vor Ort vorbei führen. Dennoch ist es ein Szenario immer weiter schrumpfender und ausgedünnter pastoraler Einheiten, das sich an den jeweiligen demographischen Rahmendaten ausrichtet und keine Freiheit für Innovation lässt.

Oder aber wir sagen: Wir können den selbst auferlegten Anspruch, überall in gleicher Weise und in gleicher Form Menschen das Evangelium nahe zu bringen, einfach nicht mehr gewährleisten, gerade weil wir unseren Anspruch damit selbst unterlaufen. Wir müssen stattdessen sorgfältig danach suchen, wie wir aktiv neue Möglichkeiten schaffen, dass Christenmenschen selbstorganisiert neue Begegnungsräume für das Evangelium eröffnen, die den Lebenswelten etwa von Menschen in komplexen Problemregionen gerecht werden und ihnen überhaupt die Möglichkeit geben, sich für Glauben und Kirche zu interessieren.

Auf diese Entwicklung sind wir als Kirche eigentlich überhaupt nicht vorbereitet, nicht mental, nicht logistisch, nicht theologisch. Wir wissen oder ahnen bisher nur, dass wir unser »Leistungsprogramm« so nicht mehr aufrechterhalten können. Wir wissen, dass wir um einen Rückzug aus bestimmten Bereichen und lieb gewordenen Arbeitsbereichen und Arbeitsformen nicht herumkommen werden. Aber wir wissen noch nicht wirklich, wie wir bei gleichzeitigem Rückzug aus äußeren Gründen und äußerem Druck gleichzeitig einen neuen inneren Aufbruch befördern können. Wir werden in der Pommerschen Kirche daher intensiv gefordert sein, neue Begegnungsräume zu ermöglichen und an der Gestaltung dieser neuen Begegnungsräume mitzuarbeiten.

Dabei entsteht natürlich die Frage, was mehr Freiräume und weniger strukturelle Vorgaben für uns auch konkret in komplexen Problemregionen heißt – für unsere kirchliche und gemeindliche Selbstorganisation vor Ort – weit über das hinaus, was wir bisher im Blick haben. Und: Wie bereiten wir Menschen – Haupt- und Ehrenamtliche –auf *diesen* Aspekt kirchlicher Wirklichkeit in naher Zukunft vor?

3. Die Kirchengemeinde Bergen und das Plattenbaugebiet Bergen-Rotensee

Zur konkreten Bearbeitung dieser Fragen schien uns der mittelstädtische Bereich und hier besonders das spezifisch ostdeutsche Problem der (Platten)neubaugebiete ergiebig.[8] Denn hier verdichten sich sowohl gesellschaftliche als auch kirchliche Probleme in besonderer Weise. Die Wahl fiel schließlich auf das Neubaugebiet Rotensee in Bergen auf Rügen. Einige wenige Angaben und Zahlen sollen die Situation anzeigen:

a) Zur Kirchengemeinde Bergen gehören momentan etwa 2000 Gemeindeglieder. Dies entspricht einem Anteil von etwa 13,5 % der Gesamtbevölkerung der Stadt. Seit Anfang 2006 ist die zweite Pfarrstelle vakant und wird laut Stellenplan des Kirchenkreises auch nicht wieder besetzt. Diese gravierende Veränderung wird tief greifende Verschiebungen in der Arbeitsorganisation und auch in den Arbeitsformen der Kirchengemeinde nach sich ziehen und bisher selbstverständliche Aktivitäten erschweren. Dem Gemeindekirchenrat ist dies bewusst, er ist auch bereit und motiviert, sich auf notwendige Veränderungsprozesse einzulassen, allerdings ist unklar, wie diese Transformationsprozesse gerade in den Neubaugebieten zu bewältigen sind. Die Gesamtsituation der traditionellen parochialen Arbeit im Stadtkern erscheint stabil, ist allerdings von den allgemeingesellschaftlichen Veränderungen nicht losgelöst (sinkende Konfirmandenzahlen, steigende Anzahl von kirchlichen Beerdigungen, rückläufige Gemeindegliederzahlen). Dennoch scheint eine gute Voraussetzung gegeben, ein spannungsfreies Miteinander von Bewährtem und Neuem zu erreichen.

b) Bergen/Rügen ist die drittgrößte Stadt in Vorpommern.[9] Im Jahr 2004 lebten hier rund 14.700 Einwohner. In den 70er und 80er Jahren wurden aufgrund des massiv vorangetriebenen Ausbaus des Containerhafens Mukran in Bergen zahlreiche neue Wohnungen in der Stadt für die dorthin ziehenden Arbeiter und Ingenieure sowie deren Familien (etwa 7.000 Personen) errichtet. Die Stadt konnte bis zum Ende der DDR ihre Einwohnerzahl gegenüber dem Vorkriegsstand mehr als verdreifachen (1939 6.100, bis 1989 rund 20.000)! Nach der »Wende« kam der geplante weitere Hafenausbau zum Erliegen. Der Landkreis Rügen und die Stadt Bergen selbst verzeichneten in den ersten zehn Jahren auch für die Verhältnisse des Bundeslandes überdurchschnittliche Migrationsverluste insbesondere junger Einwohner. Für die kommenden Jahre wird für Bergen selbst ein weiterhin hoher Bevölke-

---

[8] Dies wurde übrigens auch schon vor der »Wende« gesehen, vgl. etwa *Ehrhart Neubert*, Megapolis DDR und die Religion, in: PTh 76 1987, 222–245.
[9] Alle folgenden Zahlen beruhen auf Angaben des Statistischen Jahrbuchs M-V 2005 und des Konsistoriums der Pommerschen Evangelischen Kirche.

rungsrückgang und eine starke Überalterung prognostiziert. Die Arbeitslosenquote liegt momentan bei etwa 24 Prozent.

Rotensee ist gegenüber der Altstadt und dem sozial deutlich höher zu bewertenden zweiten Plattenbaugebiet Bergen-Süd gekennzeichnet durch schlechtere Wohnsubstanz, höheren Wohnungsleerstand, eine schlechtere Infrastruktur und erhebliche soziale Probleme (Jugendarbeitslosigkeit, Aussiedlerproblematik, soziale Entmischung). Die Kirchenmitgliedschaftsquote liegt erheblich unter dem Durchschnitt der Gesamtgemeinde. Im gesamten Plattenbaugebiet leben etwa 540 Evangelische (davon zwei Drittel Frauen!), wobei die Bevölkerung in diesem Stadtteil etwa 5.500 Einwohner beträgt. Das Durchschnittsalter der evangelischen Gemeindeglieder dort beträgt etwa 57 Jahre.

Die Entscheidung, ein solches missionarisches Projekt gerade in Bergen-Rotensee zu beginnen, ergab sich aus der Kombination dieser vorläufigen Erhebungen:
- die relative Stabilität der traditionellen ortsgemeindlichen Arbeit;
- die Bereitschaft der Kirchengemeinde, auch innovative Projekte zu unterstützen;[10]
- der problematische Charakter gerade dieses Wohngebietes;
- die als unbestritten erkannte Notwendigkeit, auf die Lebenswelten der dort wohnenden Menschen besonders geeignete kirchliche Angebote zu etablieren.

Wichtig war uns im Vorfeld die Verständigung darüber, dass das Projekt keine Ersatzfunktion für die weggefallene Pfarrstelle übernehmen kann, auch keine »Plattenbauparochie Bergen-Rotensee« werden soll. Traditionelle gemeindliche Aufgaben wie Sonntagsgottesdienste und Kasualien können nur sehr begrenzt übernommen werden. Umgekehrt geht es aber auch nicht um die Suche nach weiteren additiven Lösungen, die von den in der Ortsgemeinde Mitarbeitenden nur als noch weitere Anforderungen verstanden werden könnten.

4. Erste Erfahrungen und weiterführende Fragen

Nach ausführlichen Gesprächen und Vorbereitungen ist seit etwa einem Vierteljahr ein Pfarrer zur Anstellung in Bergen-Rotensee tätig. Seine Stelle ist auf zunächst drei Jahre befristet und wird zum Teil durch Mittel der EKD für ein missionarisches Projekt in Pommern, zu einem anderen Teil durch Spenden der Emeriti der Pommerschen Kirche finanziert. Er wohnt dort in der »Platte« und hat seine Arbeit in

---

10 Vor der Entscheidung für Bergen gab es Gespräche mit einer anderen Gemeinde mit einem von vergleichbaren Problemen geprägten Plattenbaugebiet. Letztlich scheiterten die Bemühungen an der mangelnden Bereitschaft vor Ort, sich auf solch ein Projekt einzulassen.

den ersten Wochen vor allem der Kommunikation der Ziele und Inhalte des Projekts in der Stadt, der Kirchengemeinde und natürlich besonders dem Plattenbaugebiet gewidmet. Aus einer Fülle von erhobenen Daten und erlebten Begegnungen zeichnen sich Fragenkomplexe ab, von denen wir einige jetzt vertiefen und klären wollen:

Erstens: Wie gestaltet sich das Verhältnis der Projektarbeit zur Ortsgemeinde? Unsere vorläufige Definition lautete: Das Projekt arbeitet eigenständig, aber nicht selbstständig, das heißt, nicht losgelöst von der Parochie, aber auch nicht durch parochiale Zwänge belastet. Diese Beschreibung muss aber auch bei erkennbar gutem Willen aller Beteiligten weiter mit Leben erfüllt werden – für unsere Selbstverständigung, aber vor allem auch für die Kommunikation innerhalb des Plattenbaugebietes. Dies begann schon bei der Frage nach der Funktionsbeschreibung des hauptamtlich Tätigen: Pastor für Rotensee? Projektstellenpfarrer? Missionar? ...
Dies wird aber vor allem deutlich bei einer Standardreaktion auf seine Vorstellung: »Sie sind Pfarrer? Wo ist denn Ihre Kirche?« Denn diese Rückfrage gerade von kirchlich völlig »Unbeleckten« zeigt ja nicht nur, dass sie das Fehlen eines solchen Gebäudes in ihrer Siedlung durchaus wahrnehmen, sondern auch ganz unschuldig mit einem Pastor ein Kirchengebäude assoziieren, um das herum sich kirchliches Leben – wie auch immer – ordnet. Wenn dies hier nun nicht der Fall ist – wie erklärt sich dann das Nebeneinander mit einer »richtigen« Gemeinde, die wie in Bergen auch noch eine sehr schöne Kirche hat? Und wo liegen dann eigentlich noch die Unterschiede zu den argwöhnisch betrachteten Sekten?

Zweitens: Warum wissen wir so wenig von den Lebensverhältnissen der Menschen vor Ort? Etwa die Hälfte der Kandidatinnen und Kandidaten, mit denen Gespräche in Bezug auf die Projektstelle geführt wurden, hat ein Wohnen in der »Platte« für sich letztlich ausgeschlossen. Diese Entscheidungen sind nicht zu kritisieren und in jedem Fall sicher begründet. Dennoch zeigen sie eine Ahnung dafür an, dass sich die Lebens- und Arbeitsbedingungen dort von unseren gewohnten so stark unterscheiden und von den vorrangigen Milieuprägungen und Lebensstilisierungen vieler gemeindlich Tätiger so verschieden sind, dass eine Überbrückung, wenn überhaupt, nur mit Mühe gelingen kann.
Dieser Eindruck hat sich in den ersten Wochen bestätigt und verstärkt. Es ist nicht nur Desinteresse oder ungenaues Hinschauen, wenn wir zu Lebensentwürfen und sozialen Lagen, zu spirituellen Sehnsüchten oder zu biografischen Brüchen von Menschen in Plattenbaugebieten nichts oder nur Vorgefertigtes oder nur Verletzendes sagen können. Wir haben uns sehr weit von ihren Lebensverhältnissen entfernt, sozusagen

»auseinander-gelebt«. Der Weg zu den Köpfen und vor allem zu den Herzen ist für uns unendlich weit geworden. Wir sind hier offenbar tatsächlich »auf die Anfänge des Verstehens zurückgeworfen«, wie DIETRICH BONHOEFFER ja nicht zufällig im Blick auf die Weitergabe von Glaubensinhalten an eine nächste Generation schrieb.[11] Diese Einsicht mahnt zur möglichst intensiven Konvivenz und Empathie, aber gleichzeitig auch zur unbedingten Zurückhaltung in von außen herangetragene Erwartungen an schnelle »Ergebnisse« dieser Arbeit.

Drittens: Wie nehmen nun Menschen in Rotensee vermeintliche Kompetenzträger für »Religion« und Kirche wahr? Sozusagen im Gegentrend zur Abständigkeit von Lebenswelten fällt die fast durchweg positive Reaktion derjenigen auf, die in Rotensee von der Projektstelle erfahren. In Beratungsstellen, Schulen, KITAs oder Begegnungszentren sind Menschen zwar davon überrascht, dass »Kirche« sich in ihre Lebenswelt begibt, verbinden dies aber fast immer mit Erwartungen an die Fähigkeit zur Kommunikation, zur Einfühlung und zur Begleitung. Es verwundert nach dem bisher Dargestellten sicher nicht, dass Kenntnisse über Kirche und Glauben nur rudimentär und oft verzerrt vorhanden sind. Auch die Angst vor Ideologisierung und »Mission« sitzt ›tief an der Oberfläche‹ (ein Hinweis übrigens darauf, dass auch ein innerkirchlich/innertheologischer Diskurs allein diesen Begriff längst noch nicht zu heilen vermag).
Dennoch scheint vor allem die Begleitung bei der Bewältigung von Lebensproblemen und beim Entdecken von noch unentdeckten Lebensdimensionen eine mögliche zugeschriebene Kompetenz von Pastor und Gemeinde zu sein (im Übrigen *die* klassischen Felder von Mission: Diakonie und Bildung!).[12] Diese Beobachtung liegt in auffälliger Nähe zu den Antworten klassischer Mitgliederbefragungen. Gibt es hier zu spezifizierende Unterschiede im Erwartungsverhalten, und wie lassen sie sich bearbeiten? Wo liegen Gemeinsamkeiten über die Grenzen von »Konfessionalität« und Konfessionslosigkeit hinweg?

Viertens: Lässt sich aus den bisherigen Erfahrungen schon eine genauere Definition von möglichen Angeboten, Arbeits- und Organisationsformen ableiten? Auf diese Frage lässt sich zumindest momentan nur mit einem klaren und ehrlichen »Nein« antworten. Dies hat offensichtlich weniger mit der noch geringen Laufzeit des Projekts zu tun als mit tiefer liegenden Inkompatibilitäten: In der Phase der Projekt-

---

11 Widerstand und Ergebung: Briefe und Aufzeichnungen aus der Haft, Gütersloh [16]1997, 156.
12 Ausgehend von dieser Wahrnehmung ist es übrigens nur schwer zu vermitteln, dass die Felder von Diakonie und (frühkindlicher und schulischer) Bildung in Rotensee zwar äußerst intensiv bearbeitet werden – aber ausschließlich von staatlichen und nichtkirchlichen freien Trägern.

entwicklung blieb auch auf verschiedentliche Nachfrage hin die genaue inhaltliche Beschreibung dessen, was in der Arbeit des Projekts
geschehen soll, durch uns eher allgemein gehalten. Begründet haben
wir das immer mit den noch nicht geklärten Personalfragen und den
damit verbundenen Schwerpunktsetzungen, die mit den Fähigkeiten
und Neigungen der beteiligten Personen zusammenhängen.
Inzwischen ist uns deutlich, dass auch dies immer noch viel zu sehr
von unseren »kirchlichen« Voraussetzungen her gedacht war: innerhalb eines immerhin grundsätzlich vorgegebenen Kanons von Hand-
lungsmöglichkeiten je nach personellem und situativem Status innova-
tiv auszuwählen und anzubieten. Der allergrößte Teil solcher Angebote
geht jedoch an den lebensweltlichen Bezugssystemen der in Rotensee
lebenden Menschen vorbei. Wir sind hier offenbar nicht nur in den Inhalten, sondern auch in den Formen kirchlichen Seins auf die Anfänge
des Verstehens zurückgeworfen. Möglicherweise werden ganz einfache und neu zu entwickelnde Elemente der geistlichen Gemeinschaft
im Hören und Beten, Feiern und Arbeiten als Kristallisationspunkte
gemeinsamen Lebens dienen und Menschen dabei helfen, aus ihren
Biografien in komplexen Problemzusammenhängen heraus Wege in
eine für sie lebbare Form verbindlicher christlicher Gemeinschaft zu
gehen.

MONIKA DEITENBECK-GOSEBERG

Mission mit der allerbesten Botschaft der Welt

Gott schreibt seine Missionsgeschichte immer einzigartig und doch in typischer Handschrift

1. Der Weg ins eigene Herz

»Hilfe, die Herdmanns kommen« gehört sicherlich zu den humorvollen Weisen, sich dem Weihnachtsgeschehen anzunähern. »Hey – euch ist heute der Heiland geboren«, lautet Hedwig Herdmanns Engelsschrei zu den Hirten. Da spielt sie mit ihren Geschwistern zusammen im Krippenspiel mit; und sie sind zum ersten Mal in ihrem Leben mit der Weihnachtsgeschichte in Berührung gekommen. Dieses »Hey« müsste in die Weihnachtsgeschichte in Lukas eingefügt werden. Es hat etwas von der aufrüttelnden allerbesten Botschaft der Welt, die zu schön ist, um wahr zu sein – und sie ist wahr!
Sie ist so begeisternd, so prüfbar, so tragend. Und selbst in den Momenten, wo man an Gott verzweifeln könnte, wo man zu ihm sagt: »Wenn ich du wäre, mit deinen Möglichkeiten, ich würde das doch jetzt ganz anders machen« – selbst dann trägt die Botschaft, die allerbeste der Welt. Die mit der göttlichen Logik: Ein Gott, der die Welt ins Leben ruft, hält ihr in endloser Kreativität die Treue und lässt nie wieder los. Mit allen Konsequenzen. Am Ende damit, dass er selbst einer von uns wird, uns das Leben lehrt, dem Tod die Tür eintritt und das Tor in die Ewigkeit hinein aufreißt.
»Alles Wesentliche im Leben ist Begegnung«, hat der jüdische Religionsphilosoph Martin Buber gesagt. So ist es. Begegnungen prägen. Es fängt mit den Fundamenten, die im Elternhaus gelegt werden, an. Was für eine Gnade pur, wenn man dort den persönlichen Glauben in aller menschlichen Verpackung mit Humor und Liebe, Farbe und Vielfalt, mit täglich gelebter Dankbarkeit und mancherlei kuriosen Erlebnissen gelebt und vermittelt bekommt. Wenn man fürs Leben lernt: Wir müssen niemals Schicksal spielen. Du musst dir niemals selbst die Türen auftun, du musst nicht mit dem Kopf durch die Wand. Gott hat selbst das größte Interesse daran, dass unser Leben groß angelegt wird. Alles ist Gnade. Er sorgt dafür, dass die Menschen, die wir brauchen, zum rechten Zeitpunkt in unserem Leben erscheinen. Das alles sind Sätze unseres Vaters, mit denen wir aufgewachsen sind und die uns unsere Eltern vorlebten.

Und dann sind da Begegnungen mit Menschen im eigenen Elternhaus und darüber hinaus. Dazu gehören Menschen wie Hartmut Bärend. Man wird ermutigt, gestärkt, erfreut bei jeder persönlichen Begegnung. Aber auch erfrischt, ausgerichtet, gelehrt durch jede seiner Predigten, Vorträge, Referate, durch die wunderbare Gabe, ein wegweisender Lehrer für die Christenheit zu sein. Und das begleitet, durch Jahrzehnte des Lebens, in Begegnungen von Zeit zu Zeit, die unser Herr kostbar gebraucht.

Man kann spüren: Das alles wird zur Ausstattung, nun selbst in der Mission mit der allerbesten Botschaft der Welt unterwegs zu sein. Und unser Gott ist auf diesem Weg für jede Überraschung gut.

2. Der Weg zu den Obdachlosen

Irgendwann kommen neben den eigenen Prägungen und dem für sich selbst gefundenen Weg die überraschenden Weichenstellungen. Da wird der Satz wahr: Unsere eigentliche Berufung legt Gott als Sehnsucht in unserem Herzen an. Und man spürt, wie alles in einem Angelegte und Geprägte ganz eigene Wege gehen muss. Wie das, was die Generationen und Begleiter und Begleiterinnen vor einem gelebt und gelegt haben, Früchte tragen will. Da kann es zum Beispiel so aussehen: Zug um Zug kommt die Liebe der eigenen Mutter zu den »Tippelbrüdern« und »Kunden«, wie sie es nannte, in den eigenen Genen durch. Gott schenkt und verknüpft Begegnungen, und man muss nur hellwach dem eigenen Herzen und den geöffneten Türen folgen und tapfer und entschlossen den eigenen Weg gehen. In Liebe zu den Menschen, die einem vor die Füße gelegt und damit anvertraut sind.

Ein spannendes Abenteuer beginnt. Seit 15 Jahren dauert es nun schon an. Menschen mit schwierigsten Lebensschicksalen wurden zu einer großen Familie zusammengefügt. Die Gründung des Obdachlosen-Freundeskreises 1992, das Kennenlernen der Lebensschicksale, Begleiten, Wohnungssuche, Zusammenarbeit mit den Professionellen, gemeinsames Erleben von Normalität, gemeinsame Arbeit und Einsatz, Feste, Feiern und Unternehmungen, Beten, Zittern, Bangen, Entgiftung, Therapien, Zurückfinden ins Leben, in Arbeit und Beziehungen, Rückfälle und Entmutigungen, Ermutigungen und Herrliches, Schönes und Kurioses, viel Grund zum Lachen, ein herrliches Miteinander und manchmal Schreikrämpfe-Kriegen und Zornausbrüche. Schlitzohren und treueste Weggefährten an der Seite haben und spüren, man liebt sie, diese ganze verrückte und herrliche Bande, ohne Sozialromantik, in aller Nüchternheit, die die Arbeit und Erfahrung mit sich bringt. Man lernt nie aus, könnte manchmal verzagen und bekommt so viel zum Staunen. Und man darf eine Gemeinde haben, die ihr Herz für diese Arbeit aufgetan hat.

Man darf erleben, wie Menschen einander schätzen lernen; wie eine Mitarbeiterschaft von Gestrandeten ganze Gemeindezweige trägt; wie Gottesdienstbesuch für viele unserer »Obdis« (ehemaliger und gegenwärtig Obdachloser) eine Selbstverständlichkeit ist; wie Gebet und Andacht einen festen unverzichtbar wichtigen Platz haben; wie mitten drin die Arbeit immer auch schwierig und mit Wackelkontakt versehen ist und Weisheit, Zähigkeit, Liebe, Humor, gute Nerven und den offenen Himmel unseres Herrn braucht. In all dem wächst die Liebe zueinander, so dass eine große Familie daraus wird.

Im Rückblick sieht man immer wieder: Du lebst das, was dir selbst vermittelt und auf den Weg mitgegeben worden ist. Du darfst weiterreichen, was du selbst bekommen hast. Es ist zum Staunen, wie unser Gott vorsorgt und dabei ganz eigene Geschichte schreibt.

3. Der Weg zu gott.net

2003 kam es auf kuriosen Wegen zur Gründung unseres Vereins gott.net e.V. Schon länger hatte ein Kreis von Menschen gebetet, dass Gott unsere Wirkungsmöglichkeiten erweitern möge, so dass die allerbeste Botschaft durch Mund und Herz und Hand noch weiter ins ganze Land hinaus gehen kann. Unser Herr nahm die große Sehnsucht auf, das Evangelium breit unter die Menschen zu bringen. Zu solchen Menschen, die keinen Schritt in eine Kirche, ein Gemeindehaus, ein Missionszelt tun, aber im Internet surfen; zu solchen, die im Osten unseres Landes leben und kein Evangelium kennen; zu solchen, die im Westen aufgewachsen sind und es dennoch nicht bekommen haben; zu solchen, die auf einsamen Posten leben und für die gott.net Ermutigung pur ist. So machten sich ein paar Leute gemeinsam auf den Weg, spürbar von Gott zusammengeführt, um gott.net zu gründen, zu installieren und zu gestalten.

Großplakate wie: Wir müssen miteinander reden. – Gott.
www.gott.net

und andere bis hin zum Riesenplakat am Hermsdorfer Dreieck mit großer Uhr auf 224 qm-Fläche und der Aufschrift:
Ich habe Zeit für dich. – Gott.

wurden aufgehängt.

Der »SMS von Gott«-Service ermutigt mit dem täglichen Bibelvers auf das Handy. Postkarten und Verteilkärtchen laden auf die Internet-Seite und die vielfältigen Glaubensinformationen, die dort zu finden sind, ein. Gott ein schwarzes Brett in Deutschland zu geben auf Plakatwänden; und dann im Internet Menschen aufmerksam zu machen auf die allerbeste Botschaft der Welt, dass Jesus stärker ist als der Tod – das ist Anliegen getreu dem Satz: Sag es um Gottes willen anders. Und es hat so unendlich viel ausgelöst. Vieles Neue zeichnet sich weiter am Horizont ab. Da ist die Kreta-Formel mit den Tischgesprächen über Gott, eine neue praktische missionarische Gangart in der ganzen Bandbreite von Klein- bis Großformat einsetzbar. Ob als einzelne/r Gastgeber und Gastgeberin, als Gruppe oder als ganze Gemeinde, ob mit gemeinsamem Kochen und anschließender Tischgemeinschaft oder ob bereits am gedeckten Tisch: Das begleitende Paket an Anregungen fürs Gespräch über den Glauben bis hin zu inspirierenden Kurzspots gibt den Rahmen. Andere Ideen sind im Werden und haben erfahrungsgemäß ihre von Gott geschenkte Zeit.

Auch dort gilt: Wie waren und sind wir in all dem von Gottes treuen Leuten, Boten und Weggefährten begleitet. Einer der wesentlichen davon ist Hartmut Bärend, der alles, was die Botschaft auf neue Wege bringt, so von Herzen wertschätzt und nach Kräften unterstützt. Er hat meinen Weg immer wieder gekreuzt hat und hat mich in vielem inspiriert und ermutigt hat. Von Herzen Dank an ihn. Und großes Lob an unseren Gott. Er sorgt dafür, dass wir Wegbegleiter und Vorbilder an die Seite gestellt bekommen, damit sie unserem Leben Impulse, Freude und Ausstattung zur Mission mit der allerbesten Botschaft der Welt geben, in unserer eigenen menschlichen Verpackung – mit unseren Möglichkeiten, mit Wort und Tat und Herz und Hand.

ALEXANDER GARTH

Wie Atheisten Christen werden

Eine Szene aus einem Gottesdienst der Jungen Kirche Berlin: Ralf, 24 Jahre, Informatikstudent, steht an der Taufschale, in der Hand ein Mikrofon. Ralf erzählt, wie er aus dem Atheismus zum Glauben an Jesus Christus fand. In der Kirche sitzen seine Eltern. Wir sehen, wie die Mutter ein Taschentuch zückt und herzerweichend weint, während Ralf seine Geschichte mit Gott erzählt und sich taufen lässt. Wir wundern uns über soviel emotionale Anteilnahme. Erst später erfahren wir den wahren Grund: Ralfs Mutter ist entsetzt, dass ihr intelligenter Sohn in so eine fragwürdige Sache wie das Christentum hineingeraten ist.

Etwas Dummes für Dumme

Wir fragen umgekehrt, was wohl mit Ralfs Mutter und mit vielen Bürgern in den neuen Bundesländern geschehen ist, dass sie eine so tiefe Abscheu gegen das Christentum im Speziellen und Religion im Allgemeinen hegen? Wie konnte so etwas Wunderbares, Ermutigendes und Befreiendes wie das Christentum derartig in Misskredit geraten? Für die meisten Menschen in der ehemaligen DDR befinden sich der Glaube an Gott und der Glaube an den Weihnachtsmann auf einer Stufe. Glaube heißt, dass man eine Scheinwelt herbeiphantasiert, in die man seine Hoffnungen und Wünsche hineinprojiziert. Die Grundlage des Glaubens ist ein falsches, nämlich unwissenschaftliches Weltbild. Daher ist Glaube etwas Dummes für Dumme, eine schädliche Fiktion, die überwunden werden muss.

Von 16 auf 4 Millionen

Wir fragen uns heute, wie es möglich war, in nur 40 Jahren – 1949 wurde die DDR gegründet, 1989 das SED-Regime gestürzt – Millionen Menschen derartig dem Christentum zu entfremden? Man muss dazu die innere und äußere Gestalt der beiden Größen verstehen, die da aufeinandertreffen: ostdeutscher Protestantismus und kämpferischer Atheismus. Im Milieu eines volkskirchlichen, liberalen Protestantismus gedieh in der Mehrheit des Volkes eine schwache, zeitgeisthörige

Christlichkeit, die mit den zentralen Glaubensüberzeugungen wenig anzufangen wusste und bereits in innerer Entfremdung zur Kirche lebte. Diese Christlichkeit hatte der aggressiven Propaganda eines materialistischen, sich wissenschaftlich gebenden Kommunismus zu wenig entgegenzusetzen. Auf der einen Seite: die hochgerüstete angriffslustige Kommunismus-Propagandamaschine einer ideologieversessenen Atheismus-Diktatur, der alle Machtmittel (Stasi, Medien, Bildung usw.) zur Verfügung standen. Auf der anderen Seite: ein von Selbstzweifeln und Selbstsäkularisierung angeschlagenes Christentum, das um seine Identität und um seine Existenz in einer totalitären Diktatur kämpfte. Das Ergebnis: Gab es 1950 in der damaligen DDR noch 16 Millionen evangelische Kirchenmitglieder, so waren es 1990 nur noch 4,1 Millionen.

Nach der Wende machte sich in Kirchenkreisen zunächst eine gewisse Euphorie breit, dass man sich nun dranmachen könne, im Osten die alte evangelische Volkskirche wieder zu etablieren. Man hoffte, dass sich die Menschen in Scharen wieder der Kirche zuwenden werden, wo doch jetzt der atheistische Druck weg sei. Doch die Rückkehr der Massen blieb aus. Was muss geschehen, damit Atheisten Christen werden?

Darüber staunen Atheisten

1. Das Beispiel veränderten Lebens

Es gibt kaum etwas Herausfornderes für Atheisten als radikal von Gott veränderte Leben: geheilte Ehen und Beziehungen, Überwindung von lebenszerstörenden Süchten und Bindungen, tapferes Anpacken von Problemen, wo früher geflohen und verdrängt wurde, Menschen, die ihr Leben in Ordnung bringen und aufhören zu stehlen, zu lügen usw. Diese Lebensveränderung wird von den Menschen im Umfeld staunend wahrgenommen. Atheisten, die Zeugen dieser Veränderung werden, suchen nach einer Erklärung und beginnen häufig, nach Gott zu fragen.

2. Eine einladende Gemeinde

Konfessionslose halten Kirche und Glaube im Allgemeinen für eine überholte Lebensform. Viele unserer Kirchgemeinden haben das Erscheinungsbild eines kleinen, verunsicherten, depressiven Häufchens, das so mit seiner Krise und seiner Minderwertigkeit befasst ist, dass es unfähig ist, die Welt zu erreichen. Konfessionslose werden in ihrem Vorurteil bestätigt, wenn sie Gemeinde erleben als eine angepasste, dem Zeitgeist anheim gefallene und von Selbstzweifeln erfasste An-

sammlung angechristelter Mitbürger oder als ein mit sich selbst be-
schäftigter, ins fromme Getto zurückgezogener Insiderclub. Wir brauchen einladende und ausstrahlende Gemeinden, in der die Menschen
ihren Glauben froh und gewiss leben und weitergeben. Und: wo andere
auch Gott erfahren können – z.b. auch durch Beichte, Handauflegung,
Gemeinschaft, Gottesdienst, Gebetsnächte, Taufe etc.

Der Friedhof der Missionare

Als wir im Herbst 1999 mit einem kleinen Team, ein Thüringer Pfarrer
mit Frau und Sohn im Teenageralter und mit vier jungen Leuten, die
einen missionarischen Ruf spürten, nach Berlin-Hellersdorf gingen,
um dort eine Missionsgemeinde zu gründen, haben wir viel Mitleid
ausgelöst:»Hellersdorf – das ist harter Boden, ein Friedhof der Missionare. An die zwanzig missionarische Projekte sind dort schon ge-
scheitert.« Faktisch ist dieser Ostberliner Plattenbezirk eine der atheis-
tischsten Gegenden der Welt. Nur 5 % der Menschen gehören einer
Kirche an (3 % evangelisch, 2 % katholisch). Der Prozentsatz prakti-
zierender Christen dürfte deutlich unter 1 % liegen.
Missionswissenschaftler haben es bewiesen: Der effektivste (und biblisch verheißungsvollste) Weg, um Menschen mit dem Evangelium zu
erreichen, besteht in der»Gründung« missionarischer Gemeinschaften
bzw. neuer Gemeinden innerhalb bereits bestehender Pfarreien. Sie
nennen das Gemeinde pflanzen. Der Grund: Viele Kirchgemeinden
sind faktisch überfordert, ihr Leben und ihre Strukturen auf die Gewinnung von entkirchlichten Menschen in ihrem Gebiet umzustellen.
Im Folgenden sechs Möglichkeiten für Konfessionslose, zu Gott und
Kirche zu gelangen.

1. Von den Jesus-Parties zum Gottesdienst

Als wir uns mit unserem kleinen Missionsteam in Berlin-Hellersdorf
niederließen, kannten wir niemanden. Daher beschlossen wir, dass jeder in einen Bereich der Gesellschaft geht, der ihm liegt. Die einen
gründeten eine Band, andere einen Gospelchor, zwei wurden Mitglieder einer Theatergruppe, ich selbst gab ein paar Stunden Religionsunterricht an einer Schule. Mit unseren neu gewonnenen Freunden haben
wir dann jeden Sonntagabend eine kleine Party in unserer Wohnung
gefeiert. Es gab etwas zu essen, handgemachte christliche Musik
(Gospel etc.) und ein Thema. Immer mehr Leute kamen zur Jesus-
Party, wie wir dieses Treffen nannten. Als der Raum zu klein wurde,
zogen wir in die Neubaukirche unserer Kirchgemeinde. Aus der Party
entwickelte sich ein Gottesdienst. Als der Platz in der Kirche zu eng
wurde, bekamen wir die Ladenkirche. Damit unsere Gemeinde weiter

wachsen kann, wollen wir diverse Zwischenwände beseitigen (ungefähr 180 Sitzplätze) und ein benachbartes Restaurant anmieten.

2. Ein Schnupperkurs Christsein

Als die ersten Konfessionslosen fragend wurden, wie man zu Gott finden kann, habe ich einen sieben Abende umfassenden Glaubenskurs entwickelt für Menschen mit einem materiellen Weltbild. Dieser »Schnupperkurs Christsein« setzt sich besonders mit Fragen der Naturwissenschaft auseinander: Woher stammt das Leben? Schöpfung und Evolution? Gottes Existenz und das Weltbild der modernen Physik. Im Zentrum steht dabei nicht Wissensvermittlung über den Glauben, sondern der persönliche Weg zu Gott, den Menschen gehen können. Der Kurs besteht zu einem Teil aus Mitarbeitern, die durch einen der vorangegangenen Kurse zu Gott gefunden haben. Sie sind Vorbilder.

3. Ein Multi-Media-Gottesdienst

Als die ersten mit einem säkularen Hintergrund Christen wurden, haben wir uns mit ihnen zusammengesetzt und überlegt: Wie müsste ein Gottesdienst aussehen, zu dem ihr eure nichtchristlichen Freunde mitbringen würdet? Das Ergebnis ist ein Multi-Media-Gottesdienst, geschaffen für postmoderne Menschen ohne Gott und Kirche. Die Botschaft von Jesus Christus wird mit unterschiedlichen Medien artikuliert und illustriert: Filmsequenzen, Gospel-Chor, Band, Ausdruckstanz, Predigt, Anspiele, Interviews. Zwischen 140 und 220 Menschen besuchen z.Z. diesen Gottesdienst an jedem ersten Sonntagabend im Monat. Ein Drittel davon sind konfessionslose junge Menschen, die von ihren Freunden mitgebracht wurden.

4. Kleingruppen

Damit der Einzelne in einer wachsenden Gemeinde nicht untergeht, haben wir Kleingruppen geschaffen, die sich (im Unterschied zu Hauskreisen) im Anschluss an den Sonntagsgottesdienst in der Kirche treffen. Jede der mittlerweile zehn Kleingruppen wird von einem Leiter und einem Co-Leiter geleitet. Wenn eine Kleingruppe mehr als 11 Leute hat, teilt sie sich. In den Kleingruppen werden Anregungen aus der Predigt besprochen sowie persönliche Neuigkeiten ausgetauscht, und es wird füreinander gebetet.

5. Sport und Kreativität

Traditionelle missionarische Methoden wie z.B. evangelistische Einsätze, Straßenpredigten, Hausbesuche, Telefonaktionen etc. sind in atheistischen Gebieten wenig sinnvoll, da die meisten Menschen zu sehr entfremdet sind von Gott und Kirche. Sie brauchen niederschwellige Angebote, die ihnen die Chance geben, sich Glauben und Kirche aus Distanz zu nähern. Einige Menschen haben durch kreative Arbeit Zugang zur Gemeinde und zu Gott gefunden. Die musikalisch Begabten engagieren sich z.b. im Gospelchor, andere im Internetteam, einer Ausdruckstanzgruppe, einer Theatergruppe (Anspielteam) für kurze Spielszenen zu Gottesdienstthemen und anderen Gemeindeereignissen usw. Wir haben uns eine Beach-Volleyball-Anlage gekauft und spielen von Frühling bis Herbst auf einem öffentlichen Platz vor unserer Ladenkirche regelmäßig Volleyball. Dabei sind vielfältige Kontakte zu konfessionslosen jungen Leuten entstanden.

6. Missionarische Veranstaltungen im Einkaufszentrum

Mit verschiedenen Veranstaltungen gehen wir immer wieder an die Öffentlichkeit, um Kontakte zu schaffen. Der Ort: eine moderne Glaskuppelhalle im Einkaufszentrum. Zu Gast waren bekannte Künstler aus der Gospelszene. Jeden Heiligabend feiern wir dort einen mitreißenden Weihnachtsgottesdienst mit allem, was dazu gehört: Gospel-Chor mit Band, ein Krippenspiel, klassische und moderne Weihnachtslieder und eine kurze, zupackende Weihnachtspredigt. So sind Kontakte zu Menschen entstanden, die durch diesen Weihnachtsgottesdienst angestoßen wurden, am Leben unserer Gemeinde teilzunehmen und Christen zu werden.

CHRISTIANE HERBST

»Wissen Sie, ich gehe sonst nicht in die Kirche!«

GreifBar – Der @ndere Gottesdienst in Greifswald

Das war der erste Satz einer Frau, die ich nach einem GreifBar-Gottesdienst am 3.12.2006 ansprach. Sie erzählte mir, dass sie von diesem Gottesdienst in der Zeitung gelesen habe. Das hat sie neugierig gemacht. Der letzte Anstoß zum Kommen war für sie aber, dass sie am Tag vorher von einem freundlichen Menschen in der Fußgängerzone angesprochen wurde, der sie mit einem Handzettel eingeladen habe. Wir kamen intensiver ins Gespräch über das Thema des Gottesdienstes, und sie sagte am Schluss, sie wolle beim nächsten Mal auf jeden Fall wiederkommen.

GreifBar – was ist das?

GreifBar ist ein Projekt des Kirchenkreises Greifswald, dessen Hauptaufgabe es ist, kirchendistanzierten und konfessionslosen Menschen das Evangelium nahe zu bringen. Wir wollen ihnen helfen, es kennen zu lernen, zu verstehen und anzunehmen. Im Zentrum stehen die GreifBar-Gottesdienste, die etwa sieben Mal im Jahr sonntags um 18 Uhr in der Jacobi-Kirche in Greifswald stattfinden.
Da Greifswald keine Stadthalle besitzt, werden die Kirchen in Greifswald für größere Veranstaltungen, auch weltlicher Art, genutzt. Deshalb ist es für Nichtkirchgänger in Greifswald durchaus normal, in eine der Kirchen zu gehen. Ein Mann war neulich sogar erstaunt darüber, dass in der Kirche überhaupt noch Gottesdienste stattfinden. Er hatte sie nur als weltlichen Veranstaltungsort erlebt. Diese Gottesdienste besuchen im Schnitt 300 Besucher, von denen etwa 30 Prozent zu unserer Zielgruppe gehören.
Wir stellen fest, dass der Besuch eines solchen Gottesdienstes oft der erste Kontakt von Menschen zur Kirche überhaupt ist. Allerdings sind sie vorher meistens durch persönliche Kontakte auf diese Veranstaltung aufmerksam geworden. Für die, die durch einen solchen Gottesdienst neugierig geworden sind, bieten wir eine Fortsetzung an. Zwei Mal im Jahr finden Glaubensgrundkurse (»Christ werden – Christ bleiben« oder »Emmaus« oder »Religionsunterricht für Erwachsene / Stufen des Lebens«) statt. Dann erfolgt oft der Schritt in einen unserer

sieben Hauskreise. Neben den GreifBar-Gottesdiensten finden alle 14 Tage GreifBar^{plus}-Gottesdienste statt, in deren Zentrum das Lob Gottes, die Lehre und die Zurüstung durch Abendmahl und Segnung stehen. Im November 2002 fand erstmals GreifBar statt. Im Lauf dieser gut vier Jahre ist eine Gemeinde daraus gewachsen.

Das Herz von GreifBar

Begonnen hat alles mit dem Kennenlernen der Willow-Creek-Gemeinde in Chicago. Angeregt durch einen Besuch und die Teilnahme an Kongressen in Deutschland, beeindruckte uns die Konzentration der gesamten Arbeit auf die, die Jesus noch nicht kennen. Natürlich hatten wir durch eigene Erfahrungen in Gemeinden auch immer die Konfessionslosen im Blick, aber nie in dieser Konsequenz.

Der Leitvers für unsere Arbeit steht in der Apostelgeschichte (Apg 18,9f): »Fürchte dich nicht, sondern rede und schweige nicht! Denn ich bin mit dir und niemand soll sich unterstehen, dir zu schaden; denn ich habe ein großes Volk in dieser Stadt.« Wir sind davon überzeugt, dass Gott die Menschen in Greifswald zum Glauben führen möchte. Er sendet die, die ihn schon kennen, zu denen, die ihn noch nicht kennen. Eigentlich ist das das ganze Geheimnis. Das ist unsere Vision: Gott hat ein großes Volk in dieser Stadt, und er wünscht sich nichts sehnlicher, als dass viele gewonnen werden. Diese Vision wollen wir wach halten und uns immer wieder ins Gedächtnis rufen.

Unsere Leitfragen sind: Wie muss ein Gottesdienst aussehen, durch den sich Menschen in Greifswald angesprochen fühlen? Können die Menschen, die wir erreichen wollen, verstehen, was wir weitergeben wollen? Unsere privaten Vorlieben, was zum Beispiel liturgische Formen angeht oder gestalterische Elemente eines Gottesdienstes, haben dahinter zurückzustehen. Oft wird uns gesagt, unser Gottesdienst sei kein richtiger Gottesdienst, weil kein Vater Unser gesprochen wird oder weil man nicht mitsingen kann, so wie man das aus »normalen« Gottesdiensten kennt. Diesen Menschen antworten wir gern und fröhlich: »Wissen Sie, der Gottesdienst ist dann wohl nichts für Sie!«

Wie nun müsste solch ein Gottesdienst aussehen? Um diese Frage beantworten zu können, muss im Vorfeld erst einmal geklärt werden, wer die Menschen sind, für die dieser Gottesdienst sein soll. Greifswald ist eine Stadt mit rund 53.000 Einwohnern. Sie hat eine aufstrebende Universität, deshalb gibt es hier viele Intellektuelle. Viele von ihnen stammen nicht von hier, etliche kommen aus dem Westen.

Gleichzeitig haben wir es mit Menschen zu tun, deren Situation man mit den fünf pommerschen »A« beschreiben kann: Arbeitslosigkeit, Abwanderung, Alkoholismus, Alter (Überalterung), Atheismus. Pommern hat nie eine Erweckung erlebt. Vierzig Jahre DDR-Diktatur (und davor 12 Jahre Nationalsozialismus) taten ein Übriges. Wir müssen und wollen konfessionslose Menschen in unserer Stadt immer besser kennen lernen. Das geschieht durch persönliche Kontakte: im Arbeitsumfeld, durch Kontakte über die Kinder in den Kindergärten und Schulen, durch den Beitritt zu einem Verein, durch den Besuch von Veranstaltungen, durch ein aufmerksames Wahrnehmen der Menschen in meiner Nachbarschaft.

60 bis 80 Prozent der Menschen, die zu uns in die Gottesdienste kommen, kommen über persönliche Kontakte. Wenn wir uns aber nur in binnenkirchlichen Kreisen bewegen, brauchen wir uns nicht zu wundern, wenn wir unter uns bleiben. Einer unserer Mitarbeiter kam zum Glauben, weil er von einem Mitarbeiter auf einem Feuerwehrfest angesprochen wurde, ob er nicht mal Musik in der Kirche machen könne. Heute ist dieser Mann einer unserer fähigsten Mitarbeiter, dessen Gabe es vor allem ist, Außenstehende anzusprechen.

Alles, was wir bei GreifBar tun, ist mit der Frage verbunden: Können es die Menschen, die wir erreichen wollen, verstehen? Wir setzen bei Lebensthemen an, zum Beispiel:»Das Arbeitslos«, »Aberglauben sie das auch«, »Das verzeih ich dir nie«, »Ich kann's nicht lassen« (Sucht). Dann merken unsere Gäste: Was da geredet wird, hat mit meinem Leben zu tun. Und das wird zu einem Gott in Beziehung gesetzt, von dem ich noch keine Ahnung hatte.

Alles, was in diesen Gottesdiensten geschieht, ist für die Menschen gedacht, die zu uns kommen: Wir schaffen eine gemütliche Atmosphäre. Dafür haben wir ein Gastfreundschaftsteam. Da wir keine eigenen Räume haben, wird alles, was wir für den Gottesdienst benötigen, mit Autos heran transportiert. Das gleicht oft einem Umzug. Die Kirche ist passend zum Thema dekoriert, es gibt immer ein Bistro, die Kirche ist so warm wie möglich (haben sie sich schon mal in einer kalten Kirche wohl gefühlt?).

Wir begrüßen unsere Gäste freundlich, sprechen sie hinterher an. Es gibt zeitgemäße Musik, einen kurzen Ausschnitt aus einem Kinofilm (50 Prozent der Mitarbeiter sind Kinofans), ein kurzes Theaterstück, Texte auf Leinwand, und alle können per Kameraübertragung sehen, was vorn geschieht. Die Moderation ist locker und zuweilen witzig: Da gibt es zum Beispiel Irmi, eine Frau, die die Kirche putzt und sich über all die komischen Sachen wundert und dabei Alltagsweisheiten von sich gibt. Es gibt eine Rede oder Ansprache (wir nennen es nicht Predigt), die den Lebensnerv der Menschen trifft. Dabei bemühen wir uns um eine verständliche Sprache. Deshalb wird die Predigt vorher an die Mitarbeiter zur kritischen Durchsicht verschickt. In der Sache aber wollen wir das Evangelium unverfälscht weitergeben.

Wir gehen sehr sparsam mit liturgischen Formen um. Es gibt am Schluss ein kurzes, verständliches Gebet und einen Segen mit auf den Weg. Wir bieten hinterher die Möglichkeit für ein seelsorgerliches Gespräch und/oder ein persönliches Gebet. Manchmal gibt es eine meditative Videopräsentation mit Musik.

Damit auch Familien mit kleinen Kindern teilnehmen können, bieten wir eine Kinderbetreuung an. Es findet bewusst kein biblisches Programm statt, damit die Eltern keine Angst haben müssen, dass ihre Kinder »missionarisch bearbeitet« werden.

Die Besucher können alles mit neugieriger Distanz anschauen, ohne schon mitsingen oder mitsprechen zu müssen. Wir wollen den kulturellen Graben zu unseren Gästen durch zeitgemäße Elemente überwinden. Im Zentrum bleiben wir bibelzentriert.

Das ist das Herz. Vor gut fünf Jahren haben wir etwa 12 Menschen zu einem Gespräch gebeten, die genau dies Anliegen hatten. Ein Pluspunkt dabei war, dass zu den Initiatoren der Pommersche Bischof mit seiner Frau gehörten. Wir haben lange geplant, geredet und gebetet, organisiert und überlegt und ein Jahr später den ersten Gottesdienst mit 180 Menschen gefeiert.

Das Fundament von GreifBar

Das Fundament der Arbeit ist die Erkenntnis, dass Glaube etwas mit meinem Leben zu tun hat. Deshalb ist es auch mit einem Gottesdienst nicht getan. Wir merken, dass der Weg oft lang ist, bis Menschen zum Glauben finden. Die Gründe dafür sind vielfältig. Oft steht die Ablehnung von Familienmitgliedern religiösen Dingen gegenüber dahinter, aber auch schwierige Familienverhältnisse und traumatische Kindheitserfahrungen. Und es ist oft ein Weg, auf dem viele Mosaiksteinchen ein ganzes Bild ergeben.

Da ist die Frau, die von einem frommen Suchttherapeuten zum »Frühstückstreffen für Frauen« eingeladen wird. Sie kommt in Kontakt mit einer Frau, die mit ihr in der Bibel liest, sie taucht bei GreifBar auf, kommt zum Grundkurs, findet zum Glauben, wird getauft und ist heute unsere »Küsterin«. Die Wege sind länger als früher, und das bedeutet viel Arbeit. Die Beziehungen spielen eine große Rolle. Deshalb ist das Seelsorge- und Diakonieteam ein wichtiger Bestandteil unserer Arbeit. Ich kann nicht einen persönlichen Kontakt zu einer Frau aufbauen, ohne wahrzunehmen, dass sie in ärmlichsten Verhältnissen lebt, mit ihrem Geld nicht umgehen kann und heftige psychische Probleme hat. Jesus meint auch sie, wenn er uns zu den Menschen in Greifswald schickt.

Deshalb hilft es uns sehr, dass eine Mitarbeiterin Sozialarbeiterin ist, die sich in den rechtlichen Dingen auskennt und zum Beispiel Leuten hilft, Anträge auszufüllen und sie bei Ämtergängen begleitet. Ein Mitarbeiter arbeitet bei der Schuldnerberatung. Regelmäßig schicken wir Leute zu ihm. Dazu bieten wir auch begleitende Seelsorge an, für die unsere Mitarbeiter geschult werden. Oder da gibt es den jungen Mann, der im Kinderheim aufwuchs und über den Jugendgottesdienst Greiffiti, den es in Greifswald auch gibt, zum Glauben gekommen ist. Er hat seine Vorliebe für die Technik entdeckt, weil er eine gute Beziehung zum Bandleiter hat. Also schleppt er Technik hin und her. Neulich haben wir ihn bei GreifBar^{plus} getauft. Er erzählte in diesem Gottesdienst, wie er zum Glauben gefunden hat und was er ihm bedeutet. Das war ein berührender Moment. Dafür lohnt sich aller Einsatz!

Die Beziehungen gehen noch weiter. Es war im letzten Jahr, kurz vor Weihnachten: Da merkte man eine Unruhe unter den Mitarbeitern: Sie beschäftigte die Frage, wie eigentlich unsere Singles, die Einsamen und Kranken Weihnachten feiern. Schnell wurde aufgeteilt, wer wen fragt und wer bei wem Weihnachten feiert. Wir bemerkten, dass viele Silvester allein zuhause sitzen. Also organisierten wir erst einen gemeinsamen Gottesdienst, dann eine gemeinsame Feier. Schnell waren alle Aufgaben verteilt. Es war ein fröhliches Gemeindefest! Das ist gelebte Gemeinschaft!

Auch unter den Mitarbeitern achten wir darauf, dass wir sie nicht »verheizen«, sondern Raum geben für gemeinsames Feiern und Gespräche. Nach jedem GreifBar-Gottesdienst gibt es ein großes Pizzaessen bei uns im Haus. Es ist Zeit zum Reden und Ausspannen. Dazu gehört natürlich auch, dass Dinge, die nicht gut gelaufen sind, angesprochen werden. Damit nicht lange zu warten und ehrlich zu sein, hat sich bewährt. Wir sind inzwischen ungefähr fünfzig Mitarbeiter. Wir sind höchst unterschiedlich und haben verschiedene Arbeitsstile. Da bleibt es nicht aus, dass es mal kracht.

Diese Dinge anzusprechen, braucht Zeit. Unsere Mitarbeiter sind ja oft die, die vorher kirchenfern waren und selbst manchmal aus schwierigen Verhältnissen kommen. So etwas wie Verbindlichkeit müssen viele von ihnen erst noch lernen. Sie hatten keine Vorbilder. Auch Dinge der praktischen Lebensbewältigung sind ein langer Lernprozess. Da ist der Glaube erst der Anfang eines mühsamen Wegs. Diese Mitarbeiter zu begleiten, ist mühsam und kostet Zeit.

Die Struktur von GreifBar

Zuallererst beruht die gesamte Arbeit von GreifBar auf Ehrenamtlichkeit. Alles, was in dieser Arbeit geschieht, machen Leute zusätzlich zu ihrem sonstigen »Programm«. Etliche investieren einen großen Teil ihrer Freizeit. Andere verzichten auf eine Berufstätigkeit und setzen ihre Arbeitskraft bewusst ehrenamtlich bei GreifBar ein. Der größte Teil der Arbeit wird durch (eigene) Spenden finanziert.

Mitarbeiter kommen aus unterschiedlichen Hintergründen; freilich haben wir in unseren Reihen auch einige »Profis«, also Theologen. Da-

durch haben wir keine Probleme, Sakramente zu feiern und Amtshandlungen »zu besetzen«. Neben denen, für die das GreifBar-Projekt in
jeder Hinsicht die eigene Gemeinde ist, arbeiten auch Christen aus anderen Greifswalder Gemeinden bei den sechs bis sieben GreifBar-
Gottesdiensten pro Jahr mit. Aus der folgenden Skizze wird deutlich,
welche Teams es gibt.

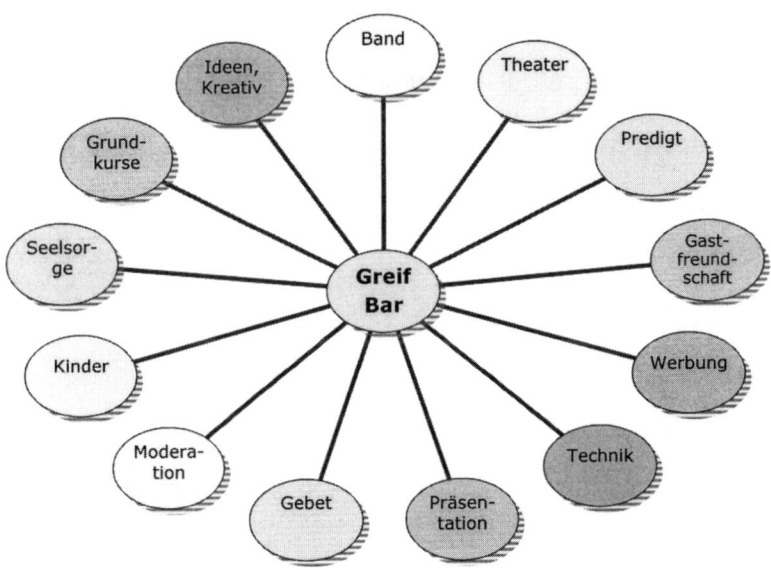

Die Teams arbeiten im Wesentlichen selbstständig. Etwa vier Monate
vor dem Treffen kommen vom Ideen- und Kreativteam Anstöße für die
Gestaltung eines Gottesdienstes. Diese Ideen werden in den einzelnen
Teams besprochen und dann in der großen GreifBar-Teamsitzung zu
einem Gottesdienst geordnet. In diesem Team sind die Leiter der jeweiligen Teams. Wir versuchen bei der zeitlichen Taktung, immer einen Gottesdienst voraus zu planen, um nicht dauernd unter Zeitdruck
zu stehen. Die Jahresplanung erfolgt mit allen Teammitgliedern rund
ein halbes Jahr vorher. Wir versuchen, eine gute Mischung aus Bezie-
hungs- und Gesellschaftsthemen zu finden.
Darüber hinaus gibt es ein Gesamt-Leitungsteam. Dies Team wiederum besteht aus den Leitern der einzelnen Bereiche der Arbeit: Greifbar, GreifBar[plus], Greifini (Kinderarbeit von GreifBar[plus]), Diakonie
und Seelsorge, Öffentlichkeitsarbeit und dem Leiter der Gesamtarbeit
sowie dem Bischof.
Kurz möchte ich noch auf den GreifBar[plus]-Gottesdienst eingehen: Ursprünglich war es so gedacht, die Menschen, die bei uns zum Glauben

gekommen sind, in ihre jeweiligen Ortsgemeinden zu schicken. Sie ließen sich aber nicht einfach schicken, weil sie Beziehungen zu Menschen aufgebaut hatten, die sie nicht aufgeben wollten. Zum anderen war es für sie schwierig, in einen »normalen« Gottesdienst zu gehen, weil da so ziemlich alles anders war, als sie es kennen gelernt hatten. Also haben wir einen zweiten Gottesdienst aufgebaut, alle 14 Tage sonntags um 17 Uhr. Dieser Gottesdienst erfordert nicht so viel Aufwand wie GreifBar-Gottesdienste. In der Mitte stehen das Lob und die Anbetung Gottes mit neuen und alten Liedern und eine Predigt, die oft lehrhaft ausgerichtet ist und sich auf das Leben als Christ und in der Gemeinde bezieht. Wir feiern oft und gern Abendmahl, bieten Einzelsegnung an und geben die Möglichkeit zum Reden beim gemeinsamen Essen im Anschluss an den Gottesdienst. Die Kinder haben nach einem gemeinsamen Anfang ihr eigenes Programm, das sich an Promiseland, dem Kinderprogramm von Willow Creek, orientiert. Zu diesem Gottesdienst kamen anfänglich etwa fünfzig Personen. Inzwischen sind es regelmäßig 100 bis 140.

Für die Gesamtarbeit ergibt sich folgende Struktur:

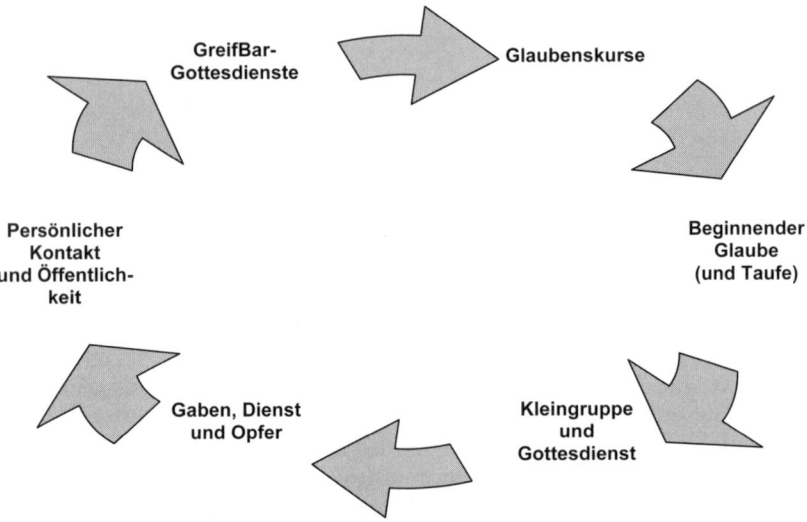

Ausblick

In kirchlichen Kreisen wird GreifBar mit unterschiedlichen Reaktionen wahrgenommen. Jedenfalls kann niemand mehr das, was im Lauf der Jahre entstanden ist, übersehen. Das Leitungsteam, aber auch kirchliche Führungspersonen spüren, dass GreifBar längst mehr als ein Projekt ist, nämlich eine eigene Gemeinde (ohne rechtlich den Status einer

Kirchengemeinde zu haben). So sind wir wiederholt auf Gemeinden zugegangen, um nach einer Möglichkeit zu suchen, uns »anzudocken«, ohne unsere Selbstständigkeit aufgeben zu müssen. Eine Kirchengemeinde zeigte Interesse. Mit ihr sind wir in konkreten Gesprächen. Wenn es für beide Partner gut erscheint, wird es zwei Gemeindeprofile unter einem Kirchendach geben. Falls nicht, werden wir auf die Gründung einer Profilgemeinde zugehen.

Was wir bei Greifbar erleben, ist uns jeden Einsatz wert. Wir sind Gott von ganzem Herzen dankbar, was er im Lauf dieser Jahre hat entstehen lassen. Jeder Euro, jeder Ärger, jede halb durchwachte Nacht, jede Anstrengung von Kraft sind es wert, wenn wir auf dem Gesicht eines Menschen die Freude sehen können, die der frisch geweckte Glaube bei ihm geschaffen hat.

GABRIELE HERBST

Wo mein Glaube zuhause ist

Zur Untermiete im Haus der Künste

Liebe Lena,

Dein Name stach mir ins Auge. Ich spürte, wie sich Staub über mein Herz breitete. Wieder und wieder buchstabierte ich Deinen Namen in der mit Computer erstellten Liste der Kirchenaustritte vom vergangenen Jahr. Lena Römer, Jahrgang 1979, 2005 aus der evangelischen Kirche ausgetreten. Ich trat ans Fenster. Ich öffnete es mit Bedacht und atmete tief durch. Ich sah Dich durch unseren Garten laufen, in dem Du einst als Freundin unserer Kinder vielen Sommern entgegengerannt bist. Ich erinnerte mich an Dein konzentriertes, auch prüfendes Gesicht, wenn wir gemeinsam einen Jugendgottesdienst in unserer kleinen Stadtrandkirche in Magdeburg vorbereitet haben. Einmal hast Du mir vorgeworfen, dass ich Gott hin und wieder zerreden würde. Du hattest Recht. Und ich habe mir Deinen Vorwurf mit Rot auf die Pinnwand meines Herzens geschrieben.

Als ich Dich vorgestern in Deinem Studienort Göttingen anrief, um Dir von meiner Traurigkeit über Deinen Kirchenaustritt zu erzählen, hast Du mir in Deiner gewohnten Art zugehört. Du hast mich ausreden lassen. Du hast mir meine Traurigkeit nicht kleingeredet. Du hast die Pause nicht übergangen zwischen Rede und Antwort und erst danach ruhig und bestimmt gesagt: Mein Glaube war nirgends mehr zu Hause, Gabi. Er hatte keinen Ort mehr, an dem er sich wohl fühlte. Wo ist denn Deiner zuhause, heute? Kannst Du mir das aufschreiben? Willst Du mir das aufschreiben?

Ich kann und ich will es, Lena. Ich weiß allerdings nicht, ob es mir gelingen wird, weil das Reden über den Glauben etwas sehr Persönliches ist, ein Reden mit speziellen Vokabeln, die hin und wieder vom anderen nicht verstanden werden. Aber ich will mir beim Erzählen Dein Gesicht vorstellen, Deinen konzentrierten, prüfenden Blick. Das wird die Wortwahl klarer machen.

Mein Glaube, Lena, hat einen Haupt- und einen Nebenwohnsitz. Der Hauptwohnsitz ist das Pfarrhaus in Magdeburg Nord, in dem über meinem Schreibtisch Fotos von meiner Familie hängen und eines von Bonhoeffer und eines von Mandela. Außerdem blicke ich, wenn ich mich nach rechts zur Wand neben dem Fenster wende, auf einen schwarzen Christus, der seine Arme ausbreitet und so durch seinen Körper ein Kreuz bildet.

Diesen Christus aus Ebenholz, dem ein Makondeschnitzer aus dem tansanianischen Ort Bagamoyo in meinem Beisein den letzten Schliff verlieh, habe ich vor Jahren gegen ein einfaches Holzkreuz aus meiner Kindheit umgetauscht. Ich hatte das Gefühl, dass ich aus dem Haus meines Kindheitsglaubens nach Glück und Schmerz nun wirklich ausgezogen war. Dies wollte ich auch durch ein Kreuz, zu dem ich selbst eine besondere Beziehung aufgebaut hatte, ausdrücken.

An meinem Schreibtisch sitze ich täglich, oft viele Stunden. Meistens liebe ich diesen Platz, weil er mir vertraut ist, mit den Büchern rundherum, von denen die Bibel in der Lutherübersetzung das zerlesenste Buch ist. Viele Seiten verunzieren Eselsohren, manchen musste ich mit Klebestreifen frischen Halt geben. Aber noch mag ich mir keine neue Bibel kaufen. In dieser Ausgabe stecken so viele imaginäre Gesichter von Menschen, denen ich genau aus diesem Exemplar vorlas. Einen Trostpsalm im Krankenhaus, einen Dankespsalm zur Taufe, einen Text für ein Predigtgespräch. Meine Bibel riecht so vertraut, nach Schwarztee und Kaffee, nach Rotwein und ein bisschen auch nach Schokolade, die ich brauche, wenn mir das Auslegen von Bibeltexten schwerer fällt als Schneeschippen.

Ja, Lena, meistens liebe ich diesen Schreibtischplatz, an dem es für mich als Pfarrerin eine alltägliche Aufgabe ist, mir einen Kopf über Glauben, über Religion zu machen. Mich zu fragen, was es bedeutet, heute mit und in Gott zu leben und zu sterben. Was es bedeutet, sich an Jesus zu orientieren. Was es bedeutet, sich nicht nur mit allem Sichtbarem zufrieden zu geben, sondern auf den Grund der Dinge zu tauchen und hineinzustaunen in die unvorstellbare Dimension unseres Weltalls.

Hier, an diesem Platz, in diesem Haus hat mein Glaube seinen Hauptwohnsitz. Da kommt es sogar vor, dass ich hin und wieder das Gefühl habe, Gott sitzt in meinem Korbsessel am kleinen Tisch hinter dem Schreibtisch, schaut mir zu und sagt: Mach mal. Es ist wichtig, was Du tust. Die Geheimnisse, die Ermutigungen und die Anforderungen des Lebens verstehen sich nicht von selbst. Sie müssen immer wieder neu gefunden, durchdacht und ausgedrückt werden. Dazu bist Du da. Dazu habe ich Dich ausgesucht. Du hast gut reden, antworte ich Gott dann manchmal ein wenig flapsig. Doch ich sage es ohne Ärger. Denn ich bin mit mir und ihm im Einklang: in meinem Hauptwohnsitz. Im Pfarrhaus am Neustädter See.

Aber alles, Lena, alles kann auch ganz anders sein mit mir, meinem Wohnen und meinem Zuhause. Ganz anders. Und mit diesem »ganz Anderen« komme ich Dir, wie ich mir vorstellen kann, Deinen Zweifeln und Deiner Heimatlosigkeit im Glauben sicher näher. Manchmal laufe ich unruhig in meinem Hauptwohnsitz herum und halte es dort nicht mehr aus. Nicht am Schreibtisch und nicht mit einem freundlich ermutigenden Gott im Korbsessel.

Dann möchte ich den Gekreuzigten von der Wand nehmen, weil ich das Gefühl habe, dass ich in meinem Leben schon zu lange und zu intensiv mit ihm das Zimmer teile. Dann blättere ich in der Bibel herum und meine, den Schlüssel zu ihr verloren zu haben und ihn vielleicht gar nicht mehr suchen zu wollen. Als Eric, ein Sechsjähriger aus dem Wohngebiet, ertrank und sich Uwe aus meiner Theatergruppe von einem Sechzehngeschosser stürzte, habe ich ein weißes Tuch über den Gekreuzigten gehängt. Ich ertrug das Zeichen nicht, das Uwe bis zum Schluss als Kettenanhänger an seinem wundgeschrieenen Hals getragen hatte.

Ja, Lena, solche Momente von großer Heimatlosigkeit in meinem Hauptwohnsitz des Glaubens hat es viele gegeben. Den Beginn des Irakkriegs, den ich als so sinnlos und gottlos empfand und der doch maßgeblich von einem christlichen Politiker initiiert worden ist. Das Geiseldrama in Beslan, bei dem ich die Engel Gottes vermisste, die sich schützend vor die Kinder stellten, denen von Jesus doch das Himmelreich zugesagt ist. Wo bist Du Gott, wo bist Du eigentlich? schreie ich dann in meinem Haus herum. Dann hallt das Echo lästernd zurück: Er ist nicht da. Ihn gibt es nicht! Alles nur Einbildung. Du hättest Deine Lebenszeit besser verbringen können, Pfarrerin!

Vielleicht warst Du, Lena, damals, als Du zum Notar liefst, um aus der Kirche auszutreten, in einer ähnlich verzweifelten Situation wie ich. Eine Situation, die der Glaube, das ist meine tiefe Überzeugung, keinem Glaubenden erspart. Manchmal ist man grausam allein mit seiner Gottsuche, mit seinen Fragen und Zweifeln.

Oder glaubt man sich nur allein? Gibt es gar keine gottlosen Orte?

Ich habe jahrelang nach einem Ort gesucht, der meinem Glauben eine Zusatzheimat schenkt, wenn mich das Leben in meinem Hauptwohnsitz ausdörrt und mir fremd erscheint. Und ich habe diesen Ort gefunden: EIN ZIMMER ZUR UNTERMIETE IM HAUS DER KÜNSTE. Ich kann Dir die Adresse dieses Hauses nicht benennen. Aber ich kann es Dir genau beschreiben und Dir als Geheimtipp empfehlen.

Das Haus ist blau, wie der Himmel. Wie das Meer. Blau wie die Chagallschen Glasfenster in der Stephanskirche in Mainz oder wie das kleine blaue Pferd von Franz Marc, bei dessen Betrachtung alle Zweifel, ob man Pferde blau malen dürfe, weil es doch gar keine blauen Pferde gibt, verfliegen. Das Haus ist blau. Und Picasso lacht aus einem Fenster des ersten Stocks und ruft: Blau ist »... das Beste, was es in der Welt gibt. Sie ist die Farbe aller Farben. Die Blaueste von allen blauen«. Ich verstehe nicht so ganz, was Picasso eigentlich meint. Aber das geht mir in jedem Zimmer und in jedem Stockwerk dieses Hauses so. Hier muss ich nicht zuerst verstehen. Hier muss ich nicht alles in einen Zusammenhang bringen können. Hier muss ich nicht zuerst deuten und übersetzen. Hier kann ich fühlen und hören und singen und malen und lachen und weinen. Ja, weinen auch. Endlich auch weinen.

Hallo, empfängt mich Janosch, bist Du wieder da? Willst Du auf der Zauberfiedel spielen und die große Angst kleiner machen? Und Mozart, der oft unmotiviert kichert, wenn ich wieder einmal im blauen Haus anlande, wird still und nachdenklich, wenn ich ihm von Eric und von Uwe erzähle. Ich habe Musik gegen die Gespenster der Nacht geschrieben, sagt Mozart. Setz Dich hin, hör zu. Musik vertreibt Gespenster.

Eigentlich bin ich in meinem Zweitwohnsitz nie allein, die Türen zueinander kann man dort offen lassen – und seltsamerweise stört sich niemand am anderen. Die Komponisten und Maler und Schriftsteller und Bildhauer scheinen wie Puzzleteile zu sein, die einander bedingen, einander brauchen, ohne ineinander eingefügt sein zu müssen. Und ich bin ein Teil am Rand.

Hast Du was geschrieben, fragt mich Bobrowski, ein Gedicht, wirklich ein dichtes und nicht so ein löcheriges? – Ich kann nicht dichten, in diesem Moment, antworte ich. In mir ist alles löcherig, alles ziemlich zusammenhanglos. Gott, ich, die Kirche, meine Aufgabe ... Na und? Meint Paula Modersohn-Becker, wo ist das Problem? Das ist Leben! Zusammenhänge haben und Zusammenhänge verlieren. Gott suchen und verlieren. Den Weg wissen und in einer Sackgasse herumirren. Komm in mein Zimmer. Ich gebe Dir Farben, dunkle Farben, wenn Du magst, und dann kannst Du Dir Deine Traurigkeit und Deine Fragen von der Seele malen.

Mein blaues Haus. Mein kleines Zimmer darin. Wenn ich mich auf meiner Liege im Zimmer ausbreite, höre ich Brahms musizieren: »Selig sind, die da Leid tragen, denn sie sollen getröstet werden.« Ich werde ganz ruhig. In mir entwickelt sich durch die Musik zu den Worten keine Abwehr gegen den Inhalt, der mir an meinem Hauptwohnsitz hin und wieder fragwürdig erscheint.

Als Rose Ausländer mir anbietet, mit ihr einen Tee zu trinken, freue ich mich sehr. Mit ihr, der Jüdin, kann ich über unseren gemeinsamen Gott sprechen, der es uns nicht erspart, hin und wieder, oder sogar sehr oft, heimatlos zu sein. Lies dieses Gedicht, sagt Rose Ausländer. Ich denke, Du kannst es verstehen. Und ich lese und ich lese. »Vergiss Deine Grenzen. Wandre aus. Das Niemandsland Unendlich nimmt Dich auf.«

Mein blaues Haus. Mein Zweitwohnsitz für mich und meinen Glauben. Niemals treffe ich immer die gleichen Künstler darin an. Ich glaube, sie wohnen dort alle – und abwechselnd – auch nur zur Untermiete. Ich weiß nicht einmal, wem das blaue Haus gehört. Den Vermieter habe ich noch nie persönlich kennen lernen können, weil niemand dort seinen Namen und seine korrekte Adresse kennt. Wir machen uns natürlich Gedanken über unseren Vermieter. Aber wir halten uns meist nicht lange bei unseren Vermutungen auf. Wir freuen uns stattdessen nur, dass er dies Haus für Heimatlose zur Verfügung stellte. Er gab uns die Farbe Blau, lachen die Maler. Er gab uns ein Haus mit Schrift an der Wand, betonen die Schriftsteller. Er gab uns ein Haus voller Töne, summen die Komponisten. Gloria, Gloria, Gloria ... singt Mozart. Und Bach, wie nicht anders zu erwarten, verstärkt den Gesang.

Immer wenn ich aus meinem Nebenwohnsitz des Glaubens in mein Pfarrhaus am Neustädter See zurückkehre, fühle ich mich gereinigt, gestärkt und voller neuer Energie. Ja, das sind die richtigen Worte: gereinigt, gestärkt und voller neuer Energie. Staub ist von meinem Herzen und von meiner Haut gewichen. Ich höre wieder Musik in mir. Ich habe neue Gedanken, um meinen Glauben für andere auszudrücken. Ich finde im blauen Haus andere Farben und andere Symbole für Gott, die mir, wenn ich es monatelang nicht aufsuche, fehlen. Ich bringe Geschichten mit, die die Geschichten meiner biblischen Tradition ergänzen und sie in ein ungewohntes Licht setzen.

Und ich weiß – nach einem Aufenthalt in meinem Zusatzzuhaus – immer wieder ganz neu, was für ein filigranes Gebilde der Glaube ist. Ich habe ihn nicht – ich habe ihn niemals. Aber ich darf so leben, als hätte ich ihn. Künstler haben mehr Erfahrung in solcher Lebensweise. Das Entstehen ihrer Kunst hat so viel Ungewisses, so viel Unberechenbares. Doch sie leben und arbeiten mit diesem Risiko. TROTZ ALLEDEM, wie Rosa Luxemburg sagte, die ja auch eine wundervolle Schriftstellerin war. Und DENNOCH, wie es der Psalmbeter in Psalm 73 voller Vertrauen singt.

Ich hätte mich so gefreut, Lena, wenn Du mit mir, bevor Du den Weg zum Notar gegangen bist, Deinen Schritt besprochen hättest. Menschen wie Dich brauchen wir doch dringend in der Kirche. Menschen, die Angst davor haben, dass Gott zerredet wird oder dass Kirche nicht mehr nah genug bei den heutigen Fragen der Menschen steht. Wir brauchen Menschen, die konzentriert zuhören können und eine Pause vor einer Antwort einlegen. Man muss keine Heimat im Glauben haben, um in der Kirche am richtigen Platz zu sein. Nur ein Suchender oder eine Suchende, das sollte man sein ... Und ich kann mir nicht vorstellen, dass Du das Suchen aufgegeben hast. Ob wir ein Gespräch über Deinen Schritt – und wie ich ihn erlebe – nachholen können?

Ich unterschreibe diesen Brief mit einem blauen Faserstift. Du weißt nun warum. Komm mich besuchen. In meinem Hauptwohnsitz oder in meinem Zimmer zur Untermiete. Du wirst Mozart singen hören. Sehr wahrscheinlich in diesem Jahr. Aber vielleicht musiziert auch jemand ganz anderes. Du wirst das Meer hören. Und durch die Fenster den Himmel sehen.

Deine Gabi

CHRISTIAN HÖSER

Geschmack am Glauben finden

Idee für einen Glaubenskurs

»Sie wissen nichts mehr von ihrer Religion, aber sie haben noch einen Geschmack davon.« So etwa beschrieb vor Jahren der Rabbi in Rostock die Situation der Gemeindemitglieder, die alle aus der ehemaligen Sowjetunion nach Deutschland gekommen waren. Der Weg zur Synagoge war ihnen bis dahin verwehrt geblieben, das bewusste Leben des jüdischen Glaubens in den Familien war nicht geübt, aber die traditionellen Gerichte zu den Festen im Jahreskreis hatten sie beibehalten. Hier knüpfte der Rabbi an. Von den Gerichten her erzählte er die Geschichten. Diese Erfahrung – am Rand eines Vortrags erzählt – war mir haften geblieben. Sie ist der Ausgangspunkt für diese kleine Skizze eines Glaubenskurses.

Der Ansatz

Essen und Einladung zum Essen im Freundeskreis sind übliche Formen der gepflegten Kommunikation. Neuerlich entwickelt sich in einigen Milieus der Trend zum »Cocooning«, dem Rückzug in die eigenen vier Wände. Daneben gibt es vermehrt Anregungen, nicht nur zum Feiern zusammenzukommen, sondern auch zum gemeinsamen Vorbereiten und Kochen. Kochshows im Fernsehen erfreuen sich großer Beliebtheit, und Kochbücher von Fernsehköchen klettern auf entsprechenden Hitlisten.

So kann es derzeit ein niederschwelliges Angebot sein, Freunde und deren Bekannte zu solch einer gemeinsamen Koch- und Gesprächszeit nach Hause einzuladen. Die gemeinsam verbrachte Zeit wird als kostbar erfahren. Das Gespräch en passant bekommt einen eigenen Stellenwert. Man lernt sich auf einer neuen Ebene kennen und kann zusammen genießen, was man gemeinsam gefertigt hat.

Das Kirchenjahr ist im Bewusstsein der Leute zwar meist nicht als »Kirchenjahr«, aber doch als Erfahrungshorizont des Jahresablaufs in Grundzügen vorhanden. Lebensfragen können in diesem Rahmen vertrauter Öffentlichkeit ins Gespräch gebracht werden, ohne zu bedrängen.

Und das Ganze darf auch Spaß machen, frei nach dem Motto: »come together – cook together«.

Entwurf

Dem Kirchenjahr entlang wird monatlich zu einem gemeinsamen Abend eingeladen. Gemeinsames Kochen, Backen und Essen stehen auf dem Plan der überschaubaren Personengruppe. Der Gastgeber eröffnet mit einem kurzen Impuls zum Einstieg: Welches Gericht steht auf dem Programm? Was hat das mit dem Kirchenjahr zu tun? Welche Lebensfragen damit berührt werden, kann schon einmal kurz in den Blick kommen. Dann geht es aber zunächst um die praktischen Dinge in der Küche. Aufgaben müssen verteilt und Gegebenheiten erklärt werden. Ist der Tisch gedeckt und das Essen zubereitet, wird am Tisch ein weiterer kurzer Impuls gegeben, der Gericht, Kirchenjahreszeit und Lebensfragen zusammenbindet und Gesprächsanregungen anbietet. Nun ist Zeit zum Gespräch. Schon während der Vorbereitungen in der Küche wird man allgemeine Erfahrungen ausgetauscht haben. Jetzt ist die Möglichkeit, in aller Ruhe tiefergreifenden Themen Raum zu geben. Zum Abschluss des Abends können das Rezept und ein kleiner Text zum Thema mitgegeben werden.

Sieben Treffen

Kirchenjahr	Thema	Gericht
Advent (Dezember)	Lebenswege/Entscheidungen vorbereiten	Plätzchen backen (Sterne)
Epiphanias/Weihnachten (Januar)	Das Wesentliche geschenkt bekommen	Wachteln im Speckmantel
Fasten (Februar)	Aufmerksamwerden in der Beschränkung	Gemüsesuppe und Kräuterquark mit Kartoffeln
Gründonnerstag/Karfreitag (März)	Erinnerung an erlebte Gemeinschaft	Fischgericht
Ostern (April)	Aufbrüche	Lamm
Himmelfahrt (Mai)	Unverfügbares, das den Horizont erweitert	Himmel und Erde (Apfel und Kartoffel)
Pfingsten (Juni)	Begeisterung als Lebenskraft	Weinverkostung als festlicher Abschluss

Mögliche Veranstaltungsformen

- Bei einer Familie in der Privatwohnung, in einer Küche, die etwa acht Menschen Platz zum Mittun bietet. Dazu würde dann der Pastor / die Pastorin eingeladen, der/die einen geistlichen Impuls einbringt. Zielgruppe könnte der Freundeskreis der Familie sein, der sich mit einer gewissen Verbindlichkeit monatlich trifft (Variante Tupperparty, dabei als Attraktivität: Pastor besucht uns).
- Wo es ein Gemeindehaus mit entsprechender Küche gibt – Einladung an eine Gruppe bis maximal zehn Personen mit klarer Verbindlichkeit. Ein Vorbereitungsteam, bei dem nicht unbedingt der Pastor / die Pastorin dabei sein muss.
- Einladung ins Pfarrhaus. Dabei wird die Küche der Pfarrfamilie zur Verfügung gestellt. Gruppengröße: bis acht Personen. Zur Vorbereitung soll in jedem Fall eine zweite Person mit hinzugezogen werden, selbst wenn der Pastor / die Pastorin gut kochen kann. Wichtig ist hier der mögliche Multiplikationseffekt.

Kosten und Buchtipps

Es muss überlegt werden, ob für das Gesamtprojekt oder die einzelnen Abende ein Kostenbeitrag erhoben wird.

»Manna & Co. Kochen mit biblischen Geschichten«, von *Hartmut E. Rätsch*, LVH, etwa 15 Euro (Gebundene Ausgabe)
»Die Heilkraft der Feste. Der Jahreskreis als Lebenshilfe« von *Hans G. Behringer*, Kösel/Claudius, etwa 22,00 Euro (Gebundene Ausgabe)

GÜNTHER KREIS

Mit den Kindern fing alles an

Gemeindeentwicklung in Sonneberg-Wolkenrasen

Kann man in einem trostlosen Umfeld eine glückliche und wachsende
Gemeinde entwickeln? Sicher ist: Es macht eine Gemeinde glücklich,
wenn sie wächst und sich entwickelt. Unglücklich wird eine Gemeinde, die ihren Auftrag nicht erkennt und ihre Berufung nicht findet und
auslebt. Seit fünf Jahren erleben wir die Entwicklung einer Gemeinde
im Kontext einer Plattenbausiedlung. Die Anfänge in Sonneberg-Wolkenrasen gehen auf eine charismatische Gemeindegründung unter Jugendlichen zurück. Wie so oft in der Mission, sind es die Kinder, über
die das Evangelium in die Häuser kommt.

I. Herausforderungen annehmen – sehen, was dran ist

Die größte Herausforderung unserer Zeit ist die Verheißung vom An-
bruch des Reiches Gottes. Jesus sagt: Siehe, ich mache alles neu. Wir
warten aber auf einen neuen Himmel und eine neue Erde. Nichts provoziert die Gemeinde mehr als die Verheißungen Gottes. Und herausgefordert sind wir zuerst durch Gottes Zukunft und seine Liebe, seine
»Lust an den Menschenkindern« (Ps 18,20). Die Sehnsucht Gottes
nach seinen geliebten Geschöpfen bringt uns in Bewegung (Missio
Dei). »Nicht die Kirche treibt Mission, sondern die Mission Gottes
treibt die Kirche« (Burghard Krause).
West und Ost sind von einer erlebnis- und religionshungrigen Gottlosigkeit aufgeheizt und inspiriert. Im Westen fordert uns eine Kultur
heraus, die sich an das Christliche gewöhnt hat und für das Evangelium wie immunisiert wirkt. Im Osten besticht die totale Ablehnung von
Kirche und Glaube – eine tiefe, schleichende Angst vor Gehirnwäsche
und Manipulation. Diese Aversion gegen den christlichen Glauben ist
ein unbestimmtes Gefühl. »Die Kirche will nur dein Bestes!« sagt mir
jemand zynisch – dein Geld. Die Wende war das Ende glücklicher
Nachbarschaft in der DDR. Es ist aus und vorbei mit der Gemeinschaft
im Hinterhof zwischen Bratwurst und Bier, wo jeder jedem hilft und
jeder jeden mit dem versorgt, was die Betriebe so hergeben. Das tragi-
sche Erbe sind die Auflösung der Familien, jeder Art Sozialkontrolle,
hohe Arbeitslosigkeit, Alkoholismus und ein eklatanter Erziehungsnot-
stand.

Die Herausforderung für die christliche Gemeinde ergibt sich aus der Spannung zwischen den Verheißungen Gottes und dem Notstand der atheistischen Gesellschaft. Es ist eine Spannung zwischen ihrer Identität und festen Beheimatung im christlichen Glauben und der Relevanz ihrer Botschaft für diese kaputte Welt. Wie kann die Gemeinde Jesu ein Leuchtturm der Hoffnung und ein Prospekt vom Reich Gottes werden? Die Gemeinde muss sich weit aus dem Fenster lehnen – was nur gelingen kann, wenn sie in ihrer Mitte fest steht.

Unsere Gemeinde muss aus ihrem begeisterten Aufbruch am Anfang eine reife erwachsene, dienende und einladende Gemeinde entwickeln. Demnach lautet unser Leitbild: Jesus ist unsere Mitte. Wir wollen eine dienende und einladende Gemeinschaft sein. Also stellt sich die Frage: Wie können wir inmitten dieser zerrütteten, vaterlosen Welt das zukünftige Reich Gottes ankündigen – wenn das »kleine Reich« der Medien, der Konsumhaltung und Genusssucht das Leben verschlingt und aushöhlt? Wir sind berufen, Gottes neue Familie inmitten einer vaterlosen Welt zu sein.

II. Perspektiven entwickeln – Menschen gewinnen

Weite Wege sind unumgänglich. Wir haben in fünf Jahren zielstrebig den Vorhof der Gemeinde, also die Berührungsflächen und Kontaktfelder ausgedehnt. Im Blick sind besonders die Familien. Durch spannende Zeltlager für 8–12jährige Kinder im Sommer, Kinderprojektwochen im Winter und große Kindermusicals beobachten Eltern eine Sinn stiftende Beschäftigung ihrer Kinder. Ein eigens dafür eingerichtetes Kinderhaus »Kunst und Spiel« präsentiert sich kreativ und vielfältig als offene Kinderwerkstatt. So werden die Öffentlichkeit, Schulen und Eltern auf eine liebevolle, Werte vermittelnde, Pädagogik aufmerksam. Abenteuertage für Väter und Söhne oder Töchter und ein erlebnispädagogisch orientiertes Programm für Konfirmanden führen dazu, dass sich die Eltern zur Mitwirkung engagieren lassen.

Wenn wir sie nicht in ihrer Welt abholen und herausfordern, mit ihnen teilen, wovon sie träumen, und ihre Nähe suchen, werden wir keinen Kontakt zu ihnen finden. So fragen immer mehr Eltern nach dem Grund unseres Glaubens. Und ganz langsam beginnen auch Fernstehende, sich mit einer Bewegung zu identifizieren, die sie bisher sehr distanziert, misstrauisch und skeptisch beobachteten. Denn die verantwortliche Mitwirkung führt zur Identifikation. Erste Eltern sind zum Glauben gekommen, haben sich taufen lassen und der Gemeinde verbindlich angeschlossen.

Vertrauen bildende Maßnahmen im Vorhof der Gemeinde wirken in einer Welt voller Skepsis wie unscheinbare Mosaiksteinchen, die irgenwann (hoffentlich) ein Bild ergeben. Dazu gehört ein breites buntes

Netz von vielen liebevollen Lebensäußerungen der Gemeinde: ein missionarischer Gemeindebrief mit Niveau und Witz, ein Gruß an Neuzugezogene und selbst gestaltete Geburtstagsgrüße für alle Älteren. Die gewissenhaft durchgeführte Trauerarbeit und ein regelmäßiges Frühstückstreffen entwickeln ein eigenes Flair. Bei öffentlichen Festen beteiligen wir uns mit kreativen und ideenreichen Aktionen. Dabei steht selten ein erkennbarer missionarischen Zweck im Vordergrund. Die kritischen Beobachter warten bei diesen öffentlichen Beiträgen vergeblich auf einen kirchlichen Haken – wie zum Beispiel eine Geldsammlung. Wir verstehen diese vielen oft mühsam vorbereiteten Aktionen als Dienst an den Menschen – und sie wirken und bilden wirklich Vertrauen. Das zeigt die Erfahrung. Wir müssen den Markt der Möglichkeiten ernst nehmen und einfach besser sein. Das kann man bedauern und beklagen, aber wir entgehen dem Vergleich mit anderen Anbietern nicht. Wir predigen die beste Botschaft der Welt. Was wir tun, muss dem ensprechen und darf nicht schlechter sein. Millieu, Stil und Form predigen mit – dafür oder dagegen.

Kommt und seht! Unsere Erfahrung zeigt, dass sich das Christwerden häufiger auf einem langsamen Emmaus-Weg als in punktuellen Damaskus-Ereignissen ereignet (Burghard Krause). Hier kommen mehr Menschen zum Glauben durch überraschende Umstände, Zeugnisse gelebten Glaubens, aktive Mitwirkung und die Erfahrung von Liebe und Wärme in einer lebendigen Gemeinschaft als unter der Kanzelpredigt. Die Gemeinde zielt auf Identifikation, echte Beteiligung und Sinn stiftende Mitwirkung der Zielgruppe.

Wie kann dies Ziel erreicht werden? Nicht, indem wir die Relevanz unserer Botschaft beschwören – sofern wir überhaupt Zuhörerinnen und Zuhörer haben, die wir beschwören können. Nein: Dies Ziel kann erreicht werden, wenn wir die Menschen mit ihren Begabungen beteiligen. Ein Ausdruck von Liebe und Wertschätzung – oder: missionarische Diakonie. So konnten wir viele Väter für die Erschließung eines eigenen Freizeitgeländes gewinnen. Sie bringen ihre Arbeitskraft, Gaben, Zeit und Geld ein, weil sie am Aufbau des »Abenteuerlands« für die Zukunft ihrer Kinder und Familien beteiligt sein wollen. So erleben sie etwas vom Grund unserer Hoffnung und sehen, was uns bewegt. Von der Bedeutung und Zukunft unserer Kinderarbeit müssen wir sie nicht überzeugen. Sie sind stolz darauf, wenn sie mitbauen können, auch wenn sie nicht sofert bemerkt haben, dass es um eine Modellsiedlung des kommenden Königreichs geht. Die Beteiligung und der Besuch des Glaubenskurses für Männer in einer Altstadtkneipe wurde am Ende eine Selbstverständlichkeit.

III. Grenzen überschreiten – Schritte zur Mitte gehen

Missionarische Gemeinden gewinnen ihre Dynamik durch Überschreitung bisheriger Grenzen. Die Eroberung neuer Lebenswelten gewährt Einblicke in das Innenleben der Gemeinschaft, die aus der Liebe Gottes und der Vergebung lebt. Die kreative Gestaltung des gemeindlichen Lebens wirkt anziehend wie ein Blickfang und öffnet Türen und Fenster zur Gemeinde Jesu.

Ehrung kommt vor der Bekehrung (Wolfgang Vorländer). Die traditionelle Reihenfolge sagt: Bekehre dich, dann wirst du in die Gemeinde aufgenommen. Woher aber sollen die Menschen wissen, worauf sie sich da einlassen? Sie sind sich selbst, dem Glauben und Gott entfremdet. Auf ein »Wellness-Wochenende« zur Erholung für Leib und Seele habe ich eine Physiotherapeutin aus der Stadt eingeladen. Es gab Bibelgespräche über die Ruhe Gottes, Lobpreis- und Gebetszeiten, und sie leitete die Übungen zur Entspannung. Ich werde kritisch gefragt: Bekehrt man sich auch bei Entspannungsübungen? Man nicht – aber eine Physiotherapeutin schon. Als Mitwirkende fühlte sie sich willkommen, wertgeschätzt und geehrt.

Die Beheimatung in der Gemeinde darf (muss?) – der Entfremdung und den Lebensumständen entgegenkommend – der Bekehrung vorausgehen. So bekommen unentschlossene Zweifler auch ein Heimatrecht in der Gemeinde. Sie dürfen mitarbeiten und über die Identifikation mit dem Unternehmen in den Glauben hineinwachsen. Unentschlossene Skeptiker erfahren Wertschätzung, und das mit der begründeten Hoffnung, dass sie so ihre Heimat in Christus entdecken. Das nenne ich Diakonie für fragende und suchende Menschen, die oft auf diesem Weg das Willkommensein in der Gemeinde und das Angenommensein bei Gott erleben. Es ist ein Akt der Liebe. Aber es stellt hohe Anforderungen, Zucht und Disziplin an den inneren Prozess des Gemeindelebens.

Die Gemeinde evangelisiert in ihren Glaubenskursen. Der evangelistische Auftrag umfasst den gesamten Lebensvollzug der dienenden und einladenden Gemeinde. Punktuelle evangelistische Veranstaltungen ersetzen nicht ihren einladenden Lebensstil. Der Schwerpunkt liegt bei der permanenten Evangelisation – den Glaubenskursen. Viele Vorurteile gegen die punktuelle Evangelisation dürften ihre Ursache darin haben, dass zwar evangelisiert wird, aber das tägliche Leben der Gemeinde überwiegend introvertiert verläuft und kaum neue Freunde gewonnen werden.

Deshalb zielen unsere Bemühungen im Vorhof der Gemeinde auf die Einladung zu den Glaubenskursen. Nach dem Modell der Londoner Alpha-Kurse gestrickt, werden die angerührten Menschen zu acht Abenden und einem Wochenende eingeladen. Zwei solche Glaubenskurse werden pro Jahr angeboten; sie sind immer überfüllt. Deshalb gab es einen eigenen Alpha-Kurs für Jugendliche, einen für Männer in einer Stammkneipe und zuletzt einen für Senioren an Nachmittagen. Niveauvoll gestaltet, beginnend mit einem noblen Abendessen, verhandeln wir die zentralen Fragen unseres Glaubens. In den anschließenden Gesprächsgruppen tauschen wir uns bei Getränken und Gebäck darüber aus. Aus den Kursen erwachsen die Mitarbeiter für die nächsten Kurse. Ist es verwunderlich, dass der Altersdurchschnitt auf den Kursen und in den anschließenden Hauskreisen der Gemeinde zwischen 25 und 45 Jahren liegt?

Bewegung ist unerlässlich. »Es ist ein geistliches Grundgesetz, dass wir das, was wir nicht weitergeben, selbst verlieren« (Rudolf Westerheide). Wenn die Gemeinde nicht das Wunder des Verwandeltwerdens in die größere Gemeinschaft mit denen erfährt, die noch nicht zu ihr gehören, verliert sie eo ipso die Kraft der Beheimatung in ihrem Glauben (H. Bürkle).

Eine solche Entwicklung empfängt ihren Rückenwind aus dem Gebet. Durch diese Herausforderungen wird die Gemeinde eine verschworene Mannschaft von Mitarbeitenden, die ihren Auftrag und ihre Berufung lebt. Es entstehen Aufgabenfelder, in denen die Gaben entdeckt und entfaltet werden. Die Leiter teilen die Verantwortung und trainieren die Mitarbeiter für den Dienst. Und die Familie Gottes wächst.

Strukturell sieht das so aus: In konzentrischen Kreisen bahnt sich die Gemeinde von innen nach außen einen Weg zu den Zeitgenossen. Mit den erreichten Menschen geht sie Schritte zum Zentrum unseres Glaubens. Weite Wege sind erforderlich. Im äußeren Kreis, im Vorhof der Gemeinde, suchen wir Kontaktfelder und Berührungsflächen. Sie führen in einen mittleren Kreis. Dort entstehen Freundschaften und die Gemeinschaft, die Menschen auf den Geschmack bringen. Hier wird zur Mitwirkung und zu den Glaubenskursen eingeladen. Im Inneren Kreis der Gemeinde finden die Neuen verbindliche Kleingruppen, einen Hauskreis, Bibel- und Gebetsabend, Seelsorge und Segnung. In den Gottesdiensten entsteht das Bewusstsein der Einheit, und in der Mahlfeier erleben wir das Wunder der Nähe Gottes. In persönlichen Gesprächen wächst der Glaube, die Heiligung und eine reife Persönlichkeit zum Zeugnis für diese Welt.

CLAUDIA LUNDBECK

Gemeindeaufbau im Plattenbau

1. Die Vorgeschichte

Als wir 2003 begannen, über Gemeindeaufbau im Regenstein-Wohngebiet nachzudenken, waren wir bereits drei Jahre in Blankenburg (Harz), und zwar als Pfarrerehepaar (Claudia und Axel Lundbeck) in einer Projektpfarrstelle der Evangelisch-Lutherischen Landeskirche Braunschweigs für Blankenburg und die Region tätig. Unser Auftrag war: Wir sollten nach Möglichkeiten kirchlicher Arbeit mit Nicht-Christen suchen.

Antrittsbesuche: Als erstes haben wir sehr viele Antrittsbesuche bei wichtigen Persönlichkeiten der Stadt und der Kirchgemeinde gemacht, um die Situation kennen zu lernen, Kontakte zu knüpfen, Vertrauen zu gewinnen. Drei Fragen haben uns geleitet:
1. Wie schätzt unser Gegenüber die Situation in Stadt und Land ein?
2. Welche Zukunftsperspektiven hat er/sie?
3. Wie kann sich Kirche hilfreich einbringen, und wo gibt es Möglichkeiten der Zusammenarbeit?
Dabei sind wir auf erstaunlich große Offenheit gestoßen. Bis auf wenige Ausnahmen haben sich uns alle Türen geöffnet. Mancher hat sich richtig gefreut:»Schön, dass die Kirche uns nicht vergessen hat.« Überrascht hat uns, wie viele Menschen sehr bald ihre Lebensgeschichte erzählten. Offensichtlich haben Pfarrer einen großen Vertrauensvorschuss. Dass wir aus dem Westen kommen, ist dafür vorteilhaft. So können wir unbefangen mit Leuten umgehen, die eine DDR-Vergangenheit haben, und uns die DDR erklären lassen. Wir haben aus diesen Gesprächen viel über das Leben früher und heute und über das Lebensgefühl in Blankenburg gelernt.

Präsenz in der Öffentlichkeit: Parallel dazu sind wir in die Öffentlichkeit gegangen. Neben der Präsenz in den Medien haben wir den Kontakt mit der nichtchristlichen Bevölkerung gesucht, zum Beispiel durch Beteiligung an Straßenfesten sowie an öffentlichen Empfängen und Feierstunden. Die kirchliche Präsenz auf solchen Festen war für die Blankenburger ungewohnt, aber auch hier sind wir großer Offenheit begegnet.

Wieder stellt sich die Frage, wie wir bei diesen Gelegenheiten als Christen in Erscheinung treten: Wie können wir auf einem Straßenfest durch eine kleine Aktion oder ein Spiel zum Mitmachen das Evangelium zur Sprache bringen – oder wie bei einem Grußwort einen Engel verschenken? Beim Weihnachtsmarkt haben wir ein »Wort zum Sonntag« auf der Bühne angeboten. Das ist gelungen, inzwischen werden wir bei verschiedenen Festen sogar nach Gottesdiensten auf dem Festplatz gefragt.

Offene Kirche: Das Offenhalten der Bartholomäuskirche ist ein weiterer wichtiger Baustein unserer Arbeit. Allein schon die Offene Kirche hat Menschen näher zu Glauben und Kirche gebracht. Darüber hinaus sind durch Führungen und Ausstellungen Kontakte zu Stadtführern entstanden, von denen die meisten keine kirchliche Sozialisation haben. Inzwischen haben wir einige zu Kirchen- und Klosterführern ausgebildet. Sie sind fasziniert von dem Gebäude der Kirche und seiner Botschaft. Eine besondere Freude sind Kirchenerkundungen mit Schulklassen, vor allem im Ethikunterricht. Das Gebäude löst bei den Kindern viele Fragen aus – auch nach dem Glauben der Christen.

2. Das Regen-Bogen-Stein-Fest

Durch all diese Aktivitäten hatten wir einen Bekanntheits- und Vertrautheitsgrad erreicht, der uns zum Einstieg in die Arbeit im Neubaugebiet ermutigt hat. Der Anstoß kam von Studierenden des Hermannsburger Missionsseminars nach einem Gemeindepraktikum in Blankenburg. Gemeinsam mit ihrem Dozenten, Dr. Jobst Reller, saßen wir zusammen und werteten ihre Erfahrungen aus. Im Lauf dieses intensiven Gesprächs kam die Idee zu einem gemeinsamen Projekt.
In einem längeren Beratungsprozess mit den Studierenden einerseits und einem Trägerkreis aus Mitarbeitern des Evangelisch-Lutherischen Missionswerks in Niedersachsen und den Missionarischen Diensten der Braunschweiger Landeskirche andererseits entstand das Konzept für ein missionarisches Volksfest im Neubaugebiet mit Programm für unterschiedliche Altersgruppen. 2006 fand das zweite Fest dieser Art statt.

Einbeziehung örtlicher Vereine und Gruppen: Die entscheidende Frage lautete: »Was müssen wir tun, damit die Anwohner sich eingeladen fühlen und kommen?« Und die Antwort war: »Sie einbeziehen!« So haben wir Vereine und Verbände zur Mitarbeit motiviert. Die meisten angesprochenen (nicht-kirchlichen) Gruppen waren gern bereit. Der Harzklub hat gleich Feuer gefangen und die Kaffeeecke übernommen – einschließlich Kuchenspenden. Diese Bereitschaft hängt wesentlich mit den persönlichen Kontakten zusammen, die in den ersten drei Jahren unserer Arbeit entstanden sind. Die verschiedenen Gruppen haben teils an Ständen ihre Arbeit vorgestellt, teils durch Vorführungen das Bühnenprogramm bereichert. Besonders gelungen war ein gemeinsames Konzert Blankenburger Musikgruppen, das Vorbild für andere Gelegenheiten geworden ist. Für die Gemeindeglieder war die gleichberechtigte Zusammenarbeit mit nicht-kirchlichen Gruppen eine große Herausforderung, zumal diese in der Überzahl waren.

Werbung und persönliche Einladung: Kirche wird hierzulande als Verein wahrgenommen, der sich nur an seine Mitglieder wendet. Daher fühlen sich Nicht-Christen zu kirchlichen Veranstaltungen nicht eingeladen. Beiträge in der Zeitung, besonders in Werbeblättern, und Regionalfernsehen stärken den Öffentlichkeitscharakter kirchlicher Arbeit, reichen aber als Einladung für Außenstehende nicht aus. Von den Missionaren haben wir gelernt, dass man den »Chief« gewinnen muss. Ohne ihn läuft in seinem Gebiet nichts. Also haben wir unseren Bürgermeister zum Schirmherrn gemacht. Gern ließ er sich mit Bild und Grußwort auf dem Flyer abdrucken.

Wie kommt der Flyer an den Mann und die Frau? Immer wieder wurde uns gesagt:»Ihr müsst Besuche machen und persönlich einladen.« Die Erfahrung der Antrittsbesuche bestätigte das. So haben wir mit einer großen Besuchsaktion (20 Blankenburger, 20 Besuchsdienstmitarbeiter aus der Landeskirche) das ganze Wohngebiet durchbesucht und die Menschen eingeladen.

Ein Programm, das sich an den Interessen der Zielgruppe orientiert. Beim Bühnenprogramm haben uns zwei Fragen bewegt:
1. Was ist für die Anwohner so interessant, dass sie kommen?
2. Wie kann in diesem Rahmen das Evangelium zur Sprache kommen?

Zwei gelungene Beispiele:
Erstens: Lebensgeschichten sind ein ansprechendes Thema. Das zeigen nicht nur die Talkshows im Fernsehen, das war uns auch bei den Antrittsbesuchen aufgefallen. Acht Personen haben wir gefunden, die bereit waren, von ihrer Lebensgeschichte zu erzählen – und einen Ruhestandspfarrer, der sie einfühlsam interviewt hat. Einige von ihnen waren Christen, die auch von ihrem Glauben erzählten, die anderen waren keine Christen. Dass auch sie mit ihrer Geschichte bei uns gehört und ernstgenommen wurden, war ein wichtiges Signal.

Zweitens: Gospelabend mit X-Jones, einem schwarzen US-Amerikaner. Sowohl beim Gospelabend selbst wie auch im vorbereitenden Workshop mit dem Gospelchor des Gymnasiums hat er den gottesdienstlichen Hintergrund der Gospels und ihre Spiritualität in überzeugender Weise deutlich gemacht.

Nachlese: Das Regenbogensteinfest hat öffentliches Interesse geweckt und Türen geöffnet. So hat die Leitung der Kindergärten das Gespräch über engere Zusammenarbeit gesucht: Sie hat ein Krippenspiel angeboten, das wir aus Rücksicht auf die kirchliche Kinderarbeit nicht angenommen haben – ein Fehler. Sie war an Fortbildung über kirchliche Themen interessiert. Wir haben Kontakte zu den zuständigen Stellen vermittelt – auch ein Fehler. Die Angebote dort waren »zu hoch angehängt«.

3. Churchplanting im Wohngebiet »Am Regenstein«

Das Fest sollte der Beginn kirchlicher Arbeit im Wohngebiet sein. Da kam das Churchplanting-Projekt der AMD (www.gemeinde-pflanzen.de) zum richtigen Zeitpunkt. Das Konzept und die Begleitung waren uns eine große Hilfe. Mit unserem kleinen Pflanzteam haben wir das Viertel erkundet: Zahlen, Daten, Fakten gesammelt, uns Gedanken gemacht über die Menschen, die dort wohnen – ihre Situation und ihre Bedürfnisse; und wir haben eine Vision entwickelt. Das Bibelgespräch über Nehemias Aufbau hat uns dabei begleitet und inspiriert.

Kinderstunde: Zum Regenbogensteinfest waren überraschend viele Kinder gekommen, daher wollten wir mit ihnen beginnen. Zunächst war an gelegentliche Kinderfeste gedacht, eine Art Kinderbibeltage. Dann ergab sich, dass wir einen Kellerraum in der Schule bekommen könnten – falls wir regelmäßige Angebote machen, auch zur alleinigen Nutzung. Diese Chance haben wir ergriffen und bieten jetzt wöchentliche Kinderstunden an: Bibelgeschichte, Basteln, Spielen, Singen. Inzwischen hat sich ein Stamm herausgebildet, sodass wir jede Woche mit 10 bis 15 Kindern rechnen können – kaum eins davon ist getauft. Wie lädt man die Kinder ein? Über ein Jahr lang sind wir jedes Mal mit einer selbstgebastelten Kindergottesdienstfahne über die Spielplätze gegangen, haben Eltern und Kinder angesprochen.

Elterntreff: Über die Kinder wollten wir die Eltern erreichen. So haben wir sie schon bald zum Kaffeetrinken und Kennenlernen eingeladen. Leider erfolglos. In diesem Jahr haben wir einen neuen Versuch gestartet. Diesmal haben wir die Einladung persönlich abgegeben. Neun Eltern waren da. Sie möchten sich regelmäßig treffen und austauschen, brauchen dazu aber Gesprächsimpulse.

Jugendarbeit: Dann ergab sich eine Jugendarbeit: Eine junge Frau hat nach ihrer Taufe zusammen mit zwei Freundinnen unter Anleitung des Jugenddiakons Jugendabende angeboten – zunächst monatlich, dann wöchentlich. Nach einem guten Start ließ das Interesse der Jugendli-

chen deutlich nach, bis keiner mehr kam. Wir haben uns dann entschlossen, das Projekt zu stoppen und neu zu starten, und zwar auf der
Basis einer sorgfältigen Analyse der Situation und des Bedarfs. Dazu
gehörte auch das Gespräch über das Misslingen. Wir haben uns jetzt
auf eine Zielgruppe geeinigt (11–13jährige), über ihre und unsere
Wünsche und Bedürfnisse nachgedacht und eine Vision formuliert.
Plötzlich wurde deutlich, wie es gehen kann: Eine Kreativwerkstatt
einmal im Monat mit kurzer Geschichte aus der Lebenswelt der Kinder
mit dem Ziel:»Gott macht Kinder stark«. Eine der Teamerinnen ist
Ergotherapeutin. Mit neuem Schwung und vielen Ideen ging es an die
Vorbereitung. Zwei gelungene Abende stimmen uns hoffnungsvoll.

Bibelstunde: Als uns der Keller im Schulgebäude zur Verfügung gestellt wurde, verlegten wir die Bibelstunde der Gemeinde dorthin und
erlebten plötzlich einen Zulauf. Der Weg zum Gemeindezentrum ist
für alte Menschen aus dem Wohngebiet zu weit. Die Gruppe fühlte
sich aber in den primitiven Räumlichkeiten nicht wohl und zog sich
wieder ins Gemeindezentrum zurück.

Ausblick: So ist in den gut zwei Jahren gemeindliches Leben entstanden. Die Doppelstrategie: einerseits die große Öffentlichkeit, andererseits Einzelne und Gruppen im Blick zu haben, hat sich bewährt. Für
uns waren die Churchplanting-Impulse wichtig: die Arbeit im Pflanzteam mit dem gemeinsamen Bibellesen und Beten, der Gemeindeer-
kundung, die Ermutigung durch die Begleitung. Wir sind gespannt,
was Gott daraus noch wachsen lässt, zumal die Landeskirche die Sonderpfarrstelle »Kirche am Markt« gerade um weitere sechs Jahre ver-
längert hat.

Scott A. Moore und Hauke Meinhold

3 x Vitamin B – Berufen, Beziehung, Betrauen

Das Jugendmitarbeiterprojekt 180° in Lutherstadt Eisleben (Sachsen-Anhalt)

Lutherstadt Eisleben liegt in Mitteldeutschland, in einer Gegend des ehemaligen Ostdeutschland mit einer besonders geringen christlichen Bevölkerung (geschätzt zwischen 12 % und 16 %, katholisch, evangelisch und freie Gemeinden zusammen). Viele unserer Jugendlichen und Konfirmanden kommen aus nichtchristlichen Elternhäusern. Manchmal stoßen wir auf Widerstand der Eltern, und die Konfirmanden stoßen auf Widerstand ihrer Freunde. Für unsere Jugendlichen sind die Perspektiven düster. Die Arbeitslosigkeit ist hoch, große Arbeitgeber nicht zu erwarten. Die meisten, wenn nicht alle unserer aktiven Jugendlichen werden in 10 Jahren nicht mehr in Eisleben sein. Wir sehen es als unsere Aufgabe an, junge Leute zum Dienst am Reich Gottes hier und jetzt anzuleiten, damit sie das in ihre zukünftige Heimat mitnehmen können.

180° ist ein verheißungsorientiertes, missionarisch angelegtes Jugendmitarbeiterprojekt, das seit 2003 von Hauptamtlichen und Jugendlichen gemeinsam entwickelt und 2004 von sechs Kirchengemeinden gestartet wurde. Mit dem von Jugendlichen vorgeschlagenen und abgestimmten Namen verbinden wir Gottes Möglichkeiten, Menschenleben zu verändern und umzukehren. Um die 20 Jugendmitarbeiter übernehmen Aufgaben in verschiedenen Teams der Kinder- und Jugendarbeit: Konfirmandenkurse, Kinderangebote, Bands, Organisation, Homepage. Den 20 Jugendmitarbeitern stehen etwa ebenso viele Konfirmanden gegenüber.

Im Zentrum von 180° steht die Idee, dass konfirmierte Jugendliche für und mit Jüngeren arbeiten. Diese Arbeit kann einen interessanten Raum für den Dienst der Konfirmierten schaffen und attraktiv und ansteckend sein für die, die wir zu gewinnen hoffen. Wir setzen dabei auf Events, Musik und Zeugnis, das Jugendliche für Jugendliche geben (angeleitet und ermutigt durch die drei beteiligten Hauptamtlichen).

Manchmal werden wir gefragt, wie wir die Konfirmierten und Jugendliche vom Rand der Gemeinden gewinnen können, selbst aktiv Teil der Kirche zu sein. Die Antwort ist einfach: Es gibt einige grundsätzliche Elemente, um deren Anwendung wir uns immer wieder bemühen. Diese Elemente sind: Berufung, Beziehung und Betrauen. Zwischen diesen drei Elementen gibt es keine Hierarchie, sondern eine gegenseitige

Abhängigkeit. Wenn bei diesem Dreifuß ein oder zwei Beine fehlen, kommt das Ganze aus der Balance.

Ebenso lässt sich kaum festlegen, wann welches Element dran ist. Es ist eher wie bei einem Wirbelsturm. Wenn einzelne von ihm erfasst und im Wirbelsturm ihres Lebens und des Dienstes in der Kirche herumgewirbelt werden, begegnen sie jedem der drei B's immer wieder. Der Wirbelsturm unseres Dienstes/Projektes bewegt sich und erfasst das Leben anderer in unserer Gegend. Diese Menschen werden hereingezogen

- dadurch, dass ihnen etwas zugetraut und die Möglichkeit geboten wird, sich einer verantwortungsvollen Aufgabe zu stellen,
- durch Beziehungen, die für Jugendliche besonders attraktiv und effektiv zu sein scheinen,
- und auch durch ein Gefühl, zu etwas Größerem, als man selbst ist, berufen zu sein.

Berufen

Wir glauben, dass wir mit unserer Taufe (als Kind oder Erwachsener) und während unseres ganzen Lebens berufen sind. Und wir betonen das durch Verkündigung und Gebet, durch das Lob Gottes im Gottesdienst und durch die Musik und auch, indem wir uns punktuell den Bedürfnissen Jesu unter den Schwachen zuwenden. Wir sehen dadurch intensiv auf Gott, den Schöpfer, der uns gemacht und begabt hat, der uns liebt und in den Dienst ruft.

Wir erleben, dass wir in Schwierigkeiten geraten, wenn dieser Fokus abhanden kommt. Wir müssen dann von neuem die Bedeutung der Berufung betonen. Manchmal erinnern auch die Jugendlichen selbst einander und uns Hauptamtliche, dass alles, was wir tun und sind auf Gott ausgerichtet sein soll. Das sind die schönsten Momente, wenn wir erleben, dass diese erstaunlichen Jugendlichen (und manchmal ihre Eltern) uns zu unserer ursprünglichen Berufung zurückrufen.

Als Pfarrer sprechen wir jede Konfirmandin und jeden Konfirmanden vor ihrer Konfirmation an, laden sie ein zur Mitarbeit bei 180° und sprechen davon, was wir uns für sie erhoffen. Wir suchen mit ihnen gemeinsam nach einer Aufgabe, die ihnen entspricht und die sie anzieht. Wir versichern ihnen, dass sie durch uns Hauptamtliche unterstützt und bei Bedarf weitergebildet werden. Bisher haben wir die Mehrzahl unserer Konfirmierten als Mitarbeiter begrüßen dürfen.

Wir betonen unsere Berufung zu einem Leben in christlichem Dienst und im Dienst in den Gemeinden auch durch formelle Einführung und Einsegnung der Mitarbeiter. In Gemeindegottesdiensten der jeweiligen Heimatgemeinden werden sie in den Dienst als Ehrenamtliche in der Kinder- und Jugendarbeit eingeführt bzw. gesandt. Die Einsegnung findet dann für alle gemeinsam im Rahmen des Gottesdienstes bei der jährlichen 180°-Party statt, zu der die Trägergemeinden, Eltern und Freunde eingeladen werden. Dabei werden die Mitarbeiter aus Gottes Wort ermahnt, befragt, ob sie in diesem Dienst mitarbeiten wollen, es wird für sie gebetet, und sie werden unter Handauflegung durch Pfarrer, Mitglieder der Heimatgemeinde und ältere Jugendmitarbeiter gesegnet.

Beziehung

Wir glauben, dass uns der Glaube an Jesus Christus zu einer Gemeinschaft zusammenführt. Deshalb setzen wir Hauptamtlichen bewusst Zeit und Energie dafür ein, Beziehungen zu unseren Mitarbeitern aufzubauen und zu pflegen. Das gilt natürlich auch für Jugendliche in der Umgebung, denen wir dienen und die wir erreichen wollen. Wir bemühen uns, dass die Jugendlichen erleben, wie wir auf gute Weise miteinander umgehen können.

Wir haben einige Elemente von »Peer Ministry« vermittelt in der Hoffnung, Fähigkeiten der Jugendmitarbeiter zu entwickeln oder entdecken, mit denen sie Gleichaltrige in der Schule oder während der Freizeit erreichen können. Wir bemühen uns auch, eine gastfreundliche Umgebung in unseren Räumen zu schaffen, etwa durch stimmungsvolle Beleuchtung, (natürlich nichtalkoholische) Getränke und Sitzkissen statt Stühlen.

Als Pfarrer betonen wir die Teilnahme an der Jungen Gemeinde als einer Zeit zum Auftanken in der Woche und an besonderen Veranstaltungen, aber besonders die Teilnahme am Gottesdienst in Eisleben oder anderswo. Das heißt, die Jugendlichen zu ermutigen, am Sonntagmorgen früh aufzustehen und am Gottesdienst teilzunehmen. Wir suchen auch bewusst Wege, sie im Gottesdienst aktiv werden zu lassen (Begrüßung, Lesungen, Tontechnik, Austeilung des Abendmahls, Anspiele, Dialogpredigten, besondere Musik, Kirchencafé). Seit dem Start von 180° kommen spürbar mehr Jugendliche zum Gottesdienst (obwohl die Musik selten zu ihrer Zufriedenheit ist). Sie wissen um die Bedeutung der um Christus gesammelten Gemeinschaft. Sie geben sich Mühe. Wir haben Raum für Wachstum, was ihren Gottesdienstbesuch angeht. Wir haben vor allem Bedarf für Wachstum, was die gemeindliche Akzeptanz ihrer ungewohnten Gegenwart im Gottesdienst am Sonntagmorgen betrifft. Manchmal akzeptieren Gemeindeglieder die Teilnahme der Jugendlichen nur, wenn sie etwas als Gruppe zum Gottesdienst beitragen, etwa durch Anspiel, Band oder Chor. Das ist natürlich ironisch, wenn man bedenkt, dass sehr wenige Erwachsene bereit sind, den Gottesdienst auf diese Weise zu bereichern, und dass die Aufgaben im Gottesdienst von lediglich einer Handvoll Gemein-

degliedern getragen werden. Unsere Aufgabe bleibt es, für bessere Beziehungen besonders zwischen den Jugendlichen und der »Erwachse-
nengemeinde« zu arbeiten.

Betrauen

Wir glauben, dass programmatische Arbeit als Rahmen wichtig ist, in
dem beziehungsorientierte Arbeit stattfinden kann. Programme um ihrer selbst willen oder um Jugendliche einfach zu beschäftigen, halten
wir der Mühe nicht für wert. Jedes Teilprojekt muss neue Kontakte
ermöglichen oder neue Dienstbereiche erschließen. So haben wir neue
Jugendliche gewonnen etwa durch die Bandarbeit oder durch das Ho-
mepageprojekt.
Wir denken lange nach und fragen Gott im Gebet, wie wir jeden einzelnen neukonfirmierten, neugetauften oder neugewonnenen Mitarbeiter in die Arbeit von 180° integrieren können. Wir bemühen uns, einen
Platz für jede und jeden zu finden, an dem sie ihre Begabungen einbringen können. Wir bemühen uns, auch offen dafür zu sein, wo der
Heilige Geist unsere Vorhaben durch die Gaben neuer Mitarbeiter verändert.
Besonders achten wir darauf, dass die Jugendlichen bei ihren Aufgaben mit wirklicher Verantwortung betraut werden. Unsere Überzeugung ist, dass Jugendliche nur in den Gemeinden bleiben wollen, wenn
es auf ihren speziellen Beitrag wirklich ankommt, wenn sie etwas beitragen, das nur durch sie geleistet werden kann. Die Arbeit mit jüngeren Jugendlichen bietet sich dafür besonders an.
Die Jugendmitarbeiter werden von den Gemeinden und Pfarrern mit
wichtigen Aufgaben betraut. Jugendmitarbeiter im Konfirmandenkurs
stehen durch ihr pures Engagement nach der eigenen Konfirmation
bereits für den Glauben ein. Aber wir trauen ihnen auch zu, wichtige
Impulse während der Konfizeit beizutragen. Es ist gut und wichtig,
dass sie auch ohne den Pfarrer Konfirmandenstunden leiten.
Bandmitglieder singen und sprechen von der Bühne und durch das
Mikrofon von ihrem Glauben. Das erfordert viel Mut und wird dadurch gefördert, dass Bandmusik ein Herzstück der heutigen Jugend-
kultur ist.
Wer sich zu einem solch öffentlichen Bekenntnis (noch) nicht in der
Lage fühlt, kann Aufgaben im Organisationsteam oder im Homepage-
team übernehmen. Dort ist es für neue Mitarbeiter auch leichter einzu-
steigen.
In einem zwischengemeindlichen Ausschuss mit Vertretern der Trägergemeinden, Jugendmitarbeitern aus jedem Team und den Hauptamtlichen können Jugendliche auch an den finanziellen und strukturel-
len Entscheidungen teilnehmen und so die große Richtung von 180°
mitbestimmen.

Die Hauptamtlichen versuchen, so gut wie möglich Kontakt zu den einzelnen Teams zu halten. Natürlich aber sollen die Teams Selbstbestimmung üben und lernen, sich selbst Ziele zu setzen. Manchmal müssen wir mit einem Wort der Ermutigung oder einem festen Wort der Herausforderung oder Ermahnung eingreifen, wenn wir sie zu weit von Berufung oder Beziehung abkommen sehen. Aber diese Verantwortlichkeit ist keine Einbahnstraße und passiert sicher nicht von oben nach unten. Unsere Jugendlichen sind oft in der Lage zu sagen, was sie brauchen (um nur einige Beispiele zu nennen: mehr Singen oder mehr Inhalt in der Jungen Gemeinde; andere Lieder in der Band; bessere Wege, den Glauben an die Konfirmanden weiterzugeben; Seelsorge für sich oder andere; Ideen, um Jugendliche in Eisleben zu erreichen). Manchmal arbeiten wir mehr für uns selbst als für andere. Dann sind wir wieder zu ehrgeizig und versuchen zu viel. Gelegentlich müssen wir beruflichen Mitarbeiter bremsen und allen eine Pause geben, um Burnout zu vermeiden.

Haben wir mit diesen drei B's Erfolg? Natürlich. In drei Jahren haben Menschen den Weg zu Gott gefunden und sich taufen lassen. Das kirchliche Engagement Jugendlicher ist enorm gestiegen. Wir sind als Gemeinschaft stärker. Bei größeren Veranstaltungen und durch das Forum auf der Homepage gewinnen wir Kontakte zu Konfessionslosen und zu Jugendlichen, die am Rand der christlichen Gemeinde sozialisiert sind. Die Arbeit von 180° ist unter den Jugendlichen in Eisleben gut bekannt. Natürlich hoffen wir auch auf ein stärkeres zahlenmäßiges Wachstum in der Zukunft, aber wir wissen, dass dafür Geduld nötig ist.

Berufen, Beziehung, Betrauen: Wir versuchen, das alles bei 180° zu tun. Wir erleben große Freude und Erfolg genauso wie Schmerzen und Fehlschläge. Von allem lernen wir und wachsen miteinander. Wir vertrauen dem Heiligen Geist, dass er diese Erfahrungen annimmt und segnet. Und wir beten, dass er die Jugendlichen, denen wir dienen, segnet, so dass sie ein Segen und ein geistlicher Sauerteig werden können, wo auch immer sie einmal sein werden.

HANS-MARTIN STEFFE

Der Sinnenpark – Bibel erleben in Baden

Er stand abseits, wagte sich nicht in den Ostergarten. Er war mit seiner Hauptschulklasse gekommen. Ein zwölfjähriger Muslim. »Du darfst dir das auch anschauen«, wurde er freundlich eingeladen. Er folgte seiner Gruppe. Er sah die liebevoll gestalteten Räume. Er ging die Stationen der Passion von Jesus mit und in den Raum der Auferstehung. Als alles vorüber war, blieb er noch zurück. Er gab dem Gruppenbegleiter die Hand und bedankte sich, dass er dabei sein durfte.

Der Ostergarten, das bleibende Herzstück

Auch für Muslime ist der Ostergarten, für Konfessionslose und Kirchendistanzierte, von denen vielleicht mehr an der Grenze zur Konfessionslosigkeit stehen, als wir glauben wollen, und für alle, die die altbekannte Geschichte mit allen Sinnen erfahren wollen. Die Geschichte von Jesus, seiner Hingabe, seiner Liebe zu allen Menschen, seiner Vorliebe für Kinder und Notleidende und Ausgegrenzte. Und dann von seinen letzten Tagen, seinem Einzug in Jerusalem, dem Passafest mit seinen Jüngern, das zum Abendmahl wurde, seinem Gebetskampf im Garten Getsemane, seiner Verleugnung und seinem Verrat, seiner Verurteilung und seiner Hinrichtung am Kreuz.
Der Weg führt durch das Grab – die Leintücher liegen noch da – in den bunten Raum des Osterfestes. Es gibt viel zu hören, beeindruckende Dialoge als Hörszenen, und zum Anschauen, wunderbar gemalte orientalische Plätze und Räume, wie in echt. Und dann zum Riechen und Schmecken. Grabesmoder und Auferstehungsblütenduft. Und Mazzenbrot zum Essen und Traubensaft zum Trinken. Und zum Anfassen und Greifen. Ketten, die in einem römischen Gefängnis mitgenommen werden können und am überdimensionalen, verdrehten Kreuz abgelegt werden. Und es gibt die Möglichkeit, mitzuschnippsen beim Einzugslied in Jerusalem und am Ende im Auferstehungsraum zu tanzen. Wer möchte, darf ein ermutigendes Wort bei einer der Vaterunserblüten mitnehmen oder ein Gebet aufschreiben und in einen der Körbe legen oder noch im Raum der Stille verweilen.

Leitideen

Menschen mit der Bibel erreichen, die noch wenig oder nie mit ihr in Berührung kamen, ist Ziel des *Sinnenpark – Bibel erleben!* Aber es sollen auch jene mit der Botschaft der Bibel berührt werden, die sich bisher auf Distanz hielten. Dies sind die leitenden Ideen des Projekts:

1. Die Bibel wird öffentliches Gespräch.
2. Die biblische Tradition als Teil unserer Kultur wird in Erinnerung gebracht.
3. Die Besuchenden der biblischen Sinnen- und Erlebniswelt setzen sich mit dem Gott der Bibel auseinander.
4. Alle Sinne werden angesprochen und mit einbezogen.
5. Generationenübergreifend haben Menschen gemeinsame Erlebnisse.
6. Die Sinnen- und Erlebniswelt schafft Begegnung mit Bibel und christlichem Glauben, aus der eine erstmalige oder neue Öffnung für Kirche entstehen kann.
7. Viele Menschen können im Zentrum *Sinnenpark – Bibel erleben!* mit unterschiedlichen Begabungen mitarbeiten.

Vorgeschichte

Am Anfang stand eine blumenschalengroße Vision. Die Inszenierer des Ostergartens, Annette und Lutz Barth, sahen sie in einer Kirche. Die Passions- und Ostergeschichte en miniature. Das wurde dann auch die erste Fassung des Ostergartens. Fünf Kindergärten der Evangelischen Kirchengemeinde Linkenheim stellten in fünf kleinen Holzkästen fünf Szenen von Passion und Ostern dar. Dann gab es zwei Mal für je zwei Wochen auf 300 Quadratmetern im Gemeindehaus die Stationen zum Durchgehen und Sich-Niederlassen, mit wachsender Teilnehmerzahl von zuerst 2000, dann 4000 Personen, immer doppelt so viele Kinder wie Erwachsene.
Als sich der Landesbischof für das Projekt einsetzte, erhielt es einen kräftigen Schub. Im Jahr der Bibel sollten – mit Hilfe einer halben Stelle – der Gemeindediakon Lutz Barth und seine Frau als Honorarkraft und Ehrenamtliche gleichzeitig mit vielen anderen Ehrenamtlichen für vier Wochen der Ostergarten-Beitrag der Evangelischen Landeskirche in Baden zum Jahr der Bibel werden. Fast 9.000 Menschen kamen. Der Kirchengemeinderat ließ sich sogar für eine Wiederholung im darauf folgenden Jahr gewinnen. Und es kamen wieder so viele Menschen in vier Wochen der Passions- und Osterzeit.

Verbreitung an 100 Orten in Deutschland

In Kooperation mit dem Bibellesebund erstellte das Ehepaar Barth ein Arbeitsbuch, eine CD mit Darstellung aller Szenen und eine CD mit allen Texten. Im Jahr der Bibel wurde der Ostergarten an schätzungs-weise 100 Orten in Deutschland auf unterschiedliche Weisen gebaut. Landeskirche, CVJMs, landeskirchliche Gemeinschaften und Freikir-chen haben sich den Ostergarten zu eigen gemacht. Neue Möglichkei-ten entwickelten sich. Eine Version für Jugendliche, die sich interaktiv engagieren können, eine Version für Kirchenräume mit seelsorgerli-chen Führungen von Paaren, oder eine Version, gebaut von Konfir-manden, die dann die Erwachsenen in ihren Räumen führen, sind eini-ge von vielen Möglichkeiten.

Überall wurden ähnliche Erfahrungen gemacht: Menschen, auch der Kirche sehr ferne, lassen sich ansprechen und mitnehmen, und immer wieder setzen sie sich auch mit der Botschaft der Bibel und mit dem Glauben auseinander. Selbst verfasste Gebete geben ein beredtes Zeugnis von intensiven Begegnungen mit Gott und Jesus. Zur Ausbrei-tung trugen vielfältige Berichte in den Medien bei, in Zeitschriften und Zeitungen, in Rundfunk- und Fernsehbeiträgen. Zwei Mal gehörte der Ostergarten zu den vorderen Plätzen bei den Gewinnern des Projekt-preises der Arbeitsgemeinschaft Missionarische Dienste des Diakoni-schen Werks der EKD.

Treffpunkt Jerusalem im Europa-Park Rust

Kirche muss auf dem Marktplatz präsent sein. Das ist eine missionari-sche Herausforderung. Dazu braucht man Produkte, die sich sehen las-sen können und die mit anderen Angeboten des öffentlichen Markts mithalten. Das Kollegium des Evangelischen Oberkirchenrats mit dem Landesbischof bot dem Europa-Park an, den Ostergarten in einer für die Rahmenbedingungen des EP angemessenen Weise inszenieren zu lassen. Die Führungszeiten mussten auf 20 Minuten reduziert werden. Dennoch sollte nichts von der Botschaft des Evangeliums verkürzt werden. In Kooperation mit dem Dekanat Lahr und etwa 60 Ehrenamt-lichen aus evangelischen und katholischen, aber auch freikirchlichen Gemeinden und landeskirchlichen Gemeinschaften wurde dies Projekt zweimal über jeweils sieben Wochen durchgeführt.

Fast 30.000 Besuchende in zwei Jahren haben das Gelingen der Oster-garten light Version als Treffpunkt Jerusalem bestätigt. Der *Sinnen-park – Bibel erleben!* hat dabei den Europa-Park zum Kooperations-partner gewonnen. Die Evangelische und die Katholische Kirche sind seither mit je einem Seelsorger im Europa-Park vertreten und können kirchliche Angebote machen, die zum Ambiente passen.

Gabenorientierte Mitarbeit

Für drei Jahre zunächst hat die Evangelische Landeskirche in Baden das Amt für Missionarische Dienste mit dem Vorhaben *Sinnenpark – Bibel erleben!* betraut.

Sechs weitere Träger haben die Verantwortung mit übernommen, der Kirchenbezirk Karlsruhe-Land und die beiden Kirchengemeinden Linkenheim und Hochstetten – Ort des Zentrums –, die Badische Landesbibelgesellschaft, der CVJM Baden und die Konfirmandenarbeit der Ekiba.

Ein Möbelhaus bot dafür eines seiner beiden Gebäudeteile an. Das alles hat sich als günstige und unverzichtbare Voraussetzung erwiesen. Aber der entscheidende Faktor, dass in einem halben Jahr drei Stockwerke des Möbelhauses in einen *Sinnenpark – Bibel erleben!* verwandelt wurden, waren und *sind der Schatz der 100 Ehrenamtlichen*.

Wieviele Menschen Tausende von Stunden unentgeltlich in den Aufbau des Zentrums Sinnenpark investiert haben, ist mehr als erstaunlich. Da waren Männer, die Kirche schon lange nicht mehr von innen gesehen hatten, Handwerker, Techniker, Architekten, Ingenieure. Und Frauen mit dem Geschick, Kulissen aufzubauen, Konzeptionen zu entwickeln und zu dekorieren. Und auch bei den Führungen und Bewirtungen sind vielfältige Gaben gefordert und lassen unterschiedlich begabte Menschen nach ihren Möglichkeiten Zeit investieren und dabei die Erfahrung machen, dass gemeinsam viel mehr erreicht werden kann, als jeder Einzelne es sich vorstellt.

»Ausstrahlungsstarker Begegnungsort des Glaubens«

Das Zentrum mit seinem herrlichen Dachcafé und seinen beiden großen Dachgärten erfüllt die Charakterisierung des dritten der 12 Leuchtfeuer, die in der Schrift »Kirche der Freiheit« der EKD beschrieben sind. Eine neue Inszenierung zum Weihnachtsfest ist entstanden: *Lebendige Krippe*. Auf Anhieb kamen in 12 Tagen 2000 Besucher. Vom Weihnachtsrummel unserer Zeit über den herrischen Ton beim Zelt der Römer im belagerten Juda, einem orientalischen Markt und der persönlichen Einschreibung durch einen furchterregenden römischen Soldaten führt der Weg an den anrührenden Ort vom Haus der Maria. Anmutig wird deren Berufung zur Mutter des Gottessohns geschildert. Die Hirten auf dem Feld erschreckt der Engel des Herrn. Die Besucher spüren das. An der Krippe kommen alle zur Ruhe und können eine persönliche Gabe ablegen, einen Wunsch, eine Sehnsucht, eine Angst, eine Not. Sehr berührt von der Botschaft des Weihnachtsfestes gehen Menschen nach Hause.

Das Zentrum *Sinnenpark – Bibel erleben!* ist dabei, noch ganz andere biblische Sinnenarbeit zu entwickeln und aufzunehmen. Mit dem Projekt »Werkwinkel« der Evangelischen Kirche im Rheinland werden biblische Geschichten und Bilder in selbst erstellten Räumen mit einfachen Utensilien wie Tücher, Duschstangen, Kartons, Rettungsdecken, Wäscheklammern und Lichtern entwickelt und gebaut. Die Worte der Bibel werden buchstäblich begriffen.

Belonging before believing

»Die Mitarbeit im *Sinnenpark – Bibel erleben!* hat mich wieder zu Gott zurück gebracht. Das will ich ihnen erzählen.« So begrüßte mich ein Mitarbeiter, dem ich beim Umbau eines Raums nach einer biblischen Inszenierung begegnete. Dann erzählte er mir seine erschütternde Geschichte von schweren Unglücksfällen in kurzer Zeit in seiner Familie. Und vom Abbruch seiner Beziehung zu Gott. Das Mitbauen an Räumen für biblische Geschichten aber habe ihn ganz neu auf Gott und seine Geschichte mit uns Menschen gebracht. Da sei der Glaube neu entstanden und das Vertrauen in den Gott, den er in vielem nicht verstehe und zu dem er dennoch wieder bete.

Beim *Sinnenpark – Bibel erleben!* darf man einfach dabei sein und mitmachen. Bis auf das Führen von Gruppen ist es nicht so wichtig, ob man die Sache mit dem Glauben schon verstanden hat, und selbst beim Führen von Gruppen entsteht nochmals eine neue Tiefe. Auf dem Weg des Dazugehörens zur Familie des Sinnenparks entdeckt man gemeinsam, was zum Glauben ermutigt, Jesus Christus selbst.

Gerhard Weber

»Der Herr ist mein Hirt – und mein Wirt«

Heute muss mehr denn je betont werden, dass niederschwellig nicht mit herabgesetzten Preisen oder gar der derzeit so beliebten Anbiederung zur Schnäppchenjagd zu verwechseln ist. Vielmehr geht es darum, Angebote zu unterbreiten, die ohne eine hohe Begegnungsschwelle wahrzunehmen sind.

Auch in der verbalen und nonverbalen Weitergabe des Evangeliums müssen wir uns gelegentlich darüber Rechenschaft geben, wie diese unverkrampft und auf Augenhöhe mit der gewünschten Zielgruppe möglich ist. Es ist unbestritten, dass die »Zugangsdaten« zu einem Menschen immer wieder ein Geschenk des Heiligen Geistes sind. Es ist aber genau so unbestritten, dass derselbe Heilige Geist uns nicht aus der Pflicht nimmt, uns persönlich um die Menschen, die wir erreichen möchten – und ihre Lebenswelten –, zu bemühen.

Auf dieser Ebene ist ein alter Leitsatz von Dale Carnegie (»Wie man Freunde gewinnt«, Scherz-Verlag, Erstauflage 1936!) noch immer hoch aktuell: *»Der direkte Weg zum Herzen eines Menschen führt über jene Dinge, die dem betreffenden Menschen besonders am Herzen liegen.«*

Als Mitarbeiter der christlichen Kneipe KREUZ & QUER in Landau/Pfalz versuche ich, unsere Arbeit mit konfessionslosen Gästen und mit solchen Gästen, die zwar einer Konfession angehören, aber in dieser nicht (mehr) zuhause sind, zu beschreiben. Dass auch Insider zu unserem Gästekreis gehören, ist selbstverständlich.

Wir sind ein überkonfessionelles Projekt, getragen von zehn unterschiedlichen Kirchen, Freikirchen, Gruppen und Vereinen mit christlich-sozialer Zielsetzung. Diese Vielfalt trägt, ganz nebenbei, auch zur Glaubwürdigkeit der christlichen Gemeinde vor Ort bei. Vorab muss gesagt werden, dass unsere Konzeption einerseits einen deutlich missionarisch-seelsorgerlichen Akzent setzt und andererseits einen unverkennbar sozial-diakonischen, der hier aber weniger ausführlich beschrieben wird.

Zu einer niedrigen Eingangsschwelle verhilft uns unzweifelhaft ein ausgewähltes wöchentliches Kleinkunstprogramm mit einer bewusst bunten Vielfalt. Hier findet ein breites säkulares Angebot Platz, u.a. mit Jazz, Blues, Kabarett und Lesungen mit leisen Tönen, genau so natürlich wie dezidiert christliche Angebote mit entsprechenden Liedermachern und Gruppen. KREUZ & QUER ist nach nunmehr sieben Jahren in unserer, von einem gewissen Bildungsbürgertum geprägten, Kleinstadt zu einem anerkannten Treffpunkt für Kunst, Kultur und gute Unterhaltung geworden. Über regelmäßig wechselnde Bildausstellungen, die jeweils mit einer entsprechenden Vernissage eröffnet werden, erleichtern wir einem weiteren Publikumskreis den Zugang zu unserer christlichen Kneipe.

Zusätzlich waren wir von Anfang an bemüht, auch ein ansprechendes kulinarisches Angebot zu unterbreiten. Mittlerweile ist unsere Küche ein Geheimtipp für alle, die Frisches und Gutes preiswert genießen wollen. Besonders junge Familien, deren Budget in aller Regel begrenzt ist, nehmen dies Angebot gern in Anspruch. Dass wir außerdem einen rauchfreien Gastraum bieten – für Raucher gibt es ein eigenes Nebenzimmer – mit Spiel- und Leseecke für die Kinder, erhöht unsere Attraktivität.

Für Gruppen ab 25 Personen bieten wir darüber hinaus ein Vier-Gänge-Bibel-Menü, mit biblischen Köstlichkeiten, biblischen und unterhaltsamen Lesungen und guter Live-Musik. Ein Programm von etwa zweieinhalb Stunden. Alle Angebote haben ihren besonderen Wert in sich. Sie dienen aber auch als Werbeträger für unsere missionarisch-seelsorgerlichen Schwerpunkte und bilden somit die nötigen Rahmenbedingungen.

Wenn dem ehrenamtlichen Team zu allem noch erfahrbare Gastfreundschaft gelingt, mit freundlicher und aufmerksamer Begleitung der Gäste, dann ist damit schon ein wichtiger Türöffner zur Liebe und Gastfreundschaft Gottes selbst gegeben.

Grundsätzlich gilt, dass christliche Cafés und Kneipen noch stärker als rein säkular und ökonomisch interessierte Lokale auf Vertrauen bildende Maßnahmen angewiesen sind. Die Klassifizierung *christlich* stellt lediglich für Insider einen gewissen Vertrauensbonus dar. Bei Gästen, dic in ihrer Konfession nicht mehr Zuhause sind und gelebten, persönlichen Glauben nicht kennen, muss das Vertrauen erst gewonnen werden.

Die Tatsache, dass wir in unseren Räumen, über den *normalen* Gästekreis hinaus, ein monatliches »Trauercafé« mit über 20 Personen beherbergen – alles Frauen und Männer, die in den letzten Jahren ihren Partner, ihre Partnerin oder ein Kind durch Tod verloren haben –, ebenso einen wöchentlichen offenen Gesprächskreis Sucht und Abhängigkeit, mit z.Zt. etwa 40 Besucherinnen und Besuchern, bietet uns zahlreiche seelsorgerlich-missionarische Anknüpfungspunkte. So wissen wir aus einer anonymen Umfrage unter den beiden genannten Personengruppen, dass viele von ihnen ausschließlich einen Gottesdienst besuchen, nämlich unseren Glauben weckend ausgerichteten *Brunch-*

gottesdienst für Langschläfer, den wir vier Mal im Jahr um 11.30 Uhr in der Kneipe feiern.

Inzwischen vermeiden wir es fast, für dies Gottesdienstangebot zu werben, weil wir mit etwa 90 Besucherinnen und Besuchern, platziert an Tischen für den sich anschließenden Brunch, beinahe an unsere Grenzen gekommen sind. Aber es ist für uns natürlich eine große Freude, wenn es beim Gottesdienst heißt: Wegen Überfüllung geschlossen. Mehrere Einzelpersonen und Paare aus diesem Gästekreis haben sich in den letzten beiden Jahren einer der an unserem Projekt beteiligten christlichen Gemeinden angeschlossen. Außerdem konnten wir über diese Gottesdienste auch einige neue Mitarbeiterinnen und Mitarbeiter für unser Projekt gewinnen.

Aus der Beobachtung heraus, dass derzeit zahlreiche Menschen in unserer Gesellschaft stark verunsichert und auch verängstigt sind, habe ich in unserem Gewölbekeller vor gut einem Jahr ein neues Angebot angesiedelt: *Musikalische Nachtgedanken – unser Wort zum Montag*. Einmal im Monat, Sonntagabend um 21 Uhr, bieten wir ein etwa 20-minütiges Programm mit guter Live-Musik (Piano, Gitarre, Flöte …) und ermutigenden geistlichen Worten für die neue Woche. Auch hier haben wir inzwischen einen guten Zuspruch zu verzeichnen – gerade von Gästen, die keine Gemeindeanbindung haben.

Aus den *Brunchgottesdiensten* und *unserem Wort zum Montag* ist mittlerweile eine zum Teil sehr rege Chat- und Mailkommunikation erwachsen, eine Form der Internetseelsorge. Gäste machen von diesem niederschwelligen Angebot gern Gebrauch. Schreiben entlastet die Seele und tut ihr gut – und das Ganze auch noch relativ anonym, ohne Namennennung.

Hier sehe ich eine Chance für die christlichen Kirchen, mit den Menschen in einen Chatkontakt zu kommen, die wir mit Veranstaltungen und festgelegten Sprechzeiten kaum oder nur sehr selten abholen können. Die Chance liegt in der Paradoxie: Seelsorge, die sich eben nicht durch eine gewohnte Nähe auszeichnet, sondern gerade durch eine besondere Distanz, die das Medium Internet mit sich bringt.

Für die nonverbale Weitergabe des Evangeliums haben wir in KREUZ & QUER einmal das nicht vom Gastraum einsehbare Foyer, in dem wir Neue Testamente und Bibeln zum Mitnehmen auslegen. Nachschub ist ständig erforderlich. Weil diese missionarische Möglichkeit aber auch recht kostenintensiv ist, sind wir dankbar, hierfür einen Sponsor gefunden zu haben.

Zum anderen gehen alle unsere Gäste beim Betreten und Verlassen des Lokals an einer flexiblen Pinnwand vorbei. *Denk-Mal* haben wir diese augenfällige Fläche genannt. Sie wird etwa alle sechs Wochen mit einem wechselnden Bild und einem missionarischen Textimpuls versehen – Lesezeit: eine halbe Minute. Wir beobachten, dass dieser Impuls häufig zur Kenntnis genommen wird. Immer wieder fragen Gäste nach einer Kopie des jeweiligen Kurztextes.

Abgerundet, und letztlich auch eingebunden, wird unser missionarisches Angebot durch Glaubenskurse, die wir etwa alle zwei Jahre an unseren Ruhetagen (Montag und Dienstag) für Gäste, aber auch für neue Mitarbeiter/innen, anbieten. Hier wechseln wir zwischen »Christ werden – Christ bleiben« und dem »Alpha-Kurs«. Etwa 25 Personen haben an dem letzten Kurs teilgenommen. Bei diesen Kursen sind Mitarbeiter/innen aus den am Projekt beteiligten Gemeinden eingebunden. Somit bleiben am Glauben interessierte Gäste nicht im Regen stehen, sondern haben Ansprechpartner/innen und können über diese in einem bestehenden Kreis eine geistliche Heimat finden. »Verteilungskämpfe« gab es bisher nicht.

Es ist mein großer Wunsch, dass Kirche auch in Zukunft durch solche zentralen Begegnungs- und Erlebnisorte gesellschaftlich präsent bleibt. Dass sie auch – trotz knapper gewordener Finanzmittel – in innovative und nachhaltige missionarisch-seelsorgerliche Einrichtungen investiert – etwa in die einer christlichen Kneipe auf dem säkularen Markt. Die in KREUZ & QUER gemachten Erfahrungen zeigen mir immer wieder, dass wir hier über ein niederschwelliges vielfältiges Angebot – *alles unter einem Dach* – auch solche Menschen mit dem Evangelium ansprechen können, die wir mit konventionellen kirchlichen Angeboten kaum noch erreichen.

Das Neue Testament, Urkunde für flexibles missionarisches Handeln, betont an zahlreichen Stellen, dass unser Gott ein hingehender Gott ist, der sich in Jesus Christus immer unters »Volk« mischt. Er ist dort helfend und korrigierend anzutreffen, wo die Menschen sind. Deswegen gehören für uns die Aufgaben, die in christlichen Kneipen und Cafés wahrgenommen werden, notwendig und ergänzend zur Arbeit der Parochialgemeinde, genuin zum zeitgemäßen Auftrag der Kirche Jesu Christi.

Johannes Weth

Gemeinde pflanzen für konfessionslose und konfessionsvergessene Menschen

Das Sommerhotel Habicht in Düsseldorf

1. Das Inkarnationsprinzip als Grundlage eines Gemeindeaufbaus für Konfessionslose

Gemeindeaufbau für Konfessionslose entsteht nicht in klassischer Manier als Gemeindeaufbau in konzentrischen Bahnen um eine aktive Kerngemeinde. Denn Konfessionslose sind eben nicht Kirchendistanzierte, die durch eine erhöhte Attraktivität der Gemeinde mehr und mehr in ihren Bann und Schoß zurückgewonnen werden können. Konfessionslosen Menschen muss das Evangelium neu und ursprünglich in seiner Relevanz begegnen.

Die Gestalt einer Gemeinde, die in erster Linie Gemeinde für konfessionslose und konfessionsvergessene[1] Menschen sein will, ist daher nicht einfach die bekannte und bereits verfasste Kirche, sondern eine Kirche, die ihre Form erst bei den Menschen entdeckt, eine Kirche, deren konkrete Form als Akt der immer neuen Inkarnation unseres Gottes entsteht. Daher spreche ich in diesem Kontext eher von Gemeindepflanzung als von Gemeindeaufbau, weil in diesem Begriff und dem damit verbundenen missionarischen Ansatz das biblische Prinzip der Inkarnation besser zum Ausdruck kommt: »Wenn das Weizenkorn nicht in die Erde fällt und erstirbt, bleibt es allein; wenn es aber erstirbt, bringt es viel Frucht« (Joh 12,24).

Eine Kirche, die mit ihrer Botschaft bei den »Fremden« in ihrer Nachbarschaft ankommen will, kommt nicht als Bollwerk daher, das sich seine Umwelt einverleibt, sondern als zarter Samen, der mit seiner neuen Umgebung verwächst und mit ihrer Hilfe zur Blüte kommt. Diese Kirche ist zärtlich und manchmal ängstlich und einsam, aber sie hat die Erfahrung des Evangeliums nicht nur geschichtlich hinter sich, sondern immer neu auch als reale Erfahrung auf ihrem Weg vor sich.

Als biblisches Leitmotiv und methodische Anregung für das im Folgenden beschriebene praktische Projekt einer Gemeindepflanzung für konfessionslose und konfessionsvergessene Menschen diente der Text

---

[1] Mit Konfessionsvergessenen sind im Folgenden solche Menschen gemeint, denen ihre Konfession nicht oder kaum bewusst ist, obwohl sie Mitglieder einer Kirche sind. Sie sind zu von Kirchendistanzierten unterscheiden, für die die Mitgliedschaft noch eine Bedeutung für ihre Erreichbarkeit hat.

von der Aussendung der Jünger nach Matthäus 10. Jesus sendet hier seine Jünger in die Abhängigkeit der Menschen, denen sie das Evangelium vom kommenden Reich Gottes bringen. Wenn diese sie nicht aufnehmen werden, werden sie keine Heimat haben. Wenn diese sie nicht versorgen, bleiben sie hungrig. Wo sie aber aufgenommen werden, können sie den Segen und die Geistesgaben ausschütten. Gemeinde, die aus solcher Begegnung entsteht, hat kein Gefälle von Wissenden zu Nachzüglern, sondern entsteht im gegenseitigen Segnen und der darin beschlossenen Erfahrung der Ankunft Gottes in unserem Leben.

2. Eine Gemeinde ist wie ein Hotel – Praktische Erfahrungen im Sommerhotel Habicht in Düsseldorf

Wenn Ihre Gemeinde ein Hotel wäre, wie viele Sterne würden Sie ihr geben? Unsere Gemeinde ist ein Hotel, das »Sommerhotel Habicht«. Am Anfang stand der Wunsch, in einem Bezirk unserer Stadt Düsseldorf Gemeindearbeit zu machen, in dem sonst von kirchlicher Seite nur noch diakonisch-karitative Versorgung auf dem Programm stand. Ein klassischer sozialer Brennpunkt mit hohem Anteil an ausländischen Mitbürgern, Alleinerziehenden und Sozialhilfeempfängern. Eine Siedlung, die auch die Stadt scheinbar aufgegeben hat, und in die kaum einer freiwillig umzieht. Aber – und das gilt wahrscheinlich für alle so genannten »sozial schwachen« Stadtteile – eine Siedlung unterschiedlicher Menschen, die voller Sehnsucht nach gemeinsamem und erfülltem Leben sind.

Mitten in dieser Siedlung steht ein Ladenlokal. Vermietet wird es als Künstleratelier. Ein kleines einstöckiges Haus mit riesigen Fenstern, liebevoll eingequetscht von zwei Mehrfamilienhäusern. Im Jahr 1999 siedelten wir uns hier mit einigen christlichen Künstlern an, die ihr Leben und ihre Kunst mit den Menschen der Siedlung teilen wollten.

So stand die Tür des Ladenlokals plötzlich offen. Und herein kamen zunächst – ohne Hemmungen – die Kinder und nach und nach – sehr viel zögerlicher – die erwachsenen Nachbarn aus der Siedlung. Weil die Leute wussten, dass wir nicht viel hatten, brachten sie oft von dem, was sie gekocht hatten, um dann beim gemeinsamen Essen ins Erzählen über die großen Fragen zu kommen.

Eines Tages wurde aus dem Künstleratelier ein kleiner Gemeinderaum. Im Juni 2000 luden wir erstmals einige befreundete Christen und andere Interessierte verschiedenen Alters an einem Sonntagabend zu AimA, der »Andacht im Atelier«. Seit dieser Zeit findet bis heute jede Woche AimA in der Siedlung statt. AimA ist ein Gottesdienst in kleinem Kreis, aber mit lautem, bewegtem und fröhlichem Gesang und Raum für persönliche Anliegen. Durch die großen vorhanglosen Fenster kann man AimA von der Straße aus gut beobachten.

Die Atmosphäre wirkte von Anfang an herzlich und einladend. Trotzdem blieben die Erwachsenen aus der Siedlung den Gottesdiensten
lange fern. Eines Abends sprach mich in der Kneipe um die Ecke der
Wirt an:»Die Leute haben ein bisschen Angst vor dir, weil ihr da
Sonntag abends immer so okkulte Sachen macht – mit Kerzen und so
…« Wer religiöse Feiern eher aus der Bild-Zeitung als aus der Kirche
kennt, kommt schnell auf solche Ideen, wenn der Gottesdienst plötzlich im Ladenlokal um die Ecke stattfindet. Diese Hemmschwelle
konnten wir erst überwinden, als das Ladenlokal zum Sechs-Sterne-
Hotel wurde.

Im Sommer 2001 wurde das Atelier in der Habichtstraße zum Hotel
der Siedlung. Das »Sommerhotel Habicht« war zunächst ein vier-
wöchiges Kinderferienprogramm, zu dem alle Kinder der Siedlung
eingeladen wurden. Viele von ihnen hatten keine Gelegenheit, in einen
Sommerurlaub mit ihrer Familie zu fahren, so stand für uns als ihre
neuen Freunde aus dem Künstleratelier fest: Was hier fehlt, ist ein Luxushotel, ein Ort, an dem man mitten in unserer Siedlung das Leben in
vollen Zügen genießen kann. Eben wie im Urlaub, ein Ort, an dem
man geehrter Gast ist und sich dabei zuhause fühlt wie nie.

Als die Kinder das Ladenlokal am Anfang der Ferien betraten, war es
noch von einem Bauzaun umgeben. Wir teilten ihnen mit, dass das Hotel leider vor ihrer Ankunft noch nicht fertig geworden sei und dass sie
daher selbst gefordert wären, ein Hotel nach ihren eigenen Vorstellungen daraus zu schaffen. Die Kinder haben unser kleines Ladenlokal
komplett auf den Kopf gestellt. Innerhalb von vier Wochen machten
sie aus unserem schmucklosen und baufälligen Gebäude ein Sechs-
Sterne-Luxushotel, das »Sommerhotel Habicht«. Sie machten Skizzen
und Entwürfe, gestalteten die Außenfassade mit großem Hotelschild,
bauten Möbel, färbten Vorhänge und bereiteten ein komplettes Anima-
tionsprogramm für das Hotel-Eröffnungsfest vor. Bürgermeister und
Bild-Zeitung wurden eingeladen, die Zeitung kam und berichtete vom
fehlenden Bürgermeister und den jungen Hotelmanagern.

Weil die Erwachsenen sahen, dass die Kinder etwas geleistet hatten,
was keiner für möglich gehalten hatte, gaben auch sie ihre Distanz auf,
teilten das Vertrauen ihrer Kinder in uns, und viele wurden regelmäßige Hotelgäste. Bald war ihnen klar, dass im Mittelpunkt des Sommer-
hotels AimA steht, unsere sonntägliche Andacht. So wurde unser gemeinsames Gottesdienst-Feiern mehr und mehr durch Leute geprägt,
die jenseits von besonderer kirchlicher Vorprägung die Kraft des
Evangeliums entdeckten und gemeinsam eine ganz eigenständige
Form von Gemeinde schufen.

Viele kleine und große Programme folgten. Über Musicals und Ferien-
programme bis hin zu regelmäßigen Veranstaltungen wie Kids.go.Gott,
unserem Kindergottesdienst und Eat&Praise, unserem familiären Abend
mit gemeinsamem Essen und Singen.

Eine lange Geschichte, die alle, die sie erlebt haben, sehr verändert hat. Vieles lässt sich in der Kürze nicht wiedergeben, aber vielleicht ist deutlich geworden, wie sehr die Form und Methodik letztlich nicht vorher geplant waren, sondern durch das Aufeinandertreffen von Christen entstanden sind, die Gott in den Häusern suchen, und Menschen, die sie aufnehmen, als würde Gott bei ihnen ankommen.

3. Die sechs Sterne des Sommerhotel Habicht

Was macht das Herz einer solchen Arbeit aus? Welche leitenden Werte und Kriterien gibt es, an denen sich die Arbeit immer wieder orientieren kann? Im Sommerhotel Habicht haben wir sechs Grunddimensionen entdeckt.

3.1 *Verzauberung – Gleichnisse des Evangeliums inszenieren*

Je mehr das Evangelium erlebt wird, desto mehr wird es verstanden. Jesus redet in Gleichnissen und handelt mit Wundern. In ähnlicher Weise können auch wir die äußere Gestalt unserer Botschaft zum Gleichnis für ihren Inhalt werden lassen. Ein Luxushotel voller Lebensfreude in einer vernachlässigten Siedlung ist wie ein Gleichnis für die außerordentliche Heimat, die wir mitten im Leben bei Gott finden.

3.2 *Werden wie die Kinder – Kinder als Schlüssel zum Gemeindeaufbau*

Kinder sind neugierig und schonungslos ehrlich. Mit Kindern kann man neue Wege gehen, weil ihre eigenen Wege noch nicht eingefahren sind. Und Kinder tragen Begeisterung in viele Häuser. Während in der klassischen Gemeinde Eltern die Kinder mitbringen, bringt in der missionarischen Gemeinde jenseits konfessioneller Prägung das Kind seine Eltern mit.

3.3 *Neugier und Risikobereitschaft – Die Sehnsucht nach dem fremden Nachbarn*

Gott liebt jeden Menschen um uns herum mit der gleichen Intensität wie uns. Wer sich jeden Tag daran erinnert, dass diese fremde Nachbarin in Gott eigentlich meine Schwester ist und dieser Nachbar mein Bruder, der mir noch fremd ist, der wird neugierig und überwindet die eigenen kleinen Grenzen, die nicht Gottes Grenzen sind. Reich-Gottes-Gemeinde endet nicht da, wo das Zusammengehörigkeitsgefühl abnimmt. Sie lebt dort neu auf, wo ich Gott im Fremden entdecke.

3.4 *Großzügigkeit leben und annehmen – Das Leben feiern wie Ostern*

Im Sommerhotel gibt es immer wenig Mittel, weil alles von Spenden lebt. Daher geben wir alles, was wir haben, damit Gott es umso mehr vermehren kann. Die Gastfreundschaft und Großzügigkeit unseres Hauses ist keine Dekadenz, sondern geteilte Freude an Gottes großzügiger Gnade und Liebe. Jesus ist nicht sparsam, zwölf Körbe voll Brot und Fischen bleiben bei der Speisung der 5000 übrig, und das teure Salböl nimmt er gern an. So ist Gnade, großzügig, wenn man sie gibt, und verschwenderisch, wenn man sie empfängt. So gilt dann auch: Im Mangel liegt eine Kraft und nicht zuerst ein Problem, da er zum Beschenktwerden zwingt.

3.5 *Groß und Klein / Innen und Außen sind eins – Mikro- und Makrokosmos bedingen sich*

Die geduldige und selbstvergessene Fürsorge für einen einzelnen Menschen und die Umwälzung eines ganzen Stadtteils, der Rückzug ins Gebet und die öffentliche Verkündigung, das Sorgen für die eigene Kraft und die Diakonie am anderen sind für uns gleichwertige Aufgaben. Das Reich Gottes kann sich im Großen wie im Kleinen, im Außen wie im Innen im gleichen Maß ereignen, und beides kann in der Geschichte des Reiches Gottes die gleiche Kraft entfalten. Es wäre falsch, sich zur Steigerung vordergründiger Effizienz vom Kleinen wegbringen zu lassen.

3.6 *Zukunft ermöglichen – Diakonie und Mission in einem Haus*

Heil und Heilung gehören zusammen. Menschen in ärmeren Kontexten brauchen Gott nicht weniger, weil sie mehr Brot und Medikamente brauchen. Gott ist das Schönste, was wir teilen können, auch im Raum unserer diakonischen Arbeit. Die Ausstrahlungskraft unserer Gemeinde für Menschen, die keine kirchliche Bindung mehr haben, entscheidet sich daran, ob beides bei uns zu finden ist: Heil und Heilung.

CHRISTINE RÖSCH

Ein Dank zum Abschied

Für Hartmut Bärend

Lieber Hartmut,

Du bist es wert, dass ich in so halböffentlichen Zeilen einer Festschrift
ganz und gar nicht mit der Allgemeinheit fachsimpeln werde. Ich werde Dich anreden – besser: mit Dir gedanklich im Austausch sein. Das
ist angemessen für persönliche Dankeszeilen, die dieses Mal viel üppi-
ger sein müssen als das begrenzte Format einer üblichen »Glück- und
Segenswunschkarte«. Und vielleicht auch noch ein wenig bunter als
die Ideenvorgaben Deiner Mitarbeiter. Sie schlagen zum Beispiel vor,
nach Modellen und Projekten Ausschau zu halten, die die Weitergabe
des Glaubens ermöglichen. Sofern gefunden, sind sie von den Beiträ-
gern zu dokumentieren und zu kommentieren. Obendrein sollten sie
auch Nachahmungswilligkeit entfachen.
Ich aber schaue mich so gern nach Menschen um: nach ihren Affinitä-
ten, ihrem Übermut, der Gebrechlichkeit ihrer Nächstenliebe, ihrer
Hingabe, der Ernsthaftigkeit und Schwerelosigkeit ihres Glaubens,
nach ihrem missionarischen Eifer und ihrer bezaubernden Gelassenheit
– alles zu Gunsten der Konfessionslosen. Allemal lohnend ist es auch,
Dich vor Augen zu haben. Ich sehe Dein Gesicht mit den markanten
Augen, Deinen aufrechten Körper, der die Geisteshaltung verdeutlicht.
Dir gegenüber muss sich niemand klein fühlen. Du lässt andere Menschen, egal, ob große oder kleine, ebenfalls aufrecht dastehen. Ob das
immer so war? Ich werde mir aus Deinen Jugendjahren erzählen lassen,
nicht nur wes Geistes Kind Du warst, sondern auch, wessen Suppe Du
auslöffeln musstest und was Du Dir selbst so alles eingebrockt hast!?
Einen kleinen Seitenschlag zur Harmonie hast Du heute im Sakko. Du
rückst der Abgeklärtheits-Ära näher und wirst wohl in Deiner Recht-
sprechung versöhnlicher?
Ich bin unschlüssig: Bist Du mehr Anwalt oder mehr Verteidiger?
Oder gibt es da den guten Richter in dir? Du bist der Dritte in einer
Konfliktsache zwischen zwei Menschen oder Gruppen. Die Angelegenheit ist Dir wichtig, selbst wenn es ganz und gar nicht um Dich
geht. Aber Du richtest nicht im herkömmlichen Sinn: Was richtig oder
falsch ist, brauchst Du nicht zu verkünden. Du erkennst, wer sich mehr
Recht auf Leben nimmt als der andere – und da greifst Du ein. *Der*

Schutz des Rechts auf eine eigenständige Zu- oder Abwendung vom Glauben ist viel mehr als Präambeltext – es ist Grundvoraussetzung für Liebe zu Konfessionslosen (oder konfessionell Verirrten).

Macht Dir die Kampfeslust eigentlich manchmal einen Knoten ins Taschentuch? Oder sind Seriosität und Solidität bei Männern Deines Formats vorrangig in der Seelenkleiderordnung?
Ob es Dich jemals geärgert hat, dass einem die besten und vor allem schlagkräftigsten Argumente für Gegner immer erst auf dem Heimweg, im Wartezimmer oder in der Badewanne einfallen? Ärgerlich! Sparst Du Dir auch manchmal feurige Dialoge und Streitgespräche auf wie ich? Nein, schätze ich. Wenn, dann sagst Du es gleich – gleichwohl wohlgeordnet. Und ich habe bei Dir noch nicht erleben müssen, dass eine alte Rechnung zu bezahlen wäre oder vergilbte Gerichtsakten wieder hervorgeholt werden. Das passt nicht zu Dir und Deiner charmanten und zugewandten Art. Und doch bist Du ein Kämpfer – besonders, wenn Vergessenes ans Licht gehört. Wenn das Image wichtiger als das Wesen ist, weckst Du die unbequeme Wahrheit aus dem Schlummerkissen, ziehst ihr den Mantel der Barmherzigkeit an und begleitest sie aufs Schlachtfeld. *Der faire Glaubenskämpfer stellt dem Konfessionslosen die eigene Waffenrüstung zur Verfügung.*

Und dann bist Du auch noch ein vorbildlicher Lehrer: Ganz allgemein ist ein Lehrer ja jemand, der Unwissenden Kenntnisse vermittelt. Und ganz speziell ist ein guter Lehrer jemand, der mit Beispielen Schule macht. Deine Predigten und Vorträge waren immer beispielhaft. In gewisser Weise bist Du auch geistlich gesehen ein »guter Unterhalter«, denn Rhetorik und Homiletik sind der Fundus Deiner Wissensvermittlung. Und die von Dir durch- und vorgelebten Beispiele sind die Bestätigung für die Machbarkeit Deiner geistlichen Rede.
Du hast im Kürprogramm das Fach »missionarische Cleverness« anzubieten. Man sieht Dir Lebendigkeit und Lebenslust an, ebenso wie eine Leidenschaft, die den Schmerz nicht dauerhaft verdrängt. Gerade deshalb möchte man bei Dir in die Schule gehen. Du wirst sicher als geistlicher Lehrmeister noch viele neutestamentliche Kommentare schreiben, die uns entzücken werden. Aber noch mehr wünsch ich Dir, dass Dein Leben von konfessionslosen Freunden an Deiner Seite kommentiert wird. *Die Bereitschaft, das geglückte und auch das fruchtlose eigene Leben von anderen kommentieren zu lassen, ist die eleganteste Form einer partnerschaftlichen missionarischen Einladung.*

Mein letzter Titel für Dich wird Dir auf den ersten Blick gar nicht gefallen, aber zum Glück bist Du auch »der unzufriedene Visionär« oder auch ein »christlicher Hellseher«.

Ohne dass Dein »noch lange nicht am Ende sein« je Ungeduld oder gar Ungnade hatte, bist Du ein wirklich beweglicher Mann. Selbst dann noch, als Dich im vergangenen Jahr Deine Bandscheibe beeinträchtigte und Dich einige Male tapfer, aber doch gezeichnet, aussehen ließ. Du hast selbstverständlich die Contenance gewahrt – sitzend und doch über den Misslichkeiten stehend, hast Du unverzagt gepredigt. Wie oft habe ich unzufriedene Menschen aushalten müssen, die vor allem mit sich und ihrem unmittelbaren Leben unzufrieden waren. Ihnen war jede Spur von Vision verloren gegangen. Aber da gab es auch etliche, die Unzufriedenheit im Blut hatten mit dem Rhesusfaktor Verträglichkeit. Sie haben mich animiert, mehr zu hoffen, anders zu glauben, mit kleingeistiger mittelklassiger Erwartung nicht zufrieden zu sein. Sie haben es »Reich-Gottes-Erwartung« genannt. Sie konnten Hell(es)sehen und sahen zu, dass Konfessionslosen die Augen aufgingen. Sie konnten hören, was es über die Zukunft zu sagen gab, und gaben dem Verstummten ihr Jawort – und das aus heiliger Ungeduld schon jetzt und hier.

»Der Glaube hört mehr, als die Dinge aus sich heraus sagen, denn er hört auf die Verheißung Gottes und was sie von der Wirklichkeit sagt: dass die Welt eine Werdewelt ist. Und eben darum begnügt er sich nicht mit dem geschlossenen Horizont der Realität.«[1]

Von diesem »Sich-nicht-begnügen-Wollen« bist Du auch gezeichnet, Hartmut. Du unzufriedener Visionär, der Ausschau hält nach dem gangbaren Weg mit den Wegzeichen der WERDEWELT auf den Erwartungsstraßen des Reiches Gottes. *Auf die vorläufige Unsichtbarkeit manches geistlichen Wachstums den Blick zu heften, ist die eigentliche Sehstärke der missionarischen Visionäre und Hellseher.*

Es bleibt, Dir für Dein Sein und Wesen zu danken, für Dein Wirken und Versagen, für die Schmerzen und die Schönheit Deiner Arbeitsjahre. Es bleibt, Dir zu wünschen, dass Etliches so bleibt und anderes schöner wird. Es bleibt, Dich immer wieder zu segnen – bis der Himmelsstürmer in Dir die Bodenhaftung verlieren darf.

Deine Christine Rösch

Eisenach, den 28.2.2007

---

[1] *Ernst Lange*, Die verbesserliche Welt, Stuttgart/Berlin 1968, 66.

Autoren und Herausgeber

Hartmut Bärend, Jg. 1942, Pfarrer i.R., bis 2007 Generalsekretär der Arbeitsgemeinschaft Missionarische Dienste (AMD), Berlin

Matthias Bartels, Jg. 1964, Wissenschaftlicher Mitarbeiter am Institut zur Erforschung von Evangelisation und Gemeindeentwicklung, Greifswald

Dr. Ludwig Burgdörfer, Jg. 1956, Leiter Missionarisch-Ökumenischer Dienst (MÖD) in der Evangelischn Kirche der Pfalz, Landau

Monika Deitenbeck-Goseberg, Jg. 1955, Pfarrerin der evangelischen Kirchengemeinde Oberrahmede, Lüdenscheid

Hans-Georg Filker, Jg. 1949, Direktor der Berliner Stadtmission und Leiter der Missionarischen Dienste der Evangelischen Kirche Berlin-Brandenburg-schlesische Oberlausitz, Berlin

Alexander Garth, Jg. 1958, Pfarrer der »Jungen Kirche Berlin« und Leitender Mitarbeiter der Stadtmission Berlin, Berlin

Dr. Thies Gundlach, Jg. 1956, Oberkirchenrat im Kirchenamt der EKD, Leiter der Abteilung »Verkündigung, Kirchliche Dienste und Werke«, Hannover

Prof. Dr. Klaus Haacker, Jg. 1942, Professor für Neues Testament an der Kirchlichen Hochschule Wuppertal/Bethel, Wuppertal

Dr. Reinhard Hempelmann, Jg. 1953, Leiter der Evangelischen Zentralstelle für Weltanschauungsfragen, Berlin

Christiane Herbst, Jg. 1957, ehrenamtliche Mitarbeiterin von GreifBar, Leiterin des Greifbar-Gottesdienstes für Konfessionslose, Greifswald

Gabriele Herbst, Jg. 1946, Pfarrerin und Mitarbeiterin bei kirchlichen Sendungen, Magdeburg

Prof. Dr. Michael Herbst, Jg. 1955, Professor für Praktische Theologie an der Universität Greifswald und Direktor des Instituts zur Erforschung von Evangelisation und Gemeindeentwicklung, Greifswald

Christian Höser, Jg. 1959, Landespastor im Amt für Gemeindedienst der Evangelisch-Lutherischen Landeskirche Mecklenburgs, Güstrow

Prof. Dr. Wolfgang Huber, Jg. 1942, Bischof der Evangelischen Kirche Berlin-Brandenburg-schlesische Oberlausitz und Ratsvorsitzender der Evangelischen Kirche in Deutschland (EKD), Berlin

PD Dr. Reiner Knieling, Jg. 1963, Dozent für Praktische Theologie und Neues Testament an der Evangelistenschule Johanneum und

Privatdozent für Praktische Theologie an der Kirchlichen Hochschule Wuppertal/Bethel, Wuppertal

Dr. Burghard Krause, Jg. 1949, Landessuperintendent der Evangelisch-Lutherischen Kirche Hannovers und Vorsitzender des Theologischen Ausschusses der Arbeitsgemeinschaft Missionarische Dienste (AMD), Göttingen

Günther Kreis, Jg. 1950, Pfarrer der evangelischen Kirchengemeinde Sonneberg-Wolkenrasen

Ulrich Laepple, Jg. 1948, Pfarrer und Leiter des Fachbereichs Diakonisch-missionarischer Gemeindeaufbau in der Arbeitsgemeinschaft Missionarische Dienste (AMD) im Diakonischen Werk der EKD, Berlin

Claudia Lundbeck, Jg. 1950, Pfarrerin im Ehrenamt, Mitarbeit in der Sonderpfarrstelle »Kirche am Markt« der Ev.-Luth. Landeskirche in Braunschweig, Blankenburg (Harz)

Hauke Meinhold, Jg. 1970, Pfarrer, Pfarrbereich St. Annen, Lutherstadt Eisleben

Scott A. Moore, Jg. 1968, Pfarrer, Gemeindebereich St. Andreas-Nikolai-Petri, Lutherstadt Eisleben

Birgit Neumann-Becker, Jg. 1963, Leiterin der Projektstelle »Offene Kirchen« der Evangelischen Kirchen der Kirchenprovinz Sachsen und Hessen-Nassau in Magdeburg, Magdeburg

Axel Noack, Jg. 1949, Bischof der Evangelischen Kirche der Kirchenprovinz Sachsen, Vorsitzender der Arbeitsgemeinschaft Missionarische Dienste (AMD), Magdeburg

Ulrich Parzany, Jg. 1941, Pfarrer i.R. und ehemaliger Generalsekretär des CVJM-Gesamtverbandes in Deutschland, Evangelist, u.a. bei ProChrist, Kassel

Hans-Hermann Pompe, Jg. 1955, Pfarrer, Leiter des Amts für Gemeindeentwicklung und Missionarische Dienste (gmd) der Ev. Kirche im Rheinland, Wuppertal

Bodo Ramelow, Jg. 1956, Parteivorstand und religionspolitischer Sprecher DIE LINKE, Berlin und Erfurt

Prof. Dr. Wolfgang Ratzmann, Jg. 1947, Professor für Praktische Theologie an der Universität Leipzig und Leiter des Instituts für Praktische Theologie, Leipzig

Christine Rösch, Jg. 1958, Pfarrerin, theologische Referentin des Diakonischen Werks der Evangelischen Kirche in Mitteldeutschland und Geschäftsführerin des Fachverbands Diakonie und geistliches Leben, Eisenach

Volker Roschke, Jg. 1949, Pfarrer, Leiter des Fachbereichs Missionarischer Gemeindeaufbau bei der Arbeitsgemeinschaft Missionarische Dienste (AMD) im Diakonischen Werk der EKD, Berlin

Werner Schmückle, Jg. 1952, Pfarrer, Leiter des Evangelischen Ge-
meindedienstes und der Missionarischen Dienste der Württembergischen Landeskirche, Stuttgart
Hans-Martin Steffe, Jg. 1949, Pfarrer, Leiter des Amtes für Missionarische Dienste (AMD) der Ev. Kirche in Baden, Karlsruhe
Prof. Dr. Eberhard Tiefensee, Jg. 1952, Professor für Philosophie an
der Kath.-Theologischen Fakultät der Universität Erfurt, Erfurt
Gerhard Weber, Jg. 1948, Pfarrer im Missionarisch-Ökumenischen
Dienst (MÖD) der Ev. Kirche der Pfalz, Landau
Johannes Weth, Jg. 1975, freischaffender Künstler und Pastor, Ge-
schäftsführer der Werner Pfetzing Stiftung Himmelfels mit Schwerpunkt missionarischer, künstlerischer und interkultureller ökumeni-
scher Arbeit, Spangenberg